贸易自由化、加成率与资源配置

基于多产品企业的视角

TRADE LIBERALIZATION,
MARKUP AND RESOURCE ALLOCATION

BASED ON THE PERSPECTIVE OF
MULTI-PRODUCT FIRMS

钟腾龙　祝树金　著

社会科学文献出版社
SOCIAL SCIENCES ACADEMIC PRESS (CHINA)

前　言

改革开放以来，中国积极推动自由贸易，不断扩大开放，进出口贸易快速发展。1951 年税则显示，进口总体平均关税税率高达 52.9%，1985 年削减了近 10 个百分点，1986 年 7 月，中国正式提出申请恢复关贸总协定缔约国地位，进一步加快降税速度和提升降税幅度。中国平均进口关税税率由 1992 年的 43.2% 下降到 2001 年的 18.2%；加入 WTO 后，中国继续履行削减关税的承诺，平均进口关税税率下降至 2006 年的 10.03%；截至 2018 年，中国简单平均进口关税税率已经低于 9%，而以进口份额加权的进口关税税率则不到 5%。进出口总额从 1978 年的 355 亿元增长到 2019 年的 315504 亿元，其中，出口额由 167.6 亿元增长到 172342.3 亿元，增长了 1027 倍。但长期以来，我国出口贸易以低成本和低价格的方式在国际市场上获得竞争优势，而随着国内外形势的变化，这一竞争优势已经难以为继。国内方面，我国劳动力、土地、资源、原材料等要素成本上升和供应趋紧，出口产品成本上升压力增大；国际方面，全球总需求不振，贸易保护主义抬头，美欧等发达国家推行"再工业化"，其他发展中国家依靠成本优势抢占全球出口市场。党的十九大要求推动形成全面开放新格局，加快培育国际竞争新优势，旨在通过培育出口竞争新优势促进出口增长。

加成率定义为价格与边际成本之比，值越大表明企业具有更大的定价能力和市场势力。现有研究发现中国的出口企业加成率偏低，甚至要低于非出口企业（盛丹和王永进，2012；祝树金和张鹏辉，2015；刘啟仁和黄建忠，

2015；黄先海等，2016a，2016b），表明企业之间的加成率具有差异性，加成率不是外生不变的，而是内生于企业生产率、贸易行为等因素；同时，中国出口企业成本定价能力较弱，在国际市场竞争中处于劣势地位。并且，中国出口企业更多为多产品企业，根据笔者测算，多产品出口企业数量占比从2000年的66.63%上升到2013年76.83%，该段时间平均值为72.54%，意味着每4家从事出口的制造业企业中，有3家企业至少生产并出口2种及以上的产品；而相对于企业数量占比而言，多产品出口企业在总产出额和出口额中占比更高，产出额占比处于74.15%~84.06%区间，出口额占比则在86.43%~94.42%区间。而Melitz（2003）的异质性企业贸易理论以外生不变加成率和单产品企业为假设，忽视了国际贸易的促进竞争效应和企业内资源配置效应。前者表示贸易开放引致更多国外产品进入国内市场，加剧国内市场竞争，降低国内企业加成率，缓解垄断势力造成的国内市场扭曲（Helpman，1985）；后者指国际贸易引致多产品企业（生产两种及以上产品的企业）在产品间调整生产要素投入，进而提升总体生产效率，是区别于企业间资源配置的一个新的资源再配置渠道（Bernard et al.，2010，2011）。本书同时放松Melitz（2003）模型中外生不变加成率和单产品企业这两个假设，基于多产品企业框架研究贸易自由化对企业层面、企业内产品层面加成率的影响效应及机制，以及其蕴含的资源配置效应，识别提升企业在出口市场上加成率的主要渠道，为培育出口竞争新优势提供政策建议。

全书共有十一章，可归为六个部分。第一部分为研究基础，包括第一、二章。第一章"国际贸易领域多产品企业和加成率的研究评述"，具体回顾了国际贸易领域里研究多产品企业和加成率的文献进展，并对此进行评述和阐述本书的拓展。第二章"数据、变量与典型事实"，具体介绍了本书使用的微观数据来源和处理过程、多产品企业界定和典型事实、企业层面和企业产品层面加成率测算过程和结果分析、贸易自由化衡量方法及结果分析，以及其他主要变量（包括产品质量、边际成本）的测算方法及结果分析。

第二部分为企业层面的研究，包括第三、四章。第三章"中国出口企业'加成率悖论'及解释"，从总体、分地区、分贸易方式、分企业所有制、分企业规模等各个方面比较了出口企业与非出口企业加成率，发现我国出口企业"加成率悖论"显著存在，论证了我国出口企业加成率的确低于非出口企业，这为相关研究提出了一个重要课题：研究如何提升我国企业在出口市场上的加成率，以提升出口利得。第四章"进出口行为与企业加成率"，基于我国企业层面的微观数据，研究进口、出口行为分别对企业加成率的影响，以及进口（出口）行为对出口（进口）企业加成率的影响效应。结果发现，出口行为降低了企业加成率，但是存在生产率门槛值使出口对加成率由负向转为正向影响；进口行为提升了企业加成率，且不受生产率水平的影响；从事进口的出口企业中，出口对加成率的负向影响效应变小。这表明可以从两个方面提升出口企业加成率，一是提升企业生产率，二是扩大进口。鉴于此，本书进一步研究进口贸易自由化对企业出口加成率的影响，因为进口贸易自由化一方面直接体现为扩大进口，另一方面还能有利于提升企业生产率。

从第五章开始，本书将深入企业—产品层面进行研究，原因有三。其一，通过匹配中国工业企业数据库与中国海关数据库，我们能够获取企业产品层面的微观数据。其二，由于出口企业可能同时也是内销企业，企业层面的加成率是内销和外销市场加成率的总和，不能单独反映企业的出口市场势力。本书借鉴现有方法，测算了企业产品层面出口加成率，直接反映企业产品在出口市场的成本加成定价能力和市场势力。其三，由于多产品出口企业在生产和出口中均占据统治地位，基于企业层面研究加成率掩盖了企业内产品之间的加成率差异，也就忽视了企业内产品间要素调整和资源配置行为，导致低估国际贸易的福利效应。

第三部分主要考察多产品出口企业典型事实，包括第五、六章。第五章"中国多产品企业出口二元边际的多维测算与分析"，基于企业—产品—市场这三个维度来计算企业出口二元边际，从多产品和多市场的视角重新定义和测算了出口二元边际，研究发现2000～2013年，我国持续企业的持续产品和持续市场是中国出口增长的主要来源，贡献份额分别为81.1%和73.9%；同时，持续企业存在广泛的产品和市场转换行为，但是对出口增长的贡献较小；只有持续企业—成功进入产品出口增长中的市场扩展边际和持续企业—成功进入市场出口增长中的产品扩展边际贡献份额相对较大，分别占48.4%和26.5%。第六章"中国多产品出口企业竞争策略识别研究"，借鉴Eckel等（2015）的方法，基于企业内产品间出口价格和出口金额之间的关系识别多产品出口企业竞争策略。结果发现，质量竞争策略和成本竞争策略均存在于我国多产品出口企业中，但是采取质量竞争策略的多产品出口企业在企业数量和企业绩效上都明显优于采取成本竞争策略的企业。行业层面识别结果表明，近60%的行业采取质量竞争策略，只有7.33%的行业采取成本竞争策略；产业链上游行业、质量差异化程度低的行业倾向于采取成本竞争策略，产业链中下游行业、质量差异化程度高的行业倾向于采取质量竞争策略。

第四部分为中间品贸易自由化对企业产品出口加成率的影响研究，包括第七、八章。第七章"中间品贸易自由化、成本价格传递与企业产品出口加成率"，研究中间品贸易自由化对企业产品出口加成率的平均影响效应和机制。结果表明，中间品贸易自由化显著降低了企业边际成本，由于成本价格不完全传递，价格降幅低于企业边际成本降幅，企业产品加成率上升；同时，中间品贸易自由化显著提升了企业出口产品质量，高质量产品需求价格弹性系数更低，使企业在更高质量产品上获取更高的加成率。因此，中间品贸易自由化通过成本削减和质量升级两个渠道提升企业产品出口加成率。第八章"中间品贸易自由化、产品排序与多产品企业产品出口加成率调整"，引入多产品企业框架，研究中间品贸易自由化对企业内出口额排序上的不同产品出口加成率的差异化影响效应和机制。中间品贸易自由化引致的成本削减效应在不同排序产品上无显著差异，但是质量升级效应仅在出口额更高的产品上成立，这表明中间品贸易自由化导致多产品企业更大幅度地提升更具有核心竞争力的产品的质量，导致与核心竞争力距离较近产品出口加成率上升幅度大于其他产品。

第五部分为最终品贸易自由化对企业产品出口加成率的影响研究，包括第九、十章。第九章"进口竞争、产品差异化程度与企业产品出口加成率"，研究最终品贸易自由化导致的进口竞争对企业产品出口加成率的平均影响效应和机制渠道，并结合产品差异化程度来识别其影响机制。进口竞争总体上显著提升了企业产品出口加成率；但区分产品差异化程度后，其对异质性产品出口加成率有显著促进效应，而对同质性产品出口加成率的影响效应不明显。作用机制检验表明，进口竞争对企业产品出口加成率的"价格效应"不明显，但"成本效应"和"质量效应"的作用显著，特别是提高异质性产品质量、降低同质性产品边际成本影响出口加成率。

第十章"进口竞争、产品排序与多产品企业产品出口加成率调整"，引入多产品企业框架，研究进口竞争对企业内出口额不同排序产品出口加成率的差异化影响效应和机制。我国多产品出口企业总体上采取质量竞争策略，亦即会通过提升核心产品（出口额最高的产品）质量和价格的方式来提升销售额；同时，进口竞争更大幅度地提升企业内核心产品质量，也更大幅度地提升企业内出口额较高产品的出口加成率。

第六部分为贸易自由化与企业内资源配置效率研究，也就是第十一章"贸易自由化、加成率离散度与企业内资源配置效率"。该章以企业内产品间加成率离散度负向衡量企业内资源配置效率，也就是说，离散度越低，企业内资源配置效率越高。最终品贸易自由化和中间品贸易自由化均显著降低企业内产品间加成率分布离散度，亦即有利于提升企业内资源配置效率；最终品贸易自由化的影响效应在出口强度较低的企业中更大，中间品贸易自由化的影响效应在中间品进口强度更高的企业中更明显。机制检验表明，贸易自由化通过促进出口产品转换和缩小产品范围（扩展边际）、提高出口产品集中度（集约边际）降低企业内加成率离散度。

本书研究具有重要的理论价值与实践意义。理论价值方面，本书同时从多产品企业和内生可变加成率两个方面拓展了 Melitz（2003）基于单产品企业和外生不变加成率的分析框架，更加符合现实特征，是对现有新新贸易理论实证文献的一个重要补充；同时，本书从最终品和中间品贸易自由化两个方面度量贸易自由化，全面科学地考察了进口贸易自由化的影响效应，此外，多产品企业面对贸易自由化时，对于不同排序、不同差异化程度的产品的加成率具有异质化的调整行为，这能够揭示多产品企业内的资源配置效率。实践意义方面，本书研究发现，无论是中间品贸易自由化还是最终品贸易自由化，均有利于企业提高出口产品加成率，这就证明了当前我国进一步扩大进口的政策的科学性与合理性，我国不仅要增加高质量的中间品的进口，也要增加最终品的进口；机制检验结果发现了贸易自由化影响企业出口产品加成率的主要途径，能给政府和企业提升出口加成率提供具体的建议，例如提升产品质量和降低边际成本；此外，研究也发现贸易自由化对多产品企业内异质性产品和同质性产品、核心产品和非核心产品加成率的影响具有不同的影响机制和效应，企业可以针对不同产品采取差异化的提升出口加成率的策略和方法。

目　录

更低，使企业在更高质量产品上获取更高的加成率。因此，中间品贸易自由化通过成本削减和质量升级两个渠道提升企业产品出口加成率。引入多产品企业框架后发现，中间品贸易自由化引致的成本削减效应在核心和非核心产品之间无显著差异，但是质量升级效应仅在核心产品上成立，这表明中间品贸易自由化导致多产品企业更大幅度地提升核心产品质量，导致核心产品出口加成率上升幅度大于非核心产品。

最终品贸易自由化（进口竞争）显著提升了企业产品出口加成率，区分产品差异化程度后，发现其对异质性产品出口加成率呈显著促进效应，而对同质性产品出口加成率的影响效应不明显。区分产品出口额排序后，发现其对接近核心产品出口加成率呈显著的促进效应，而对于远离核心竞争力的产品出口加成率反而具有抑制效应。进口竞争对出口加成率的价格抑制效应不明显，提升生产率进而压低产品边际成本效应明显，提升异质性产品和离核心竞争力距离较近产品的质量效应明显。

贸易自由化（包括最终品和中间品）显著降低企业内产品间加成率离散度，亦即提升企业内资源配置效率。贸易自由化通过促进出口产品转换和缩小产品范围（扩展边际）、提高出口产品集中度（集约边际）降低企业内加成率离散度。

本书的主要政策启示有：进一步推进贸易自由化进程；着力降低产品生产成本和提升产品质量，这是推动企业产品出口加成率上升的重要途径；出口企业需采取产品多元化与核心化协调发展的策略，积极通过调整产品范围和产品分布等方式优化资源配置。

摘　要

本书在多产品企业框架内研究贸易自由化对企业产品出口加成率的机制和影响效应，并结合国内外现实情况提出政策建议。

根据中国海关数据库和中国工业企业数据库，本书发现，多产品企业在制造业生产和出口中均占据统治地位，研究多产品企业的生产和出口行为至关重要。多产品企业在不同产品间调整要素，体现为企业内资源再配置，这是企业间资源再配置之外的另一个重要的资源配置渠道。关于多产品企业的典型事实表明，多产品企业主要生产和出口其最具有竞争优势的产品，这类产品被称为企业的核心产品，其他产品则是非核心产品。除出口额分布不均外，多产品企业内出口产品间的价格、质量、边际成本、加成率也具有显著的差异化分布特征，具体体现为核心产品价格、质量、边际成本和加成率高于非核心产品。

本书首先研究了贸易自由化（包括中间品贸易自由化和最终品贸易自由化）对企业产品出口加成率的平均影响，然后在多产品企业框架下研究贸易自由化对企业内核心和非核心产品加成率的差异化影响，最后以企业内产品加成率离散度作为企业内资源配置效率的代理变量，研究贸易自由化对企业内资源配置效率的影响。

中间品贸易自由化显著降低了企业边际成本，由于成本价格不完全传递，价格降幅低于企业边际成本降幅，企业产品加成率上升；同时，中间品贸易自由化显著提升了企业出口产品质量，高质量的产品需求价格弹性系数

第一章
国际贸易领域多产品企业
和加成率的研究评述

第一节　异质性企业贸易理论及其发展

Melitz（2003）提出异质性企业贸易理论以来，学者放松其文章中的模型假设，异质性企业贸易理论取得了诸多发展。这里主要结合本章的研究主题，在阐述 Melitz（2003）基本模型的基础上，综述由单产品到多产品、加成率由外生不变到内生可变的两个发展历程。

一　异质性企业贸易理论基本模型

Melitz（2003）基于消费者不变替代弹性需求函数和生产者垄断竞争市场结构构建了异质性企业理论模型，不变替代弹性需求函数决定了该模型假设企业具有外生不变的加成率，此外，该模型还假设企业只生产和出口一种产品，亦即只存在企业的进入和退出，而不存在产品的进入和退出。

在封闭经济情形下，企业需要支付两类成本：一是企业从事生产的成本，另一个是企业进入市场需要支付的固定成本 f。企业在支付了固定成本后，会随机抽取自身的生产率水平 φ，同时企业也会面临外部负面冲击，设定该负面冲击的概率为 δ。企业根据总利润是否为 0，决定是否进入和退出市场，因此，总利润为 0 时的生产率水平为企业进入和退出市场的临界水平 $\varphi*$，当企业支付固定成本后，抽取的生产率小于临界生产率 $\varphi*$，企业将退出市场。由企业零利润可得企业不再生产的零利润条件曲线，表示为利润对生产率的函数；基于垄断竞争市场可以得到自由进入条件曲线，也表示为利润对生产率的函数，前者是生产率的单调递减函数，后者是生产率的单调递增函数，二者的交点决定了唯一的生产率和利润的均衡解。

在开放经济情形下，企业不仅需要支付进入国内市场的固定成本，还需要支付进入国外市场的固定成本以及出口冰山成本。因此，只有生产率足够高的企业才能克服额外出口成本，此时形成了一个新的企业是否进入出口市场的临界生产率水平 $\varphi*_x$，只有生产率高于 $\varphi*_x$ 的企业才能进入出口市场，这就说明了出口企业生产率要高于不出口企业。贸易自由化后，企业面临的市场规模扩大，市场竞争水平提高，无论是国内市场，还是出口市场，其生产率临界水平均有所提高，这就会促使生产率较低的企业退出市场，生产率较高的企业则继续留在市场，甚至进入出口市场，贸易自由化通过企业之间的选择效应，淘汰了生产率低的企业，提高了行业层面总体生产率水平，优化了资源配置。

二　融入多产品企业的异质性企业贸易理论

国际贸易学者尝试修改 Melitz（2003）的单产品企业假设，而将多产品多市场引入 Melitz（2003）分析框架，构建多产品企业贸易模型。

Baldwin 和 Gu（2009）首先将单产品企业假设改为多产品企业，拓展了 Melitz（2003）的异质性企业模型，并研究了市场规模和贸易自由化对多产品企业产品种类、生产链条长度和企业规模的影响，结论发现市场规模越小，企业产品种类越多，生产链条越短，企业规模越小。

Bernard 等（2011）基于 Melitz（2003）分析框架，构建了一个包含多产品的异质性企业垄断竞争模型，他们假设企业内每种产品的生产成本相同，企业生产率水平为 φ，但是目的地市场的消费者对每种产品的偏好不同，亦即存在产品特有需求属性 λ。Melitz（2003）模型中只有一个出口固定成本，即企业进入出口市场支付的固定成本，但是在 Bernard 等（2011）的研究中，企业不仅需要支付企业进入出口市场的总体固定成本，还需要为每一种出口产品支付出口固定成本。具体地，企业层面，与 Melitz（2003）相同，高生产率企业获得更高利润，能够弥补较高的出口固定成本，从而进入出口市场，而低生产率企业则因为无法支付高额的出口固定成本，只能退居国内市场；对于已经出口的企业，消费者偏好高的产品的获利能力更强，能够弥补特定产品出口固定成本，而消费者偏好低的产品获利能力弱，可能无法弥补其出口固定成本，因此，出口企业选择更多地出口消费者偏好高的产品，且倾向于将这些产品出口到更多的目的地市场。Melitz（2003）基于异质性企业，研究发现国际贸易能够通过企业层面的选择效应（亦即低生产率企业退出市场，高生产率企业进入市场）提升行业生产率；Bernard 等（2011）则进一步结合异质性企业和企业内异质性产品，研究表明国际贸易能够通过企业之间选择效应和企业内产品之间的选择效应，提升企业和行业生产率。

与 Bernard 等（2011）相同，Feenstra 和 Ma（2007）也构建了包含多产品的异质性企业垄断竞争模型。他们指出相对于单产品企业，多产品企业内的产品需求弹性要小于企业之间的替代弹性，且随着企业产品范围的扩大，需求弹性进一步减小，这就导致多产品企业具有一定的市场势力，亦即企业具有内生可变的加成率，而不再是外生不变，这是与 Bernard 等（2011）的最大不同。企业内各个产品具有一定的加成率水平，但是当企业引入新的产品时，会减少已有产品的市场需求，亦即发生产品之间的需求自侵蚀效应（Cannibalization effect），因此，企业在平衡产品最优加成率和需求自侵蚀效应的过程中确定企业的最优产品范围。

与 Bernard 等（2011）与 Feenstra 和 Ma（2007）不同，Eckel 和 Neary（2010）基于寡头垄断模型建立了全球经济中的多产品企业模型。他们认为企业能够自由选择产品种类从事生产，产品之间生产边际成本不同，且存在边际成本最低的核心产品，随着与核心产品距离的增大，产品的边际成本越高，亦即存在范围不经济。他们的研究基于寡头垄断市场框架，寡头企业占据市场份额较大，因此当企业引入新的产品时，会侵蚀已有产品的需求，也存在需求自侵蚀效应。

Mayer 等（2014）把 Feenstra 和 Ma（2007）的内生加成率假设和 Eckel 和 Neary（2010）的核心产品理论结合起来，构建了一个同时包含内生加成率和差异化边际成本的多产品企业垄断竞争模型，在该模型中，企业面临一个产品阶梯，新增的产品生产率呈不断下降趋势，且每个产品具有内生可变加成率。当企业出口的目的地市场竞争程度加剧时，企业出口产品的加成率降低，且企业倾向于更多地出口核心产品而减少非核心产品的出口。

多产品企业核心产品理论认为，核心产品生产效率较高，且能给企业带来更大收益，这激励企业提高核心产品质量。Eckel 等（2015）构建包含质量差异的多产品企业模型，指出企业是否提升核心产品质量将形成多产品企业两种完全不同的核心产品竞争策略：一方面，企业不提升核心产品质量，而依靠核心产品的低成本，采取低价竞争策略，价格与销售额呈负向关系，此为成本竞争策略；另一方面，企业提升核心产品质量，高质量产品需求价格弹性较低，企业能够定价较高，且消费者偏好高质量产品，也能获取更高销售额，价格与销售额呈正向关系，此为质量竞争策略。Manova 和 Yu（2017）构建了与 Eckel 等（2015）类似的包含差异化产品质量的多产品企业模型，并研究多产品企业出口行为与出口产品质量的关系，结果发现企业核心产品质量较高，且能够获取更高的销售额；在出口产品种类较少的目的地市场，企业舍弃质量较低的产品而集中出口核心产品，且增加质量高的产品的出口额。

此外，还有部分文献从其他视角构建了多产品异质性企业贸易模型。例如，Ottaviano 和 Thisse（2011）构建了一个线性垄断竞争模型：首先是单产品企业弱的策略互动，然后将模型扩展到多产品企业，并考虑多产品企业之间的寡头垄断对产品种类的影响。因此，当产品种类足够分散或范围经济微弱时，单产品企业垄断竞争与多产品企业寡头竞争是一个很好的近似。Qiu 和 Zhou（2013）构建了一个包含特质产品固定成本的异质性企业模型，并研究全球化对多产品企业产品范围的影响。Qiu 和 Yu（2014）在多产品企业模型中引入管理成本，发现管理成本的大小对关税对企业出口产品范围的影响发挥着重要的作用。Nocke 和 Yeaple（2006）构建的多产品企业模型假设企业内的产品是同质的，但是企业之间的组织能力不同，从而决定了企业产品的边际成本随企业产品范围变动的变化速率。组织能力更强的企业能生产更多种类的产品，均衡情形下同质性产品的共同边际成本更高，导致扩展边际与集约边际的负向关系。Arkolakis 和 Muendler（2010）的理论模型指出，企业出售到某一市场的新增产品生产率呈下降特征，某一市场上的产品数量越多进入该市场的固定成本越高，这就使企业倾向于在该市场出口更多产品的基础上，也增加单个产品的出口量，导致企业的扩展边际和集约边际呈正相关关系。Luong 和 Chen（2016）构建的理论模型表明，高技能劳动力供给增加会使高生产率企业增加产品种类，而低生产率企业降低产品范围。Timoshenko（2015）发现新出口企业比老出口企业更为频繁地新增和舍弃产品，并构建一个包含需求学习（demand learning）的模型进行解释，该模型中，出口企业的利润由不随时间改变的企业—目的地喜好指数（appeal index）和瞬时的企业—目的地—年份偏好冲击共同决定，新出口企业由于缺乏对客户偏好的了解，不得不通过较为频繁的产品转换了解客户的喜好指数；模型进一步预测，随着贸易成本下降，现有企业新增产品，新的出口商进入，反事实检验发现，新增产品的贡献比新进入企业的贡献更大。Ma 等（2014）分析企业出口影响要素密集度和生产率之后，企业如何专业化生产核心产品。他们使用 1998～2007 年中国工业企业数据库，发现企业出口之后，资本密集度下降但是生产率水平更高（与那些具有类似特征的非出口企业比较），为了解释这一现象，他们基于 Bernard 等（2010，2011）的研究构建了一个模型来考察具有可变的资本密集度的多产品企业。模型预测，当一个劳动密集型国家的企业开始出口时，会倾向于生产劳动密集型的核心产品，事前的企业生产率与出口后的资本密集度下降有关联，事后的更大的资本密集度的下降伴随着全要素生产率的更大水平的上升。最后 Ma 等（2014）使用 2000～2006 年的海关数据也验证了这些发现，中国新的出口

5

企业新增的产品资本密集度较低，并且会在接下来的几年里放弃资本密集型产品。

三 融入内生可变加成率的异质性企业贸易理论

Melitz（2003）基于垄断竞争市场结构和不变替代弹性（CES）需求模型，假设加成率是外生不变的，这样的假设能够简化模型，且能更方便地分析贸易自由化对生产率、企业规模和消费产品种类的影响效应。但是加成率外生不变的假设明显是不合理的，这是因为：一方面，外生不变的加成率不能反映贸易自由化带来的福利效应；另一方面，外生不变的加成率不符合加成率动态可变的事实。

现有文献主要通过改变市场竞争结构和改变需求函数这两种方式内生化加成率。

改变市场竞争结构内生化加成率的文献。Bernard 等（2003）将不完全竞争市场结构引入 Eaton 和 Kortum（2002）的李嘉图比较优势模型（完全竞争），在 Eaton 和 Kortum（2002）的完全竞争市场结构的假设下，每个市场的产品由生产成本最低的企业所供应，价格和边际成本相等，加成率为零；而在不完全市场竞争假设下，企业能够获取一定的市场垄断权力，于是产生加成率，且企业之间的加成率不同。Atkeson 和 Burstein（2008）基于寡头垄断竞争市场结构，设立了一个可变加成率的贸易理论模型，解释国际商品相对价格波动与企业定价之间的关系。De Blas 和 Russ（2010）将伯川德竞争结构引入李嘉图模型，内生化企业加成率。

改变市场需求函数内生化加成率的文献。Melitz 和 Ottaviano（2008）改变 Melitz（2003）的不变替代弹性需求函数，而使用拟线性二次需求函数，产品之间具有水平差异的消费偏好，进而内生化加成率，并证明贸易降低一国的绝对加成率水平。Feenstra（2010）在垄断竞争模型中引入超越对数支出函数，内生化加成率，并且估计贸易对加成率的影响及福利效应；该模型表明，需求弹性与市场份额负相关，而加成率与市场需求负相关；贸易自由化引致市场竞争，降低企业市场份额，从而提升需求弹性，进而降低加成率

和提高消费者福利效应，体现为"促进竞争效应"。Feenstra 和 Weinstein（2010）仍然基于垄断竞争模型，设定对称的超越对数需求偏好，内生化企业加成率，并研究了贸易自由化对美国国内加成率的影响效应。

以上文献通过改变市场竞争结构或者需求函数，内生化企业层面的加成率，且企业之间索取不同的加成率。企业索取不同的加成率，根据加成率等于价格与边际成本之比的定义，这就意味着企业之间的价格边际成本比不相等，因而存在资源错配（Robinson，1934；Lipsey 和 Lancaster，1956）。近些年的文献研究了加成率分布与资源配置的关系，且量化评估了贸易自由化影响加成率分布隐含的贸易利得（Epifani 和 Gancia，2011；Holmes 等，2014；Edmond 等，2015；Arkolakis 等，2018；Hsu 等，2020；徐蕾和尹翔硕，2012）。

生产方面，多产品企业内产品之间的生产边际成本存在差异（Eckel 和 Neary，2010）；消费方面，产品之间的消费者偏好存在差异，这将导致产品之间的价格也存在差异（Bernard 等，2011），这就可能导致企业内不同产品之间的加成率也存在差异。Mayer 等（2014）构建的多产品企业理论模型引入了产品层面的加成率，且指出市场竞争会降低企业所有产品的加成率。已有文献测算了企业—产品层面加成率。De Loecker 等（2016）将 De Loecker 和 Warzynski（2012）的方法拓展到多产品企业，解决企业产品层面不可观测投入要素问题，估计了多产品企业产品加成率。Fan 等（2017）和祝树金等（2018）借鉴这一方法，利用中国的数据估算了多产品企业出口产品加成率。

此外，Antoniades（2015）在 Melitz 和 Ottaviano（2008）的基础上，引入企业内生选择产品质量的假设，内生化企业加成率，并且从产品质量渠道考察了市场竞争对企业绩效的影响。具体而言，全球化加剧市场竞争，同时会扩大市场规模，企业有更高的概率收回产品质量升级的成本，从而激励企业增加研发投入，提高产品质量。Hottman 等（2016）将多产品企业发展分解为四个来源——成本、质量（喜好）、加成率和产品范围，使用尼尔森公司收集的条形码数据（价格与销售额），研究发现企业吸引力（质量）和产品范围能解释企业销售额的 4/5 以上，且大部分企业的加成率接近于垄断竞

争结构下的基准不变加成率，但是大型企业相对要高得多。Hu 等（2015）主要研究了中国多产品出口企业的生产率和需求，并且测算了企业、产品、市场和年份层面具体的生产率和需求。得到以下发现：①将总的出口增长分解成两个部分，需求或者生产率差异部分解释出口增长；②强调了三类促进需求的机制：存活企业的发展（拥有很小初始市场份额）、市场份额向那些拥有增长需求的产品转移、低需求产品的高退出率；③新出口企业往往生产率较低、需求较少、平均价格较高；④新的和现存出口企业之间的需求差异是生产率或者价格差异的 3 倍以上；⑤基于产额和基于产量的生产率存在差异。

第二节　国际贸易与多产品企业行为与绩效研究①

　　产品范围选择是企业生产决策的重要维度，不仅关系到企业自身绩效，也会对市场结构、资源配置效率、总体生产率等方面产生影响。根据企业选择生产一种产品或者两种及以上产品，现有文献将全部企业划分为单产品企业和多产品企业。产业组织研究学者较早发现，现实中存在许多企业生产多种产品，且较多政府监管和反垄断案例仅涉及多产品企业（Bailey 和 Friedlaender，1982）。基于此，产业组织研究学者从不同视角解释多产品企业形成的原因。其中，一部分代表性文献从供给成本角度进行解释，这些文献认为，企业新增产品能够与已有产品共享中间投入品，降低平均生产成本，产生范围经济效应（Panzar 和 Willig，1977，1981）。另一部分代表性文献主要从消费者多样化需求和企业间竞争策略方面进行解释（Brander 和 Eaton，1984；Bonanno，1987；Johnson 和 Myatt，2003）。近些年的文献强调研发创新在企业从事多产品生产中的作用（Klette 和 Kortum，2004）。

　　由于国际贸易理论发展阶段和微观贸易数据的限制，国际贸易学者长期

---

①　本节是本书作者钟腾龙与余淼杰教授合作的成果，最早发表在《长安大学学报》（社会科学版）2019 年第 4 期。

忽视多产品企业的研究。传统贸易理论和新贸易理论均假设企业是同质的，自然也忽视了企业生产单一产品或者多种产品的异质性。Melitz 开拓了异质性企业贸易理论，但是其主要基于生产率差异定义异质性企业，仍然假设企业为单产品生产企业（Melitz, 2003）。但是经验研究表明，多产品企业在生产和出口中均占据统治地位。因此，国际贸易学者在 Melitz 模型中引入多产品企业分析框架，构建多产品企业国际贸易理论模型，解释多产品企业生产和国际贸易行为。这里将较为全面地梳理国际贸易领域中多产品企业的研究文献，具体包括两个方面，一是多产品企业国际贸易行为和绩效研究；二是国际贸易对多产品企业生产和出口行为特征的影响研究。在此基础上，本章指出可能的进一步研究方向。

一 多产品企业国际贸易理论演进

早期国际贸易学者主要围绕跨国企业构建多产品企业理论模型，用以解释跨国企业产品扩张行为；以 Melitz 为代表的异质性企业贸易理论创立以来，国际贸易学者以 Melitz 的模型为基础，构建多产品企业国际贸易理论模型，解释国际贸易对企业内产品范围和分布的影响；近些年的文献进一步放松 Melitz 模型中成本加成外生不变和产品间无质量差异的假设，分别发展了包含内生可变成本加成和产品质量差异的多产品企业国际贸易理论模型。本节将分别梳理和分析以上理论模型。

（一）基于跨国企业的多产品企业国际贸易理论模型

Helpman（1985）发现，跨国企业内贸易与行业内、行业间贸易共存，且主要体现为母公司为子公司提供的总部服务和二者之间的中间投入品贸易。他构建了一个多产品企业国际贸易理论模型对此现象进行解释。在该模型中，一方面，跨国企业内母公司和子公司之间通过多种产品和服务的贸易获取利润；另一方面，随着产品的种类扩大，企业的平均成本增加，亦即存在范围不经济。当增加产品获得的收益与随之产生的成本相等时，模型达到均衡。该模型很好地解释了跨国企业内从事多产品贸易的行为。Baldwin 和 Ottaviano（2001）发现，跨国企业存在对外直接投资和国际贸易共存的现

象。他们构建了一个多产品企业国际贸易理论模型，在该模型中，跨国企业通过对外直接投资，在东道国建立工厂，生产中间品或最终品，并进口这些产品，这样能够充分利用东道国的廉价生产要素，降低跨国企业生产成本，实现跨国企业的利润最大化。

（二）基于 Melitz 模型的多产品企业国际贸易理论

在以单产品企业假设的 Melitz 模型基础上，Bernard 等（2010，2011）最先引入多产品企业分析框架，假设企业内产品间存在消费者需求偏好，并对企业内产品根据消费者需求偏好进行排序，构建企业产品层面的生产函数。他们分别构建了封闭经济和开放经济下多产品企业理论模型。本章对后者进行详细阐述和分析。与 Melitz 模型类似，该模型主要研究了开放市场下，多产品企业内产品之间的选择效应，以及企业内产品进入出口市场后的出口学习效应。具体地，贸易自由化导致企业舍弃消费者需求偏好最低的产品，降低企业内出口产品种类数；贸易自由化增加消费者需求偏好较高产品的出口额，企业内产品出口偏度上升。该模型还表明，出口产品范围大的企业能出口到更多数量的目的地，且会更多出口特种特定产品到特定目的地。该模型的理论贡献在于揭示了贸易自由化通过企业内产品选择效应提升企业总体生产率的新的渠道。Bernard 等（2010，2011）在企业之间仅存在生产率异质性的基础上构建多产品企业理论模型，后续研究在企业异质性的维度上进行了拓展。例如，Brambilla（2009）在 Melitz 模型的基础上，增加企业之间的研发投入异质性，其构建的多产品企业理论模型表明，企业可变成本优势和研发投入增加均能提高企业产品范围；Luong 和 Chen（2016）则结合异质性劳动力投入这一企业异质性构建多产品企业理论模型，结果表明技能型劳动力投入增加将提升高生产率企业的产品范围，缩小低生产率企业的产品范围，以上模型均假设垄断竞争市场结构。Nocke 和 Yeaple（2006）基于寡头垄断市场假设，构建多产品企业贸易理论模型，该模型假设企业内产品边际成本相同，企业内产品平均成本随着产品范围的扩大而增大（存在范围不经济）；企业之间存在管理效率异质性。企业产品的边际成本由企业管理效率和利润最大化下产品范围内生决定。均衡条件下，管理效率较高的

企业具有较大的产品范围，同时也具有较高的平均边际成本。

（三）包含可变成本加成的多产品企业国际贸易理论模型

Melitz 模型以垄断竞争市场结构和不变替代弹性效用函数为假设，决定了企业的成本加成外生不变。但是这与现实不符，现实中，企业之间成本加成存在差异，且同一企业的成本加成也会发生变化。因此，有必要构建包含可变成本加成的多产品企业国际贸易理论模型。Feenstra 和 Ma（2007）在模型中假设多产品企业产品需求价格弹性随着产品种类增加而减少，由于需求价格弹性与成本加成呈负向关系，多产品企业的成本加成高于单产品企业，且随着产品范围的扩大而提升；该模型还假设企业内产品之间的"自侵蚀效应"，亦即新增产品挤占已有产品的市场份额。因此，该多产品企业理论模型的均衡条件为：企业新增产品的净利润（使用成本加成表示）与新增产品给现有产品需求带来的负向效应相等。他们基于该模型研究贸易开放对市场上企业数量和企业内产品数量的影响效应。生产率同质性企业情形下，贸易开放降低企业数量，但是提升存活企业内产品种类数；生产率异质性企业情形下，贸易开放对企业数量的影响效应不确定，但是通过扩大市场规模减弱需求"自侵蚀效应"，从而增加企业内产品种类数。

Eckel 和 Neary（2010）使用拟线性二次效用函数替代不变替代弹性效用函数，使成本加成内生可变，多产品企业内产品间存在需求"自侵蚀效应"；该模型在供给侧假设企业内产品的生产效率具有差异，存在生产效率最高的核心产品。开放经济下的模型表明，贸易开放促使企业舍弃生产效率低的产品，增加效率高的产品的生产，企业产品范围减少且产品分布集中于核心产品。Mayer 等（2014）构建了相似的多产品企业国际贸易理论模型，不同点主要在于通过限制企业新增产品种类的方式排除需求"自侵蚀效应"，旨在研究出口目的地市场竞争程度变化对多产品企业产品组合的影响效应，以及产品组合变化引致的生产率提升效应。模型结论表明，给定产品范围，出口目的地市场竞争程度加剧，多产品企业选择向该目的地出口更多的核心产品，并减少出口非核心产品，产品组合偏向于核心产品，这意味着多产品企业将更多生产要素配置到生产效率较高的产品中，提升企业内资源配置效率，进而有利于提升总体生产率。

（四）考虑产品间质量差异的多产品企业国际贸易理论模型

Melitz 异质性企业理论模型主要强调企业之间存在生产率差异，而忽视了质量差异。以上基于 Melitz 模型构建的多产品企业模型也假设企业内产品间仅存在边际成本差异，同样忽视了质量差异。Bernard 等（2010）假设企业内产品间存在需求偏好差异，但是并没有从供给侧刻画需求偏好差异的来源，也忽视了企业的产品质量升级行为。基于以上文献存在的缺陷，Eckel 等（2015）首次构建包含企业内产品间质量差异的多产品企业国际贸易理论模型。该模型根据多产品企业是否投资升级核心产品质量，将全部企业划分为成本竞争策略和质量竞争策略等两类企业：成本竞争策略下，企业不投资升级核心产品质量，核心产品凭借低成本、低价格获取较高的销售收入，价格与销售额之间为负向关系；质量竞争策略下，企业投资升级核心产品质量，但是会抬升核心产品生产成本，企业为了获取正利润，不得不提升产品价格，同时消费者存在质量偏好，愿意花费更高的价格购买较高质量的产品，因此，质量升级的核心产品即使定价较高，依然能够获取较高的销售收入，价格与销售额之间呈正向关系。

Eckel 等（2015）构建的理论模型很好地解释了现实中企业产品价格与销售收入之间呈正向关系的现象，这一现象在差异化程度较高的行业中更为普遍，其中原因便是差异化程度较高的行业的产品质量升级空间相对较大，因此，考虑质量差异的多产品企业国际贸易理论模型尤为重要。基于此，Manova 和 Yu（2017）构建了包含产品之间生产率和质量异质性的多产品企业国际贸易理论模型。模型结论表明，产品—目的地内企业间，质量竞争策略下，出口价格与出口收入呈正向关系，成本竞争策略下，二者关系为负；企业（企业—目的地）内产品间，质量竞争策略下，出口价格与出口收入为正向关系，企业倾向于新增价格较低的外围产品，成本竞争策略下为负向关系，企业倾向于新增价格较高的外围产品。企业内目的地间，无论哪种竞争策略下，出口产品范围与出口收入正相关；不变加成率情形下，产品出口额分布与产品范围无关，可变加成率情形下，产品出口额分布随着产品范围扩大而变得扁平；成本竞争策略下，产品范围与产品平均出口价格为正向关系，质量竞争策略下，这一关系不确定。

二 多产品企业国际贸易行为与绩效的典型事实

本章分两部分阐述关于多产品企业国际贸易行为与绩效相关的经验研究文献。第一部分为研究多产品企业国际贸易行为与绩效典型事实的文献，包括多产品企业在出口中的重要性、多产品企业出口产品静态分布特征、多产品企业出口产品动态转换特征等三个方面；第二部分为研究多产品企业行为与绩效的国际贸易相关的影响因素方面的文献。本小节首先介绍第一部分的关于多产品企业国际贸易行为与绩效的典型事实相关经验研究文献，下一小节介绍第二部分的经验研究文献。

（一）多产品企业在出口中的重要性

以发达国家为研究对象。Bernard 等（2007）基于美国 2000 年出口交易层面数据，发现美国出口超过 1 种 HS 10 位码产品的企业数占全部出口企业的比重为 57.8%，相应的出口额的比重高达 99.6%。Mayer 和 Ottaviano（2008）基于欧洲国家（包括德国、法国、英国、意大利、匈牙利和挪威）的制造业出口数据，分析多产品出口企业数量和出口份额占比。以法国为例，出口多于 1 种产品的企业数占比为 65.02%，但是其占出口总额的份额高达 98.14%；德国、英国等其他国家也存在类似的特征。基于比利时的2005 年企业—产品—目的地出口交易层面数据的研究表明，多产品出口企业数量占比超过 65%，贡献 98% 的出口额；该论文还发现出口多于 20 种产品的企业数量占比仅为 12%，但是企业出口额占比高达 61%（Bernard 等，2014）。综合以上研究文献可知，发达国家多产品企业在生产和出口中占据绝对统治地位，且存在出口规模非常大的超级明星企业。

以发展中国家为研究对象。Arkolakis 和 Muendler（2010）基于巴西2000 年制造业企业—HS 6 位码产品—目的地出口数据，发现多产品出口企业占巴西全部制造业出口额的比重高达 90%。基于 2000~2013 年中国海关数据的研究表明，中国多产品出口企业数量和出口额在全部出口企业数量和出口额中的占比分别为 78% 和 90%（钱学锋等，2013；彭国华和夏帆，2013；钟腾龙等，2018）。巴西、中国等发展中国家与美国的多产品企业特征基本一致。但是 Iacovone 和 Javorcik（2010）研究发现墨西哥的情形与发达国家以及中国和巴西等发展中国家不同。墨西哥的出口贡献来源主要是单产品企业：一方面，1994～2003 年，仅出口 1 种产品的企业数量的份额区间为 57.10%～62.23%，亦即大部分出口企业为单产品企业；另一方面，单产品企业出口份额高达 1/3，再加上出口两种产品的企业，其出口额占总出口的比例超过 50%。综上所述，现有文献发现发达国家的多产品企业在生产和出口中均占据统治地位，大部分发展中国家与发达国家一致，但是存在个别发展中国家企业生产和出口以单个产品为主。

（二）多产品企业出口产品静态分布特征

现有文献均发现多产品企业产品出口额分布不均，体现为部分产品出口额显著大于其他产品。例如，美国出口超过 10 个 HS 10 位码产品的多产品企业中，出口额排序前三的产品占总出口的份额分别为 42.2%、17% 和 9.8%，出口额排第 8～10 位的产品占总出口的份额分别下降为 2.2%、1.8% 和 1.5%，由此可见多产品企业出口主要集中于少数几个产品，且存在明显的核心产品（出口额最高的产品）（Bernard 等，2007）。基于中国的数据有类似发现，核心产品出口额占企业总出口的平均份额约为 75%，且这一比例较为稳定（钟腾龙等，2018）。基于比利时的数据（Bernard 等，2014）、巴西的数据（Arkolakis 和 Muendler，2010）均有相似的结论。

（三）多产品企业出口产品动态转换特征

现有大部分文献发现多产品企业出口产品转换较为频繁，且在总体出口中占据较高的份额。Bernard 等（2010）使用美国 1987～1997 年的 5 年一次的制造业企业跟踪调查数据，根据国际标准产业分类 5 位码代码定义产品类别，共计 1500 种产品，研究发现制造业企业在统计年度之间（每五年）的出口产品转换具有普遍性和重要性。平均而言，新增加和即将退出的产品的产值占总产值的 1/6；超过一半的企业在统计年度之间改变产品组合，其中又有超过一半的企业同时新增和舍弃产品。易靖韬等（2017）使用中国 2000～2006 年海关出口数据发现，95% 的多产品出口企业在这一期间内存在产品转换行为，占总体出口额的 96%。与美国和中国的情形不同，Goldberg 等（2010）发现印度企业的产品转换频率很低。每 5 年，只有 28% 的企业发生了产品转换行为：新增、舍弃或者同时新增和舍弃产品。此外，印度企业转换产品主要体现为新增产品，舍弃产品的频率很低，在 28% 的总的比例中，22% 的企业仅新增产品，4% 的企业仅舍弃产品，2% 的企业同时新增和舍弃产品。但是印度与美国和中国有一个共同的特征：相对于单产品企业，多产品企业的产品转换频率更高。因此，不同国家的多产品企业产品动态转换具有较大差异，这与各个国家的产业政策和经济环境存在关系，值得进一步研究。

三　多产品企业行为与绩效的国际贸易影响因素

本小节主要介绍研究多产品企业行为与绩效的国际贸易相关的影响因素方面的文献，主要包括贸易自由化、进口转换、目的地特征和出口行为等四个方面。

（一）贸易自由化

Nocke 和 Yeaple（2006）构建了一个包含管理效率企业异质性的多产品企业理论模型，理论模型结论表明国家之间对称的贸易成本削减，导致管理效率高的企业减少产品种类，导致管理效率低的企业增加产品种类，从而会减少行业内企业规模分布离散度，他们使用美国 1989～2011 年的企业层面的数据验证了这一结论。Bernard 等（2011）使用美国企业—产品—目的地层面的贸易数据和制造业企业层面生产数据，实证研究了出口贸易自由化对多产品企业产品范围、产品分布、出口扩展边际和集约边际的影响效应。企业出口面临的外部关税削减，显著降低了多产品企业的产品范围和增加了企业内产品不均衡分布程度。Iacovone 和 Javorcik（2010）基于墨西哥加入北美自由贸易协定的准自然试验，实证研究发现出口贸易成本下降显著提升了多产品出口企业内产品转换频率。

以上文献主要研究出口贸易自由化对多产品企业行为和绩效的影响。现在阐述进口贸易自由化与多产品企业行为与绩效关系的文献。Qiu 和 Yu（2014）使用中国 2000～2006 年的数据，实证研究发现，进口关税削减显著降低国内企业的出口产品范围，国外出口关税下降对企业出口产品范围的影响方向受到企业管理效率的影响，如果管理效率高，出口产品范围扩大，如果管理效率低，出口产品范围缩小。Liu 等（2019）同样使用中国 2000～2006 年的数据，实证研究最终品进口关税削减引致的进口竞争对中国多产品出口企业核心产品和非核心产品出口成本加成的影响差异，结果表明，进口竞争显著提升多产品企业内核心产品出口加成率，但是降低非核心产品出口加成率。此外，国内学者研究了中国企业面临的中间品进口关税削减对多产品企业内出口产品成本加成的影响具有差异化的影响效应（祝树金等，2018；樊海潮和张丽娜，2019）。亢梅玲和田子凤（2016）使用中国 2000～2006 年的数据，研究发现贸易自由化促进了多产品出口企业的产品转换。

（二）进口转换

Damijan 等（2014）使用 1994～2008 年斯洛文尼亚企业—产品—来源地（目的地）的进出口交易层面的数据，实证研究进口转换影响多产品企业出口产品范围和企业绩效，结果显示，进口产品（包括中间投入品和资本品）转换显著提升了该企业的出口产品范围和企业生产率。

（三）目的地特征

Mayer 等（2014）使用 2003 年法国企业—产品—目的地层面的数据，实证研究出口目的地竞争程度的变化对企业内产品分布组合的影响效应。结果表明，在产品范围一定时，企业的出口目的地竞争程度加剧（用出口目的地的 GDP 和该目的地的总进口需求表示），企业倾向于更多地生产和出口其生产效率更高的产品，产品分布向生产率更高的产品集中，且这种产品分布的变化有利于提升企业总体生产率。

（四）出口行为

Eckel 等（2015）使用 1994～2004 年墨西哥企业—产品层面的内销和

出口的数据，实证检验其理论模型中提出的成本竞争策略和质量竞争策略。具体地，其构建了一个企业产品价格对企业内产品排序虚拟变量（按产品出口额从高到低排序）回归的计量模型，在基准回归中，以出口至少 5 个产品的多产品企业为样本，产品排序虚拟变量取排在最前面的 4 个产品，如果这些虚拟变量回归系数为正数，且估计系数大小随着产品排序靠后而减小，说明排序靠前的产品价格高于其他产品，多产品企业采取质量竞争策略；如果系数为负，且估计系数绝对值大小随着产品排序靠后而减小，说明排序靠前的产品价格低于其他产品，多产品企业采取成本竞争策略。实证结果表明，墨西哥的国内销售产品，不管是异质性产品还是同质性产品，均采取质量竞争策略，但是这一效应在异质性产品中更为明显；对于出口产品，整体而言，多产品企业在出口产品中也采取质量竞争策略，但是同质性和异质性之间完全不同，多产品企业对同质性出口产品采取成本竞争策略，对异质性出口产品采取质量竞争策略。因此，出口行为一定程度上改变了多产品企业的竞争策略。

此外，国际贸易领域学者还研究了汇率变动对多产品企业行为与绩效的影响效应。例如，Caselli 等（2017）研究发现汇率贬值有利于提高多产品企业产品加成率，且对企业内核心产品的提升幅度大于非核心产品。韩剑等（2017）研究发现汇率变动对多产品企业内生产效率越高、质量越高的产品的价格传递效应越低。

四　可能的拓展方向

本章基于以上文献梳理，从前沿研究和国内研究两方面提出国际贸易领域中多产品企业研究中有待拓展的方向。

前沿研究方面，第一，研究国际贸易如何影响多产品企业内产品间成本加成水平值和离散度，并量化评估其蕴含的贸易利得。对于企业而言，成本加成水平值越高意味着更高的利润，对于消费者而言，成本加成水平值越低意味着更高的消费者剩余，成本加成离散度已经被证明能够反映资源配置效率。因此，研究国际贸易对多产品企业内产品成本加成水平值和离散度的影响效应，能够从企业利润、消费者剩余和企业内资源配置效率等途径研究贸易利得。第二，构建理论模型解释多产品企业的形成过程。由单产品企业变为多产品企业无非三条路径：在已有生产线上新增产品、新增生产线、兼并生产其他产品的企业。但是目前尚无文献构建理论模型阐述单产品企业是如何在这三条路径中进行选择并发展为多产品企业。第三，构建新的理论模型解释企业内产品出口分布特征。Bernard 等（2011）假设企业内产品性能遵循帕累托分布，企业产品排序变量对数与该产品出口份额对数呈线性关系。但是，实际曲线和拟合曲线之间存在差异，且主要体现为实际曲线中间段高于拟合曲线，两端则低于拟合曲线。这就需要构建新的多产品企业国际贸易理论模型进行解释。

国内研究方面，第一，由于中国海关数据库报告了企业—产品层面的进口和出口数据，中国工业企业数据库没有报告产品层面的信息，因而现有文献主要研究多产品出口（进口）企业的行为与绩效，忽视企业对内销产品调整和绩效的研究。因此，需要获取包含内销和出口信息的企业—产品层面的数据，从而能够研究多产品企业总体产品调整行为，比较多产品内销企业和多产品出口企业行为与绩效差异，以及国际贸易对两类多产品企业的影响效应差异。第二，Goldberg 等（2010）发现印度的多产品企业的产品转换频率较低，且贸易自由化对产品转换的影响也不显著，这与 Bernard 等（2011）基于美国的经验研究的结论不同。他们给出的解释是印度政府的产业监管政策阻碍了贸易自由化对企业内资源配置的影响效应的发挥，这体现了产业政策具有重要的影响。那么，在评估中国贸易政策对多产品企业的影响效应时，也需要考虑中国产业政策的影响，只有在贸易政策和产业政策作用互补的情形下，贸易政策才能有效地发挥作用。第三，Bernard 等（2010）发现多产品企业倾向于生产具有投入产出联系的产品，目前尚无文献使用中国的数据，研究这一现象是否在中国也存在。研究企业内产品之间的投入产出关联程度典型事实、影响效应，以及国际贸易对企业内产品投入产出关联度的影响，是国内拓展国际贸易与多产品企业研究的有益方向之一。

第三节　国际贸易与企业加成率研究

本节从贸易自由化的视角阐述国际贸易与企业加成率的现有主要研究文献，并对其进行评述和指出未来的研究方向。

一　贸易自由化影响加成率的理论研究

贸易自由化影响加成率水平值的理论文献。Melitz 和 Ottaviano（2008）引入包含水平差异化产品的拟线性需求函数，内生化加成率，拓展了 Melitz（2003）的分析框架，并研究国际贸易加剧市场竞争，对企业加成率的影响效应。理论模型表明，双边对称贸易自由化下，两国的贸易成本下降幅度相同，同时提高两国市场的竞争程度，导致临界边际成本成比例下降，生产率水平相应提高，降低价格和加成率，福利效应随着增长的生产率、产品种类和下降的加成率而提高；单边不对称贸易自由化下，只有 H 国降低贸易成本（比如削减进口关税），短期内，更多国外（F 国）企业和产品进入 H 国市场，加剧市场竞争，H 国国内市场临界边际成本下降，但是并不改变 F 国市场的临界边际成本，因此单边贸易成本降低会对贸易自由化 H 国产生"促进竞争效应"，H 国企业生产率和产品种类上升，加成率下降，福利水平上升。Feenstra 和 Ma（2007）在垄断竞争模型中引入超越对数需求偏好，内生化加成率，识别贸易成本降低、市场进入增加导致的"促进竞争效应"，亦即降低企业加成率，同时，还会增加新的产品种类，提高消费者福利水平。Behrens 等（2015）构建了一个包含贸易和非贸易部门的垄断竞争的一般均衡模型，指出贸易自由化降低贸易部门的加成率，提高非贸易部门的加成率并研究了对福利的影响。Demidova（2017）研究可变加成率模型中单边贸易自由化的作用，模型预测，贸易自由化会降低国内福利；并研究了大国和小国的最佳进口关税，证明贸易保护是可取的选择；相对于不变加成率模型，可变加成率的设定模型会导致负的竞争效应，减少贸易利得。

贸易自由化影响加成率分布的理论文献。Holmes 等（2014）将贸易收益分解为生产率和资源配置两个来源，并且指出贸易主要通过影响加成率分布作用于资源配置效率，因此贸易自由化降低加成率离散度，进而提高资源配置效率。但是部分文献对贸易自由化产生的"促进竞争效应"提出了质疑。例如，Epifani 和 Gancia（2011）指出在市场进入受到限制时，贸易开放即使会改变加成率分布，但是会降低贸易福利。Arkolakis 等（2018）基于垄断竞争市场结构、异质性企业和可变加成率推导出贸易收益表达式，发现可变加成率时的贸易收益小于或者等于不变加成率时的贸易收益，因此"促进竞争效应"不能确定。

二 贸易自由化影响加成率的实证研究

贸易自由化影响加成率的实证研究首先需要解决的问题便是如何估算加成率，本小节首先从行业、企业和产品等三个层面介绍加成率测算方法；然后将贸易自由化分解为最终品贸易自由化和中间品贸易自由化，阐述二者分别影响加成率的实证文献，同时研究二者与加成率关系的文献。

（一）加成率测算方法简述

现有文献主要基于行业或企业层面测算加成率。行业层面，Domowitz 等（1986）使用行业增加值、工资支出和中间投入等会计指标，基于会计方法测算行业加成率；Hall 等（1986）结合索洛余值的性质，使用行业层面的产出、价格和投入要素数据，测算了不完全竞争市场条件下的行业层面的加成率。企业层面，De Loecker 和 Warzynski（2012）在 Hall 等（1986）的基础上，在估计生产函数时，考虑投入要素与不可观测生产率的相关性导致的内生性问题（Olley 和 Pakes，1996；Levinsohn 和 Petrin，2003；Ackerberg 等，2007），使用企业层面的产出数据估算企业层面的加成率，该方法不依赖于任何市场结构和需求曲线的假设，得到了广泛的使用。正如行业层面加成率掩盖了企业之间的加成率差异，企业层面加成率也无法反映企业内不同产品的加成率差异。目前，越来越多的文献发现多产品企业在国内生产以及国际贸易中均占据统治地位，Bernard 等（2010）甚至指出企业内产品之间的资源再配置是继企业之间资源再配置的又一个新的生产效率和社会福利增长渠道。因此，有必要测算企业内不同产品的加成率。De Loecker 等（2016）将 De Loecker 和 Warzynski（2012）的方法拓展到多产品企业，解决企业产品层面不可观测投入要素问题，估计了多产品企业产品加成率。Fan 等（2017）和祝树金等（2018）借鉴这一方法，利用中国的数据估算了多产品企业出口产品加成率。本章也继续沿用该方法，估算得到企业出口产品加成率，研究进口竞争对企业出口产品加成率的影响机制和效应，能够反映进口竞争对企业产品在出口市场的定价能力和市场势力的影响。

（二）国际贸易参与与加成率

关于国际贸易与加成率的经验文献，起初是对出口企业和非出口企业、进口企业和非进口企业之间的加成率水平进行比较，并对其差异进行解释。Görg 和 Warzynski（2003）研究表明，出口企业比非出口企业获取更高的加成率，但仅限于差异化部门。De Loecker 和 Warzyski（2012）基于斯洛文尼亚制造企业数据，进一步考察了出口与企业加成率的关系，结论表明：总体上出口企业加成率水平较高，但是新退出出口市场企业则相反。此外，其他学者基于哥伦比亚、法国、西班牙等国家微观企业的数据，均实证发现出口企业具有相对较高的加成率水平（Kugler 和 Verhoogen，2009；Bellone 等，2016；Martín 和 Rodríguez，2010；Kılınç，2014）。上述文献多以发达国家为研究对象，而针对中国出口企业的实证研究与这一结论相反：出口企业加成率普遍低于非出口企业，存在出口企业的"加成率悖论"（盛丹和王永进，2012；祝树金和张鹏辉，2015）。盛丹和王永进（2012）指出出口退税政策使出口企业在制定较低的市场价格后依然获得较高的真实加成率；李秀芳和施炳展（2012）认为加工贸易企业出口定价权缺失是中国出口企业加成率悖论的重要原因；刘啟仁和黄建忠（2015）构建理论模型并实证发现，出口企业"选择效应"较弱甚至不存在，而企业在出口市场上面临的竞争程度大于内销市场，这就导致出口市场的"竞争效应"大于"选择效应"，造成出口企业加成率较低，但是没有研究出口行为提升企业加成率的情形。黄先海等（2016a）的研究弥补了这一缺陷，认为中国出口企业加成率低于非出口企业具有阶段性，当出口企业生产率水平跨过生产率门槛值后，出口行为便会提升企业加成率，但是没有具体估计贸易企业加成率的生产率效应和竞争效应。

关于进口行为与企业加成率关系的研究。现有研究发现进口企业生产率水平更高，规模更大，能够索要较高的产品价格（Kasahara 和 Rodrigue，2008；Kugler 和 Verhoogen，2009；Halpern 等，2015）。Hornok 和 Muraközy（2015）将中间品进口份额引入 MO 模型的拟线性需求函数，进口的中间品具有较高的质量，且能提高产出品的质量（Antoniades，2015），因此中间品进口通过质量升级效应提升企业加成率，他们基于匈牙利的数据实证检验进口中间投入、出口行为与加成率之间的关系。李卓和赵军（2015）通过匹配中国工业企业数据和海关数据，测算了我国纯进口企业加成率，并发现纯进口企业加成率高于非进口企业，这是因为纯进口企业中央及省级国有企业的占比较高，但没有分析进口企业加成率的微观决定机制。黄先海等（2016b）研究发现中国中间品进口企业平均加成率低于非进口企业，主要是由加工贸易所导致，一般贸易中间品进口企业平均加成率显著高于非进口企业。

（三）最终品贸易自由化与加成率

Goldar 和 Aggarwal（2005）使用印度 1980～1997 年行业数据，实证研究发现最终品关税削减显著降低了行业加成率。Konings 等（2005）基于保加利亚和罗马尼亚的企业数据，实证发现进口竞争对企业加成率的影响效应取决于企业所在行业的市场集中度：降低高市场集中度行业的企业加成率，但是提高低市场集中度行业的企业加成率。孙辉煌和兰宜生（2008）使用中国行业层面的数据得到了与 Konings 等（2005）类似的结论。Chen 等（2009）利用欧盟制造企业数据，实证结果表明贸易自由化短期内具有竞争促进效应，表现为降低企业价格和加成率，但是长期效应不明显，甚至呈现相反的效应。Guillou 和 Nesta（2015）用法国的数据研究了欧元区的建立对企业加成率的作用，结果发现欧元区的建立会降低企业的加成率，也会降低企业之间加成率的差异性。钱学锋等（2016）首先使用中国微观企业的数据，实证研究最终品关税削减和进口渗透对企业加成率的影响效应，结果发现总体上进口竞争会降低企业加成率，但是在不同市场集中度行业之间存在显著差异。此外，余淼杰和袁东（2016）考虑加工贸易的研究得到与钱学锋等（2016）类似的结论。Feenstra（2010）指出进口竞争导致企业加成率下降是垄断竞争框架下的三个贸易利得来源之一，但是以上经验研究结论并不完全与之一致，而是随行业市场集中度、长短期影响等不同发生变化。

进一步梳理相关文献中进口竞争影响加成率的机制。Konings 等（2005）认为进口竞争通过促使高市场集中度行业的企业降低垄断价格，而降低加成率；而通过促使低市场集中度行业的企业降低边际成本，而提高加成率。前者体现为进口竞争的价格效应，后者则体现为进口竞争的成本效应。钱学锋等（2016）、余淼杰和袁东（2016）对中国企业的研究也主要是基于价格效应和成本效应分析进口竞争对企业加成率的影响机制和效应。但是以上文献均忽视了另外一个重要的作用机制：市场竞争引致的质量升级效应。大量文献从理论和实证研究两个角度均表明市场竞争与企业质量升级存在正向关系（Aghion 等，2005；Teshima，2008；Bustos，2011；Amiti 和 Khandelwal，2013；Martin 和 Mejean，2014；Bloom 等，2016）。最终品关税削减加剧国内市场竞争程度，也势必影响企业质量升级行为。本书重点分析进口竞争影响加成率的质量升级效应，弥补了这一文献研究空白。

（四）中间品贸易自由化与加成率

毛其淋和许家云（2017）使用中国 2000~2007 年制造业企业的生产和贸易数据，实证研究发现企业层面中间品进口关税削减引致的中间品贸易自由化显著提高了企业加成率。Brandt 等（2017）利用中国 1998~2007 年的制造业企业数据，也发现行业层面中间品贸易自由化提高了企业加成率。De Loecker 等（2016）首先测算印度 1989~1997 年企业产品层面加成率，并研究行业层面最终品贸易自由化和中间品贸易自由化对企业产品加成率的影响效应，研究表明，最终品贸易自由化通过竞争促进效应降低产品加成率，而中间品贸易自由化通过降低产品边际成本而提高产品加成率。借鉴 De Loecker 等（2016）的方法，Fan 等（2017）测算了中国出口企业产品层面的加成率，并研究了中间品贸易自由化对出口企业产品加成率的影响，结论表明，中间品进口关税减让也通过降低边际成本提高了中国出口企业产品加成率。祝树金等（2018）借鉴 De Loecker 等（2016）的方法，测算了中国多产品出口企业产品加成率，并研究中间品贸易自由化对多产品企业内核心和非核心产品加成率的差异化影响机制和效应，结果表明，中间品贸易自由化导致多产品企业核心产品质量升级幅度大于非核心产品，且中国多产品出口企业采取质量竞争的核心产品策略，这就使中间品贸易自由化提升核心产品加成率的幅度大于非核心产品，揭示了多产品企业面临贸易自由化时的差异化加成率调整策略。

第四节　研究评述与拓展

Melitz（2003）的异质性企业理论模型，从企业生产率异质性的视角阐述国际贸易对不同生产率企业的生产和出口的影响机制和效应，解释新贸易理论无法揭示的产业内贸易现象和产业内企业间的资源配置效应。但是Melitz（2003）模型基于单产品企业的假设，亦即企业只生产和出口一种产品。这一假设与国际贸易中多产品出口企业普遍存在的事实不符合。Bernard 等（2010）较早以美国数据为例，发现美国的多产品出口企业占比58%，出口额占比却高达99%；Bernard 等（2011）进一步构建了包含多产品企业的国际贸易理论模型，其中假设多产品企业内产品之间具有不同的消费者偏好特性，贸易自由化不仅导致企业之间的选择效应，还会导致企业内产品之间的选择行为。目前国内关于贸易自由化与企业绩效的研究主要基于单产品企业的假设，得出的结论对贸易政策选择会产生一定程度的误导，还会掩盖企业内产品间的资源再配置效应。因此，进一步以多产品企业为对象，研究贸易自由化对多产品企业内不同产品的差异化调整行为的影响具有重要的理论和现实意义。

Melitz（2003）为了简化模型和能更方便地识别贸易自由化对企业生产率的影响效应，假设企业加成率外生不变。但是这一假设与现实情况也不符合，企业加成率受到企业生产率、规模等因素的内生影响，且往往会随时间而变化。Bernard 等（2003）、Melitz 和 Ottaviano（2008）、Feenstra（2010）等通过改变需求函数或者市场结构等方法使加成率不再外生不变，并以加成率下降表明贸易自由化产生促进竞争效应。经验文献主要借鉴 De Loecker 和 Warzynski（2012）的方法测算企业层面加成率，并研究贸易自由化与企业加成率的关系，总体上支持促进竞争效应，但是随着不同的样本国家、不同行业具有一定程度的差异。而目前少有文献研究贸易自由化对企业产品层面加成率的影响效应，尤其是尚无文献研究贸易自由化对多产品企业内不同产品加成率之间的差异化影响效应。本书的研究弥补了这一缺陷。

具体地，基于已有文献，本书将多产品企业和可变加成率纳入 Melitz（2003）的分析框架，研究进口贸易自由化对多产品企业产品加成率的影响机制和效应。具体地，借鉴并改进 Melitz 和 Ottaviano（2008），假设包含垂直质量差异的拟线性二次需求函数，内生化加成率；借鉴 Eckel 和 Neary（2010），多产品企业内存在生产效率最高的产品（核心产品），本书以出口最多的产品表示核心产品。在开放市场情形下，基于企业利润最大化条件达到均衡状态，得到企业产品加成率、价格、边际成本、产品质量与表示贸易自由化的最终品关税和中间品关税的关系。

关于贸易自由化影响企业加成率的机制研究的文献主要集中讨论价格和成本两个渠道（钱学锋等，2016；De Loecker 等，2016；Fan 等，2017），忽视了另外一个重要渠道——质量。中间品和最终品贸易自由化均会引致质量升级，前者是由于企业能够以更低的成本获取更高质量的中间投入品，后者则是由于进口竞争加剧倒逼企业质量升级以"逃离竞争"。具体地，本书首次将质量升级效应作为中间品贸易自由化对多产品出口企业核心和非核心产品加成率产生差异化影响效应的主要渠道；同样也是首次考察最终品贸易自由化引致的进口竞争，通过促进企业提升产品质量，进而提高企业出口产品加成率，且这一效应在异质性产品、核心产品中更加明显。

Lerner（1934）和 Robinson（1934）较早指出加成率分布离散度能够反映资源配置效率，之后产业组织领域和国家贸易领域均对其进行了理论和实证研究。但是关于贸易自由化对加成率分布的影响研究还较少，目前主要集中于行业内企业之间加成率分布离散度，反映贸易自由化对企业之间资源配置效率的影响（Lu 和 Yu，2015）。目前尚无文献研究贸易自由化对多产品企业内产品之间加成率分布离散度的影响，本书的研究将弥补这一缺陷。具体地，基于本书测算的企业—产品层面加成率，衡量企业内产品之间的加成率分布离散度，构建计量模型研究贸易自由化（包括中间品和最终品贸易自由化）对企业内产品间加成率分布离散度的影响，揭示贸易自由化对企业内资源配置效率的影响效应。

第二章
数据、变量与典型事实

第一节　数据来源与处理

一　中国工业企业数据库

本书使用的数据库之一是中国工业企业数据库，是由中国国家统计局统计的涵盖全部国有企业和年度销售额超过 500 万元人民币的非国有企业的企业层面的投入产出数据，2011 年及之后，统计企业的销售额门槛提升至2000 万元人民币。该数据库报告了关于中国制造业的详细企业层面的信息，包括资本存量、就业人数、中间投入、销售收入、增加值和企业联系方式（如企业名称、联系人、电话和邮政编码）。

本书采取以下步骤来清理原始数据。第一，删除关键变量（如员工人数、销售额、总资产、固定资产净值或中间投入）缺失的观测值；第二，剔除违背会计准则的观测值，依照 Cai 和 Liu（2009），具体包括以下几种情形：总资产小于流动资产、总资产小于固定资产合计、总资产小于固定资产净值、企业员工人数少于 8 人。第三，使用 Brandt 等（2012）公开的代码匹配随时间变化的企业名称或者代码，并为每个企业生成唯一的数字代码，从而形成面板数据；此外，由于国民经济行业标准 2002 年有更新，本书也使用 Brandt 等（2012）提供的行业对应表来统一前后两个行业分类标准。第四，本书仅保留制造业企业。

在根据以上步骤对原始数据进行清洗和整理之后，我们得到了一个1998～2013 年中国制造业企业面板数据，每年的企业数量见表 2－1。

表 2－1　1998～2013 年中国制造业企业面板数据

单位：家

年份	企业数量	年份	企业数量	年份	企业数量
1998	127283	2004	234313	2010	208373
1999	127294	2005	240633	2011	273050
2000	130657	2006	268815	2012	266647
2001	140982	2007	243729	2013	297204
2002	150579	2008	232662		
2003	170509	2009	177949		

本书大部分章节仅使用 2000～2006 年的中国制造业企业数据，另有少部分章节的时限拓展到了 2013 年，这也是我们能够获取的最近年限的中国工业企业数据。具体地，第一、二、七、八、九、十、十一章均使用 2000～2006 年制造业企业数据，或者与中国海关数据库匹配后的数据，后文将介绍中国海关数据和两个数据库的匹配过程和结果。第五、六章则使用 2000～2013 年的制造业企业数据及其与中国海关数据库匹配后的数据。

二　中国海关数据库

中国海关数据库来源于中华人民共和国海关总署。该数据库统计了中国对外贸易企业详尽的进出口信息，包括企业信息（企业代码、企业名称、联系人、电话号码、地址、邮编、所有权性质等）、产品代码、进口或出口的数量和金额、进口来源地、出口市场、贸易方式、产品计量单位等。海关数据按月份统计，产品代码为 HS 8 位码。

与大部分使用中国海关数据库进行研究的文献一致，本书也将数据库从月份加总到年份层面、HS 8 位码加总到 HS 6 位码。进一步，HS 6 位码产品分类标准在 2002 年和 2007 年以及 2012 年分别发生了变化，而本书最长的样本期（2000～2013 年）跨越了 HS 6 位码的 1996 年、2002 年、2007 年和 2012 年的四个版本，本书使用 UN Trade Statistics 中公布的 HS 6 位码行业不同版本之间的对应表，将 2002 年、2007 年、2012 年版本分别对应到 1996 年版本，因此本书样本期内各个年份的 HS 6 位码产品分类都统一为 HS 1996 年版本。

根据本书各个章节的研究需要，我们对海关数据库进行了差异化的处理。具体地，第五章从企业—产品—市场等多个维度计算企业出口二元边际。在该章节中，我们删除企业—产品—目的地层面上为一般贸易出口的观测值，这是考虑到加工贸易不能有效反映企业主动选择产品和市场的策略。同时，我们还剔除了中间商出口企业。Ahn 等（2011）研究发现，中国的中间商出口企业的平均出口产品和出口市场种类远远大于直接出口企业（既生产又出口的企业）。中间商出口企业具有相对丰富的国际市场营销知识和经验，专注于经销或者代理生产企业的产品，产品和市场种类数往往大于生产企业，这就决定了中间商出口企业和直接出口企业具有不同的产品—市场选择策略。因此，我们借鉴 Ahn 等（2011）、Chen 和 Li（2014）等文献的做法，将企业名称中包含"进出口"、"贸易"、"经贸"、"外经"、"工贸"、"科贸"和"外贸"等词汇的出口企业定义为中间商出口企业，并将其删除。

中国海关统计数据库的可获得性有限，且可能存在统计偏误等问题，我们获取的中国海关统计数据库覆盖年份为 2000～2013 年。本书将基于海关统计数据库加总的全部出口额和一般贸易出口额与国家统计年鉴报告的相应指标进行比较，具体见表 2－2。表 2－2 第（1）列和第（4）列分别报告了来自国家统计年鉴和海关统计数据库的全部出口额，2000～2011 年，二者高度吻合；但在 2012 年和 2013 年，二者存在明显的差异：国家统计年鉴报告的 2012 年和 2013 年的总出口额分别为 20487.1 亿美元和 22090.0 亿美元，然而基于海关统计数据库加总的总出口额分别为 25790.4 亿美元和 27619.3 亿美元，分别高出 5303.3 亿美元和 5529.3 亿美元，这一数值分别占国家统计年鉴报告的总出口额的 26% 和 25%。相应地，国家统计年鉴报告和海关统计数据库加总的一般贸易出口额在 2000～2011 年基本一致，

2012 年和 2013 年存在显著区别，后者明显高于前者。因此，本书使用的 2012 年和 2013 年海关统计数据库可能存在一定程度的统计偏误，但为了尽量保证样本期的长度，本书保留 2012 年和 2013 年的数据。值得说明的是，本书只有第五章和第六章使用了 2000～2013 年的海关数据库。第七章至第十一章均只使用了 2000～2006 年的中国海关数据库。在第五章中，我们还将详细考察和讨论这两年异常值对出口二元边际测算结果的影响，进一步分析可能的原因。在第六章中，如果只使用 2000～2011 年的海关数据库，该章的主要结论没有发生明显变化。

此外，表 2－2 第（7）、（8）分别报告了直接出口企业一般贸易出口额和占一般贸易出口总额的比例。2000～2013 年，直接出口企业一般贸易出口额占比处于 47.5%～79.9%，直接出口企业一般贸易出口额占比呈逐年上升的趋势（Chen 和 Li，2014），说明直接出口企业的地位越来越重要。

表 2－2　2000～2013 年中国出口额

单位：亿美元，%

年份	国家统计年鉴			海关统计数据库				
	总出口额	一般贸易出口额	占比	总出口额	一般贸易出口额	占比	直接出口额	占比
	（1）	（2）	（3）	（4）	（5）	（6）	（7）	（8）
2000	2492.0	1051.8	42.21	2492.4	1104.6	44.32	524.3	47.5
2001	2661.0	1118.8	42.04	2666.6	1132.7	42.48	556.1	49.1
2002	3256.0	1361.9	41.83	3256.3	1497.5	45.99	798	53.3
2003	4382.3	1820.3	41.54	4384.6	2022.9	46.14	1127.7	55.7
2004	5933.3	2436.1	41.06	5936.5	2741.8	46.19	1600.2	58.4
2005	7619.5	3150.6	41.35	7567.2	3277.4	43.31	2161.4	65.9
2006	9689.8	4162	42.95	9683.8	4576.5	47.26	2787.8	60.9
2007	12204.6	5384.6	44.12	12200.6	5255.1	43.07	3350.7	63.8
2008	14306.9	6628.6	46.33	14306.9	6334.8	44.28	4102.4	64.8
2009	12016.1	5298.3	44.09	12015.9	5144.6	42.81	3307.2	64.3
2010	15777.5	7207.3	45.68	15773.7	7022.1	44.52	4512.6	64.3
2011	18983.8	9171	48.31	18977.4	8845.4	46.61	5602.7	63.3
2012	20487.1	9880.1	48.23	25790.4	16363.9	63.45	13074.8	79.9
2013	22090.0	10875.3	49.23	27619.3	16478.4	59.66	13133.3	79.7

本书绘制了基于国家统计年鉴报告的1996～2017年总出口和一般贸易出口的平均增长率、基于海关数据库计算的2000～2013年一般贸易出口和直接出口的平均增长率的趋势（见图2－1）。这样一方面，能够从更长时间段把握出口总体变化趋势，另一方面，比较本书样本期和更长时间段的出口总体演变趋势，探究本书样本期是否能有效反映中国出口整体发展脉络。

根据图2－1，可以得到如下结论。①1996～2017年，我国总出口增长率演变轨迹可以大致划分为三个阶段：第一个阶段是加入WTO前的反复波动期，第二个阶段是加入WTO后的高速增长期，第三个阶段是国际金融危机后的持续减速期。加入WTO前，我国出口面临的不确定性因素较多，出口不稳定，尤其受亚洲金融危机影响，1998年出口负增长；加入WTO后，我国适用WTO的优惠贸易政策，不确定性因素减少，出口快速增长；国际金融危机后，国外市场需求减少、贸易保护主义抬头、发达国家制造业回归等因素导致我国出口增速不断下降。②一般贸易出口和总出口增速变动轨迹基本吻合，说明一般贸易出口能较好地反映总体出口增长特征和规律，这为本书第五章使用一般贸易出口作为研究对象提供了事实基础。③除2012年和2013年外，基于海关数据计算的一般贸易出口增长率与国家统计年鉴汇报的一般贸易出口增长率也基本一致，2000～2011年呈现先上升后下降的总体变化趋势，这说明本书使用的海关数据能较好地反映我国出口增长变动特征。④2000～2013年，我国出口经历了加入WTO和国际金融危机的正向和负向外部冲击，也受到2008～2010年国家一系列经济政策的影响，我国出口在这一时期内经历了一个完整的周期，以该时期为样本研究我国出口增长动态，能较好地反映我国出口整体发展规律。

第六、七、八、九、十、十一章均基于企业—产品—年份层面进行研究。中国海关数据库报告了企业—产品—目的地—年份层面的出口金额（进口金额）、出口数量（进口数量）等关键信息，这些章节不考虑目的地层面维度，因此将出口金额（进口金额）和出口数量（进口数量）分别加总到企业—产品—年份层面。基于出口金额（进口金额）和出口数量（进

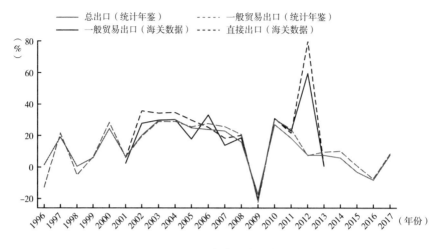

图 2 - 1　1996~2017 年中国出口年均增速趋势

口数量），可以进一步计算企业—产品—年份层面的单位出口价格（单位进口价格）。

三　中国工业企业数据库与中国海关数据库匹配数据库

计算本书的核心变量——企业产品出口加成率，需要企业投入产出数据和产品贸易数据，因此必须合并工业企业数据和海关数据。中国工业企业数据库和中国海关数据库均报告了企业代码，但是二者的编码规则完全不同，因此不能作为中介变量。参考田巍和余淼杰（2013）的做法，本章使用其他企业属性指标采用序贯匹配法逐年匹配两套数据。具体分为三个步骤。第一，使用企业中文名称为匹配变量，如果同一年内，两个数据库的企业中文名称相同，即为同一家企业；第二，考虑到两个数据库部分企业中文名称缺失，以及可能存在的统计误差，本书进一步使用邮政编码和企业电话号码的后七位的组合变量作为中介，这是因为在一个邮政区域内仅有唯一的电话号码，这就能够确定为同一家企业；第三，作为补充，本书还进一步采用企业联系人和电话号码后七位的组合变量进行匹配。匹配成功的出口企业数量分别占中国海关数据库和中国工业企业数据库出口企业数量的 33.1% 和 57.0%，出口额则分别占中国海关数据库和中国工业企业数据库出口额的

47.1%和69.6%；匹配成功的进口企业数和进口额分别占中国海关数据库的进口企业数量和进口额的35.7%和38.4%。与Fan等（2015）以及田巍和余淼杰（2013）的匹配成功率基本一致。表2-3列出了2000~2006年的匹配结果。

表2-3 匹配结果

年份	出口企业数量			出口额			进口企业数量		进口额	
	匹配数量（家）	占海关数据库的比重（%）	占工企数据库的比重（%）	金额（亿美元）	占海关数据库的比重（%）	占工企数据库的比重（%）	匹配数量（家）	占海关数据库的比重（%）	金额（亿美元）	占海关数据库的比重（%）
2000	17270	31.3	48.5	918	35.2	55.0	13912	27.4	695	28.8
2001	20341	33.7	51.8	1110	39.9	58.9	16167	30.1	826	34.6
2002	23247	32.4	53.7	1520	41.9	65.1	17726	28.6	1050	32.7
2003	27455	31.6	55.6	2230	44.3	72.4	19868	27.9	1510	34.1
2004	41098	37.7	57.9	3510	51.7	71.2	29101	36.0	2470	42.8
2005	42137	32.1	57.9	4050	48.5	71.4	28867	33.9	2830	42.9
2006	49679	32.1	64.8	5480	50.8	73.7	29040	31.9	2710	40.5
2000~2006	221227	33.1	57.0	18800	47.1	69.6	46829	35.7	12091	38.4

四 产品关税数据库

本书的另一套重要数据是关税数据，主要用以衡量贸易自由化程度。该套数据来自联合国贸易和发展会议（UNCTAD）贸易分析与信息系统数据库（TRAINS），从这套数据可以获取每年的HS 6位码产品进口关税（最惠国关税率）。

五 产品差异化数据

本书还有一套重要数据为产品差异化程度的数据，来自Rauch（1999）。Rauch（1999）将SITC 3位码层面的产品划分为同质性产品和异质性产品两类。同质性产品是指在交易所交易或者具有指导价格的产品；异质性产品则是既不在交易所交易也没有指导价格的产品，这类产品的差异化程度较高。Rauch（1999）在对产品进行分类时，发现某些产品既可以归为同质性产品，也可以归为异质性产品，因此提出了两种分类方法：保守估计方法和自由估计方法，在保守估计方法下，将这些分类模糊的产品全部划为异质性产品，而在自由估计方法下，则将这些分类模糊的产品全部划为同质性产品。因此，保守估计方法下的异质性产品种类数要大于自由估计方法。

根据 Rauch（1999），本书根据 SITC 和 HS 之间的对应关系，获得 HS 6 位码产品层面的同质性产品和异质性产品分类。

第二节　多产品出口企业界定及典型事实

一　基于中国海关数据库识别的多产品出口企业

本书首先基于中国海关数据库来识别多产品出口企业，考虑到加工贸易不能体现企业自主决策产品种类，以及中间商贸易企业的产品种类选择机制不同于直接出口企业，本书删除中国海关数据库中的加工贸易出口观测值和中间商贸易企业，具体过程见本章第一节数据处理部分。

本书将出口 2 种及以上 HS 6 位码产品的企业定义为多产品出口企业；将出口到 2 个及以上出口目的地的企业定义为多市场出口企业。

图 2 - 2 绘制了 2000 ～ 2013 年从事一般贸易的直接出口企业中多产品企业和多市场企业数量和出口金额占比演变趋势。样本期间，多产品出口企业数量占比为 70.56% ～ 84.26%，大致呈上升趋势；多产品出口企业的出口额占比约为 90%，且较为平稳。多市场出口企业的数量占比处于 58.59% ～ 79.39% 区间，呈明显上升趋势，出口额占比每年均高于 90%。这表明，多产品出口企业、多市场出口企业在数量和出口额占比上均处于优势。

样本期间不同产品—市场组合下企业数量的分布情况如表 2 - 4 所示。样本期内，仅出口一种产品到一个市场的企业数量为 50590 家，占出口企业总量的 14.2%，仅出口一种产品的企业数量占比为 22.5%，仅出口到一个市场的企业数

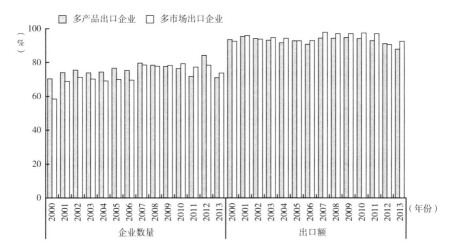

图 2 - 2 2000~2013 年多产品/市场出口企业数量/出口额占比

量占比为 25.1%。这表明，绝大多数企业（86% 以上）至少出口 2 种产品或出口到 2 个市场；单产品出口企业内，仍有 37.2% 的企业出口到 2 个或以上市场，23.3% 的企业出口到至少 3 个市场，存在明显的市场维度扩展边际，即企业将同一产品出口到不同市场；类似地，就单市场出口企业而言，43.6% 的企业至少出口 2 种产品到该市场，27.1% 的企业出口 3 种或以上产品，呈现出产品维度的扩展边际；0.9% 的企业出口多于 100 种产品到 50 个以上市场。

表 2 - 4 2000~2013 年不同产品—市场组合内企业数量分布情况

单位：家

产品数	市场数				
	1	2	3 ~ 50	51 +	合计
1	50590	11160	18684	93	80527
2	14870	11494	22262	165	48791
3 ~ 100	24187	21577	165873	9027	220664
101 +	88	80	4051	3261	7480
合计	89735	44311	210870	12546	357462

表 2 - 5 进一步给出了样本期间各产品—市场组合下的平均企业出口额，用各产品—市场组合下企业出口总额与该组合内企业数量之比来表示。企业

平均出口额随着出口产品种类和出口市场的增加而显著增加。如仅出口一种产品到一个市场的企业平均出口额为 108 万美元，而出口 100 种以上产品到至少 51 个市场的企业平均出口额高达 25795 万美元，前者仅为后者的 0.4%。

综合表 2-4 和表 2-5 可得，一方面，出口 100 种以上产品到 50 个以上市场的企业数量占比仅为 0.9%，出口金额却占出口总额的 14.9%；另一方面，数量占比为 14.2% 的单产品—单市场企业的出口金额占比不到 1%。因此，多产品企业、多市场企业以及多产品—多市场企业占据出口主体地位，是中国出口额的主要贡献来源。这为我们在第五章从产品—市场组合层面研究企业出口增长特征提供了现实依据。

表 2-5 不同产品—市场组合下企业平均出口额

单位：万美元

产品数	市场数			
	1	2	3 ~ 50	51 +
1	108	190	606	9493
2	293	161	707	8101
3 ~ 100	353	407	1739	11790
101 +	2475	2757	6545	25795

二 基于中国海关数据库与中国工业企业数据库匹配数据库识别的多产品出口企业

为了更加准确地识别既从事生产又出口的多产品企业，本书基于中国海关数据库与中国工业企业数据库匹配数据库识别多产品出口企业。其中多产品企业仍然定义为企业生产并出口 2 个及以上 HS 6 位码产品的企业。

图 2-3 描绘了 2000 ~ 2013 年中国工业企业数据库和中国海关数据库匹配数据库中的多产品企业占全部企业的企业数、总产出和出口额的比例。

由图 2-3 可知，多产品出口企业数量占比从 2000 年的 66.63% 上升到 2013 年的 76.83%，2000 ~ 2013 年平均值为 72.54%，这意味着每 4 家从事出口的制造业企业中，有 3 家企业至少生产并出口 2 种及以上的产品。且随着时间的推移，多产品出口企业数量占比不断上升。

相对于企业数量的占比，多产品出口企业在总的产出额和出口额中的占比更高，产出额占比处于 74.15% ~ 84.06% 区间，出口额占比则更高，达到 86.43% ~ 94.42% 区间。从这一结果可以得到至少两个关键结论：其一，多产品出口企业贡献了总产出和总出口中的绝大部分，在生产和出口中占据统治地位；其二，多产品出口企业的总产出和总出口占比高于企业数量占比，这意味着多产品出口企业的平均规模（总产出、总出口）大于单产品企业，也就是说平均而言多产品企业规模相对较大。

综上所述，多产品出口企业在我国制造业生产和出口中均占据绝对的统治地位，这为本书以多产品出口企业为对象研究贸易自由化对企业内产品出口加成率的差异化调整及资源配置效率提供了事实基础。

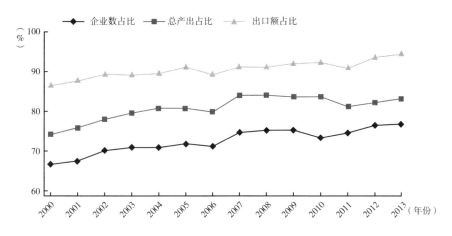

图 2 - 3　2000 ~ 2013 年多产品企业占全部企业的企业数、
总产出、出口额的比例

第七章至第十一章均使用 2000 ~ 2006 年中国工业企业数据库与中国海关数据库的匹配数据，这里进一步基于该时期描述多产品出口企业的普遍性、重要性及其产品范围分布情况。

具体地，表 2 - 6 给出了中国全部出口企业以及从事进口的出口企业中多产品企业的占比情况。在全部出口企业样本中，多产品出口企业数量、产出额和出口额的占比分别约70%、80%和90%；而对于从事进口的出口企业样本而言，这些占比就更高。这说明中国出口企业中绝大部分企业至少出口2种及2种以上产品；多产品出口企业是中国产品出口的主要贡献来源。由表2-6还可知，出口企业产品范围平均值在6左右，中位数为4，95分位上为17～19，最大值高达359，这说明中国多产品出口企业的产品范围较大，智利和美国的多产品企业平均产品个数分别为3.7和3.5（Garcia和Voigtlander，2017；Bernard等，2010）；此外，多产品出口企业之间，产品范围也存在较大的差异性。

表2-6　产品出口企业普遍性、重要性和产品范围

项目	全部出口企业	从事进口的出口企业
多产品企业数量占比(%)	70.28	76.27
多产品企业产出额占比(%)	79.52	83.36
多产品企业出口额占比(%)	89.23	90.56
多产品企业出口产品范围		
平均值	5.89	6.60
5分位	2	2
25分位	2	3
中位数	4	4
75分位	7	8
95分位	17	19
最大值	359	359

资料来源：笔者计算整理。数据时间为2000～2006年。

三　产品排序与核心产品典型事实

（一）产品排序变量构造

本书构建产品阶梯变量衡量多产品出口企业内产品所在位置。具体地，第一，对多产品出口企业内各个产品根据出口额大小排序，得到产品排序变量 $Ranking$，$Ranking$ 越大，表明其离出口额最大的产品距离越远。第二，根据产品排序变量构建另外三个虚拟变量，作为产品排序变量的替代变量，

分别为 *Non_core*，*Bottom*，*Second*。*Non_core* 表示非核心产品虚拟变量，排序变量 *Ranking* 大于 1 时取值为 1，否则为 0；根据产品排序中位数将多产品企业出口的产品分为两部分，依此设定虚拟变量 *Bottom*，排序变量位于中位数之下时，*Bottom* 取值为 1，否则取值为 0；*Second* 表示销售额排名第 2 的虚拟变量，对应项为出口额最高的产品。

（二）多产品出口企业存在核心产品的典型事实

已有文献将企业内销售额最高的产品称为核心产品，其他产品则为非核心产品（Eckel 和 Neary，2010；Mayer 等，2014；Eckel 等，2015）。图 2－4 显示了中国多产品出口企业全部产品、核心产品、非核心产品出口额的变化趋势。由图 2－4 可知，2000～2006 年，样本中多产品出口企业出口额从 0.54 亿美元增长到 3.16 亿美元，其中，出口额最高的产品贡献了近 75%，其他产品仅贡献 25%，说明中国多产品出口企业存在核心产品，且其出口额明显大于其他产品。

该典型事实表明，虽然多产品出口企业出口多种产品，但是出口分布极不平均，出口额主要由其最具有竞争优势的产品所贡献。那么在面临贸易自由化的冲击时，多产品出口企业的核心产品和非核心产品出口额分布是否会明显变化，出口加成率是否也会有差异化调整，以及对企业内资源配置效率产生何种影响，这是本书接下来要回答的几个关键问题。

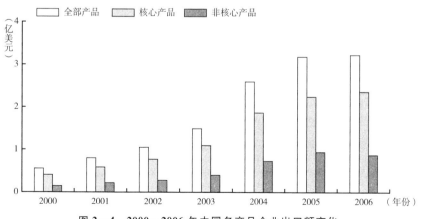

图 2－4　2000～2006 年中国多产品企业出口额变化

四 多产品出口企业内产品绩效差异化分布的典型事实

多产品企业内出口额在各个产品之间，尤其是核心产品和非核心产品之间存在明显差异，笔者进一步考察其他绩效指标在企业内产品间的分布特征，包括出口价格、加成率、边际成本和产品质量，这些绩效指标也是本书后续章节的主要研究内容。

借鉴 Eckel 等（2015）的方法，构建以下检验多产品企业内产品间绩效差异的计量模型：

$$\ln Y_{fgt} = \delta_0 + \delta_1 \log(Ranking_{fgt}) + \omega_{ft} + \upsilon_{gt} + \varepsilon_{fgt} \tag{2-1}$$

其中，下标 f、g、t 分别表示企业、产品和年份；Y_{fgt} 为本章选取的产品绩效变量，分别为出口价格（$Price$）、加成率（$Markup$）、边际成本（MC）和产品质量（$Quality$）[1]。对多产品出口企业内各个产品根据出口额从大到小排序，得到产品排序变量 $Ranking$，$Ranking$ 越大，表明离出口额最大的核心产品距离越远。ω_{ft} 为企业—年份固定效应，控制企业之间的绩效差异；控制产品—年份固定效应 υ_{gt}，使不同计量单位的出口价格在不同产品之间具有可比性；ε_{fgt} 是随机误差项。回归结果见表 2-7。

表 2-7 第（1）~（4）列分别报告了以出口价格、加成率、边际成本和质量为被解释变量的计量模型（2-1）的估计结果，产品排序的估计系数均在 1% 的水平上显著为负，这表示两层意思：其一，多产品出口企业内不同产品之间的出口价格、加成率、边际成本和质量等绩效指标存在显著差异；其二，随着产品排序的增加，亦即随着产品越偏离出口额最高的核心产品，产品价格、加成率、边际成本和质量越低。基于此，本书得到另一个关于多产品出口企业的典型事实：多产品出口企业内不同产品在价格、加成率、边际成本、质量上均存在显著差异，说明企业在产品之间进行资源配置并调整产品绩效。

---

① 加成率、边际成本和产品质量的测算方法见第三章。

表 2 - 7　多产品企业核心产品与非核心产品绩效差异估计结果

被解释变量	Log($Price$)	Log($Markup$)	Log(MC)	$Quality$
	（1）	（2）	（3）	（4）
Log($Ranking$)	- 0.0789 ***	- 0.0134 ***	- 0.0655 ***	- 0.0746 ***
	（0.0020）	（0.0005）	（0.0017）	（0.0002）
Constant	- 3.1685 ***	- 0.1963 ***	- 2.9722 ***	0.6477 ***
	（0.0028）	（0.0007）	（0.0024）	（0.0003）
企业—年份效应	是	是	是	是
产品—年份效应	是	是	是	是
Observations	836120	836120	836120	835984
R-squared	0.8077	0.9402	0.8568	0.7000

注：括号内为企业—年份层面的聚类标准误；*** 表示估计系数在 1% 的水平上显著。

第三节　企业（产品）加成率测算及典型事实

一　企业加成率测算过程

本书借鉴 De Loecker 和 Warzynski（2012）的方法，采用微观企业数据估计中国企业层面的产出弹性，进而得到企业的加成率。假设企业 i 在 t 期的生产函数为：

$$Q_{it} = Q_{it}(X_{it}^1, \cdots, X_{it}^V, K_{it}, w_{it}) \tag{2-2}$$

其中，Q_{it} 表示企业 i 在 t 时的实际产量；X_{it}^v 表示可变要素投入（如劳动力、中间品、能源等）[①]，K_{it} 表示累计资本投入，视为动态的生产投入。假设生产函数二阶连续可微的，企业生产者以成本最小化作为最优决策条件，建立以下拉格朗日函数：

$$L_{it}(X_{it}^1, \cdots, X_{it}^V, K_{it}, \lambda_{it}) = \sum_{v=1}^{V} P_{it}^{Xv} X_{it}^v + \gamma_{it} K_{it} + \lambda_{it}(Q_{it} - Q_{it}(\cdot)) \tag{2-3}$$

其中，P_{it}^{Xv} 和 γ_{it} 分别表示企业可变要素投入 X^v 和资本的价格，对可变要素一阶求导得到：

---

① $v = (1, \cdots, V)$。

$$\frac{\partial L_{it}}{\partial X_{it}^v} = P_{it}^{X^v} - \lambda_{it} \frac{\partial Q_{it(\cdot)}}{\partial X_{it}^v} = 0 \qquad (2-4)$$

其中，$\lambda_{it} = \dfrac{\partial L_{it}}{\partial X_{it}^v}$ 为给定产出水平下的边际成本，重新整理（2-4）式

并两边同乘以 $\dfrac{X_{it}}{Q_{it}^v}$，得到（2-5）式：

$$\frac{\partial Q_{it}(\cdot)}{\partial X_{it}^v} \frac{X_{it}^v}{Q_{it}} = \frac{1}{\lambda_{it}} \frac{P_{it}^{X^v} X_{it}^v}{Q_{it}} \qquad (2-5)$$

由（2-5）式可见，成本最小化原理意味着最优投入要素需求需要满

足：企业可变要素的产出弹性 $\dfrac{\partial Q_{it}(\cdot)}{\partial X_{it}^v} \dfrac{X_{it}^v}{Q_{it}}$ 等于 $\dfrac{1}{\lambda_{it}} \dfrac{P_{it}^{X^v} X_{it}^v}{Q_{it}}$。最后，定义企业加

成率为 $\mu_{it} = \dfrac{P_{it}}{\lambda_{it}}$，并对（2-5）式进行变形得到：

$$\frac{\partial Q_{it}(\cdot)}{\partial X_{it}^v} \frac{X_{it}^v}{Q_{it}} = \frac{P_{it}}{\lambda_{it}} \frac{P_{it}^{X^v} X_{it}^v}{P_{it} Q_{it}} \qquad (2-6)$$

（2-6）式左边项表示可变要素 X_{it} 的产出弹性，记为 $\theta_{it}^{X^v}$，等式右边项

的第二个式子表示可变要素支出（$P_{it}^{X^v} X_{it}^v$）占总销售额（$P_{it} Q_{it}$）的份额，

记为 $\alpha_{it}^{X^v}$。从而，我们可以将（4-6）式简写为加成率的表达式：

$$\mu_{it} = \theta_{it}^{X^v} / \alpha_{it}^{X^v} \qquad (2-7)$$

由（2-7）式可知，企业层面的加成率等于可变要素投入的产出弹性与

可变要素支出占销售总额份额的比值。为了得到要素投入的产出弹性，需要

估计企业的生产函数，与 De Loecker 和 Warzynski（2012）一致，假设企业具

有相同的技术参数且为希克斯中性（Hicks-Neutral），其生产函数表达式为：

$$Q_{it} = F(X_{it}^1, \cdots, X_{it}^v, K_{it}, \beta) \exp(\omega_{it}) \qquad (2-8)$$

其中，β 为共同技术参数，反映投入转化为产出的程度，ω_{it} 为企业生产

率。采用传统 OLS 方法估计生产函数（2-8）式会产生同时性偏差问题

（simultaneity bias），这是因为生产率会影响到要素投入的决策，二者之间存在相关性，因此本章采用 Levinsohn 和 Petrin（2003）的半参数法估计生产函数（2－8）式。本章使用超对数生产函数，估计得到劳动力要素产出弹性为 θ_{it}^{Xv}。将 θ_{it}^{Xv} 和经过产出调整的 α_{it}^{Xv} 代入（2－7）式，即可得到企业层面的加成率，要素产出弹性的具体估算过程见附录。

二 企业产品加成率测算过程

De Loecker 和 Warzynski（2012）在 Hall 等（1986）的基础上，使用企业层面的投入产出数据直接推导加成率，该方法不依赖于任何需求结构或者市场结构的前提假设，因此得到广泛应用。但对于多产品企业而言，由于不同产品生产的要素投入难以观测，因此该方法不能准确测度多产品企业不同产品的加成率。De Loecker 等（2016）将 De Loecker 和 Warzynski（2012）方法应用于测算多产品企业产品层面加成率，解决了产品层面要素投入不可观测的问题，准确地估计出多产品企业产品加成率。本章借鉴 De Loecker 等（2016）的方法，利用中国工业企业数据库与中国海关数据库的匹配数据，结合中国实际情况，测算中国多产品出口企业产品层面加成率。

根据 De Loecker 等（2016）的方法，第 t 年企业 f 产品 g 的加成率可以表示为：

$$\mu_{fgt} = \theta_{fgt}^{v} \ (\alpha_{fgt}^{v})^{-1} \tag{2－9}$$

其中，θ_{fgt}^{v} 表示可变要素 v 的生产产品 g 产出弹性系数，$\alpha_{fgt}^{v} = \dfrac{P_{fgt}^{v} V_{fgt}^{v}}{P_{fgt} Q_{fgt}}$ 表示企业用于生产产品 g 的可变要素 v 支出额占该产品销售额的比例。由（2－9）式可知，测算企业产品加成率，需要首先获得可变要素 v 的产出弹性系数 θ_{fgt}^{v} 和要素支出份额 α_{fgt}^{v}。

假设一个超对数生产函数，如（2－10）式：

$$q_{fgt} = f(x_{fgt};\beta) + \varphi_{ft} + \varepsilon_{fgt} \tag{2－10}$$

上式中每个变量小写字母均表示变量的对数；x_{fgt} 表示生产 q_{fgt} 产量的产

品 g 的全部可变和固定投入要素，包括劳动力 L、原材料 M 和资本 K；ε_{fgt} 为误差项，反映产出变量的测量误差以及其他影响产出的不可估计的因素；φ_{ft} 表示企业层面的希克斯中性生产率。

由生产函数（2 - 10）式可知，需要知道多产品企业内生产各个产品的投入要素水平，但是目前统计数据只报告了企业层面的各类投入要素水平，因此，需要估计多产品企业不同产品之间投入要素的分配系数。设 $\tilde{x}_{ft}$ 表示平减后的企业整体要素投入量的对数值，将式（2 - 10）中的企业—产品层面要素投入表示为企业层面要素投入：

$$x_{fgt} = \rho_{fgt} + \tilde{x}_{ft} \qquad (2 - 11)$$

其中，ρ_{fgt} 是企业 f 分配给产品 g 的要素投入占企业总投入的该相应要素份额，且假设不同要素在产品之间的分配系数相等；将式（2 - 11）带入式（2 - 10），替换企业—产品要素投入 x_{fgt}，得到：

$$q_{fgt} = f(\tilde{x}_{ft}; \beta) + A_{fgt}(\rho_{fgt}; \tilde{x}_{ft}; \beta) + \varphi_{ft} + \varepsilon_{fgt} \qquad (2 - 12)$$

与（2 - 10）式比较，（2 - 12）式多出了不可观测项 $A_{fgt}(\cdot)$，来源于不可观测的产品层面要素投入份额 ρ_{fgt}，并且依赖于企业层面要素投入 $\tilde{x}_{ft}$ 和要素产出弹性系数 β。

超对数生产函数情形下，投入要素 $\tilde{x}_{ft}$ 包括劳动力 l、原材料 m、资本 k，以及它们两两乘积项和三个要素的乘积；对应的要素产出弹性系数是 $\beta = (\beta_l, \beta_m, \beta_k, \beta_{ll}, \beta_{mm}, \beta_{kk}, \beta_{lm}, \beta_{lk}, \beta_{mk}, \beta_{lmk},)$，借鉴 De Loecker 和 Warzynski（2012）的方法，使用中国工业企业数据库中企业层面的数据，估计得到企业层面的要素产出弹性系数估计值向量 $\hat{\beta}$，具体过程见附录。

出口数量 q_{fgt} 可能存在测量偏误，直接使用会导致测量偏误的内生性问题。借鉴 Fan 等（2017）的做法，将出口数量 q_{fgt} 对投入要素（l, m, k）、产出品/中间品进口关税、出口价格、加工贸易虚拟变量、加工贸易与进口关税的交互项、城市—行业—产品固定效应和年份固定效应回归，得到出口数量的拟合值 $\hat{q}_{fgt}$。将企业层面要素产出弹性系数估计值 $\hat{\beta}$ 和出口数量的拟合值 $\hat{q}_{fgt}$

代入式（2-10），得到，$\dot{\varphi}_{fgt} = \dot{q}_{fgt} - f(\tilde{x}_{ft}; \dot{\beta})$，根据式（2-12），$\dot{\varphi}_{fgt}$ 满足：

$$\dot{\varphi}_{fgt} = \dot{\varphi}_{ft} + A_{fgt}(\rho_{fgt}; \tilde{x}_{ft}; \dot{\beta}) = \dot{\varphi}_{ft} + \dot{a}_{ft}\rho_{fgt} + \dot{b}_{ft}\rho_{fgt}^2 + \dot{c}_{ft}\rho_{fgt}^3 \tag{2-13}$$

（2-13）式第二个等式后的部分，是 $A_{fgt}(\cdot)$ 的超对数生产函数形式，系数项 $\dot{a}_{ft}$，$\dot{b}_{ft}$，$\dot{c}_{ft}$ 为要素产出弹性估计系数 $\dot{\beta}$ 的函数[①]。（2-13）式中，$\dot{\varphi}_{fgt}$，$\dot{a}_{ft}$，$\dot{b}_{ft}$，$\dot{c}_{ft}$ 已知，需要求解 $\dot{\varphi}_{ft}$ 和 ρ_{fgt}。具体地，以一个企业-年份单位为例，其生产 J 种产品，对应 J 个要素分配系数和 J 个方程（2-13）式；同时，要素分配系数之和等于企业出口额占总销售额的份额（Kee 和 Tang，2015；Fan 等，2017）。

因此，本章构建一个包含 $J+1$ 个方程的方程组求得 $\dot{\varphi}_{ft}$ 和 ρ_{fgt}，其中 $g = (1, \cdots, J)$[②]。至此，本章得到了计算企业产品加成率的全部指标，根据式（2-9），企业产品加成率估计值表达式为：

$$\dot{\mu}_{fgt} = \dot{\theta}_{fgt}^M \frac{P_{fgt} Q_{fgt}}{\exp(\dot{\rho}_{fgt}) P_{ft}^M V_{ft}^M} \tag{2-14}$$

其中 $P_{fgt}Q_{fgt}$ 是企业产品出口额，从海关数据库中直接获取，

---

① 系数项 $\dot{a}_{ft}$，$\dot{b}_{ft}$，$\dot{c}_{ft}$ 具体表达式为：

$$\dot{a}_{ft} = \dot{\beta}_l + \dot{\beta}_m + \dot{\beta}_k + 2(\dot{\beta}_{ll}l_{ft} + \dot{\beta}_{mm}m_{ft} + \dot{\beta}_{kk}k_{ft})$$
$$+ \dot{\beta}_{lm}(l_{ft} + m_{ft}) + \dot{\beta}_{lk}(l_{ft} + k_{ft}) + \dot{\beta}_{mk}(m_{ft} + k_{ft})$$
$$+ \dot{\beta}_{lmk}(lm_{ft} + lk_{ft} + mk_{ft})$$
$$\dot{b}_{ft} = \dot{\beta}_{ll} + \dot{\beta}_{mm} + \dot{\beta}_{kk} + \dot{\beta}_{lm} + \dot{\beta}_{lk} + \dot{\beta}_{mk}$$
$$+ \dot{\beta}_{lmk}(l_{ft} + m_{ft} + k_{ft})$$
$$\dot{c}_{ft} = \dot{\beta}_{lmk}$$

② $J+1$ 个方程构成的方程组表达式为：

$$\dot{\varphi}_{f1t} = \dot{\varphi}_{ft} + \dot{a}_{ft}\rho_{f1t} + \dot{b}_{ft}\rho_{f1t}^2 + \dot{c}_{ft}\rho_{f1t}^3$$
$$\cdots\cdots$$
$$\dot{\varphi}_{fJt} = \dot{\varphi}_{ft} + \dot{a}_{ft}\rho_{fJt} + \dot{b}_{ft}\rho_{fJt}^2 + \dot{c}_{ft}\rho_{fJt}^3$$
$$S_{ft} = \sum_{j=1}^{J} \rho_{fjt}, \rho_{fjt} < S_{ft}, S_{ft} \leqslant 1$$

$\exp(\dot{\rho}_{fgt})P_{ft}^{M}V_{ft}^{M}$ 是分配给产品 g 的原材料要素投入额；$\dot{\theta}_{fgt}^{M}$ 则表示原材料 M 生产产品 g 的产出弹性系数，其表达式见式（2-15）。

$$\dot{\theta}_{fgt}^{M} = \dot{\beta}_{m} + 2\dot{\beta}_{mm}(\dot{\rho}_{fgt} + m_{ft}) + \dot{\beta}_{lm}(\dot{\rho}_{fgt} + l_{ft}) + \dot{\beta}_{mk}(\dot{\rho}_{fgt} + k_{ft})$$
$$+ \dot{\beta}_{lmk}(\dot{\rho}_{fgt} + l_{ft})(\dot{\rho}_{fgt} + k_{ft}) \tag{2-15}$$

三　企业（产品）加成率测算结果及典型事实

（一）企业层面加成率测算结果及典型事实

根据第一部分介绍的企业加成率的测算方法，我们测算了 1998～2007 年中国制造业企业加成率，图 2-5 绘制了该时期中国制造业企业年度平均加成率趋势。由图 2-5 可知，1998～2007 年，我国制造业企业加成率呈明显上升趋势，平均加成率水平由 1998 年的 1.03 上升到 2007 年的 1.37，上升幅度高达 33%。

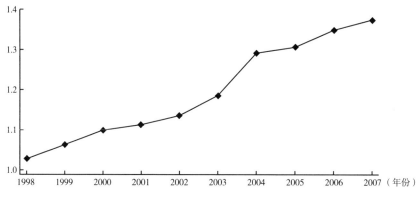

图 2-5　1998～2007 年中国制造企业年度平均加成率

（二）企业产品出口加成率测算结果及典型事实

图 2-6 绘制了 2000～2006 年中国多产品出口企业产品加成率的变化曲面图。x 轴表示年份，y 轴表示产品排序，z 轴为加成率。根据表 2-6，多产品出口企业产品范围最大值为 359，因此，产品排序变量的取值范围为 1～359，将其划分为 10 组，并计算每年各组产品的加成率平均值。可以看出，从 2000 年到 2006 年，企业产品加成率总体呈上升趋势；但从产品排序维

度来看，随着排序变量值的增大，产品加成率呈下降趋势；同时也可以发现，排序靠前的产品加成率随时间上升的幅度要大于产品排序靠后的产品。因此，在样本期间，多产品企业核心产品加成率的上升幅度要大于非核心产品。

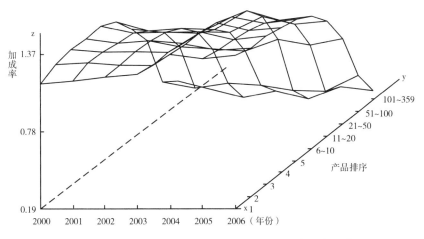

图 2 - 6　2000～2006 年多产品出口企业产品加成率变化曲面

笔者进一步直接比较核心产品和非核心产品的加成率水平值和动态趋势。具体地，我们分别计算了全部产品、核心产品和非核心产品的年度平均加成率，如图 2 - 7 所示。在每一年，中国多产品出口企业核心产品的加成率均明显高于非核心产品加成率，因为核心产品是企业效率最高的产品，也是企业利润最高的产品。随着时间的推移，核心产品加成率上升幅度大于非核心产品。

众所周知，中国在 2000 年到 2006 年经历了大幅进口关税削减，在该期间，多产品出口企业调整核心产品的加成幅度大于非核心产品。这在一定程度上暗示面对贸易自由化冲击，多产品出口企业的整体产品出口加成率上升，而且企业内核心产品加成率上升幅度更大。本书第八、十章将采用严谨的计量实证方法分别研究投入关税、产出关税削减对多产品企业内产品加成率差异化的影响效应和可能的机制渠道。

（三）不同产品差异化程度产品出口加成率

1. 产品差异化程度衡量

本书根据 Rauch（1999）区分同质性产品和异质性产品的方法来衡量产

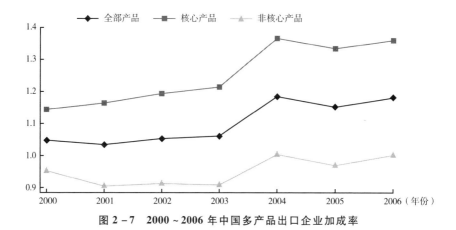

图 2 - 7　2000~2006 年中国多产品出口企业加成率

品差异化程度，分别设置表示产品差异化程度的虚拟变量 *Rauch_ lib* 和 *Rauch_ con*，自由估计方法下为异质性产品时，*Rauch_ lib* 取值为 1，否则取值为 0；保守估计方法下为异质性产品时，*Rauch_ con* 取值为 1，否则取值为 0。

　　此外，借鉴 Kugler 和 Verhoogen（2012）和 Manova 和 Zhang（2012），笔者还使用产品的研发和广告强度衡量产品的差异化程度，研发和广告强度越大表示产品的差异化程度越大。由于国内没有报告产品的研发和广告强度数据，本书使用 Kugler 和 Verhoogen（2012）基于美国的数据计算的 ISIC 第 2 版 3 位码层面的研发和广告强度数据，并使用世界银行的产品对应代码①，得到 HS 6 位码的研发和广告强度指标（*RD_ Ads*）。根据研发和广告强度的中位数，将高于该中位数的 HS 6 位码产品定义为异质性产品，其他产品则为同质性产品，对应的虚拟变量为 *diff_ RD_ Ads*。

　　2. 不同产品差异化程度产品出口加成率的特征

　　表 2 - 8 列出了 2000~2006 年企业全部出口产品、异质性出口产品和同质性出口产品的加成率中位数、均值和变动幅度。② 横向比较来看，无论是在

---

① 　代码对应表的来源网站为 https：//wits. worldbank. org/product_ concordance. html。

② 　这里基于 *Rauch_ lib* 来识别异质性产品和同质性产品，使用其他方法来区分产品差异化程度后的加成率的结果与表 2 - 8 类似。

样本初期还是末期，异质性产品出口加成率的中位数和均值均高于同质性产品，全部产品则位于二者之间，表明异质性产品出口加成率水平更高；从时间趋势来看，全部产品、异质性产品和同质性产品的加成率在样本期间有所上升，其中，异质性产品出口加成率上升幅度最大，中位数和均值分别增长 10.41% 和 10.79%，全部产品出口加成率上升幅度次之，同质性产品出口加成率上升幅度最低，中位数和均值仅分别增长 3.61% 和 5.46%。2000 ~ 2006 年我国进口关税大幅度削减，国内企业面临的进口竞争水平加剧，本书第九章将详细考察进口竞争对企业产品出口加成率的影响效应，并结合产品差异化程度来分析其影响机制。异质性产品质量升级空间较大，在面临进口竞争时，企业选择提升异质性产品质量，进而提升异质性产品在出口市场上的加成率；而同质性产品质量升级空间较小，面对进口竞争的企业无法提升同质性产品质量，但是能够尽力提升同质性产品生产率和降低同质性产品生产成本，这就导致同质性产品出口价格和边际成本均下降，进口竞争对同质性产品出口加成率的影响不大。对应到表 2 - 8，2000 ~ 2006 年，异质性产品出口加成率的上升幅度明显大于同质性产品。

表 2 - 8　企业内不同产品差异化程度的产品出口加成率

项目	全部产品			异质性产品			同质性产品		
	2000 年	2006 年	变动(%)	2000 年	2006 年	变动(%)	2000 年	2006 年	变动(%)
中位数	0.9674	1.0588	9.45	0.978	1.0798	10.41	0.8916	0.9238	3.61
均值	1.1291	1.2429	10.08	1.1552	1.2799	10.79	0.9867	1.0406	5.46

第四节　贸易自由化衡量及典型事实

本书主要采用 2000 ~ 2006 年我国进口关税削减衡量贸易自由化，并具体考察产出关税（output tariff）和投入关税（input tariff）削减的影响效应，这是因为产出关税削减主要通过促进竞争效应影响国内企业，而投入关税削减通过成本、种类和质量等渠道影响国内企业。本节将具体介绍产出关税和投入关税的测算过程及其典型事实。

一　产出关税测算

本书使用的关税数据来源于联合国贸易和发展会议发布的贸易分析与信息系统数据库（TRAINS），从该数据库可以获得每个国家 HS 6 位码产品的进口关税。

本书分别从 HS 6 位码（HS6d）层面、国民经济 4 位码（CIC4d）层面和企业层面构建产出关税指标。HS 6 位码层面即为从 TRAINS 下载的原始数据，HS 6 位码均统一为 2002 年版本，记为 $Tariff\_output\_hs6d$。

基于国民经济 4 位码（CIC4d）行业与 HS 6 位码产品之间的对应关系（Upward 等，2013），计算 CIC4d 层面的简单平均最终品进口关税（$Tariff\_output\_cic4d$）。

企业层面的最终品关税指标构建。最理想的做法是使用产品层面的全部销售额作为权重对关税进行加权平均，来度量进口竞争效应，但遗憾不能获得企业内每个产品的全部销售额。参考 Yu（2015）的做法，基于国内很有竞争力、销售量多的产品也会在国外销售相对较多的假设，本章构建了以下企业层面的最终品关税指标 $Tariff\_output_{ft}$：

$$Tariff\_output_{ft} = \sum_{k \in E_{ft}} \left(\frac{X_{f0}^k}{\sum_{k \in E_{ft}} X_{f0}^k} \right) \tau_t^k \qquad (2-16)$$

其中，X_{f0}^k 表示企业 f 在样本期间初始年份的产品 k 出口额，E_{ft} 表示企业 f 的全部出口产品集合，τ_t^k 表示 t 年产品 k 的进口关税。需要强调的是，笔者使用的是企业出现在样本中时的初始年份的出口额权重构建关税权重（Amiti 和 Konings，2007；Topalova 和 Khandelwal，2011），这能够有效规避产品的贸易额与关税之间存在负相关关系的干扰。需要说明的是，对应 FOT 的度量需要注意以下两点。其一，显然 FOT 指标对于纯内销企业和纯外销企业并不适用，本章的研究样本中不包括纯内销企业，并在后续实证研究中剔除纯外销企业。其二，采用出口额计算产品产出权重，亦即假设产品在出口总额中的份额与该产品在总销售额中的份额相等，这是比较强的假设。但是由于数据的限制，本章无法对这个问题进行直接的验证，这也是在目前数据条件下，构建企业层面最终品关税指标最好的方法。

二　投入关税测算

借鉴 Amiti 和 Konings（2007）的方法，本书基于产出关税和中国的投入产出表测算 HS6d 产品层面和 CIC4d 行业层面的投入关税，基于投入品进口关税率和企业内样本期初始投入品进口份额计算企业层面的投入关税。

Amiti 和 Konings（2007）指出某一种投入品关税的削减会对国内该投入品生产行业产生竞争效应，却会降低使用这一投入品的下游行业的成本，产生完全不同的效应。以手机防护屏为例，防护屏进口关税削减会对国内生产防护屏的企业产生竞争效应，手机制造企业却可以选择从国外进口防护屏，从而增加了中间投入品的种类，降低了中间投入成本。因此，对于手机行业而言，手机进口关税的削减会加剧手机行业的竞争程度，但是手机使用的中间投入品的进口关税削减会对手机制造企业产生成本削减、投入多样化和学习效应。

HS6 的产品层面投入关税。如果在估计产品关税削减对企业绩效的影响效应时，没有考虑投入品关税削减的作用，将会产生遗漏变量的问题，导致高估产出关税削减的"进口竞争效应"，也可能低估总体效应。因此，笔者借鉴 Amiti 和 Konings（2007）和 Fan 等（2017）的做法，使用中国投入产出表[①]的直接消耗系数作为权重，测算产品投入关税。具体而言，基于 Upward等（2013）和 Brandt 等（2012）分别公开的国民经济 4 位码行业与 HS 6 位码产品的对应表，以及国民经济 4 位码行业与中国投入产出表 3 位码行业之间的对应表，构建了中国投入产出表 3 位码行业与 HS 6 位码产品之间的对应表；基于这个对应表，对每个投入产出表 3 位码行业内的 HS 6 位码产品关税进行简单平均，得到每个投入产出表 3 位码行业的产出关税，然后基于以下式子测算每个投入产出表 3 位码行业的投入关税：

---

① 由于本书计量实证主要使用 2000～2006 年的样本，笔者选取 2002 年中国投入产出表。

$$\tau_{it}^{input} = \sum_k \alpha_{kt} \tau_{kt}^{output} \qquad (2-17)$$

其中，τ_{kt}^{output} 是产品部门 k 第 t 年的进口关税，α_{kt} 是部门 i 中来自部门 k 的投入系数，该数据来自 2002 年中国投入产出表；再利用投入产出表 3 位码行业与 HS 6 位码产品的对应表，得到 HS 6 位码产品的投入关税（$Tariff\_ input\_ hs6d$）。

CIC4d 层面的投入关税。笔者将 CIC4d 与中国投入产出表 87 个产品生产部门对应，计算该 87 个部门的平均进口关税；然后，借鉴 Amiti 和 Konings（2007）的方法计算中间品进口关税，表示为：

$$\tau_{it}^{input} = \sum_k \alpha_{kt} \tau_{kt}^{output} \qquad (2-18)$$

其中，τ_{kt}^{output} 是产品部门 k 第 t 年的进口关税，α_{kt} 是部门 i 中来自部门 k 的投入系数，该数据来自 2002 年中国投入产出表。由于本章使用的企业层面产出数据是基于国民经济行业分类，因此，进一步将投入产出表 87 个生产部门对应到 CIC4d，进而可以得到 CIC4d 的中间品进口关税（$Tariff\_ input\_ cic4d$）。

企业层面的投入关税。本书借鉴 Yu（2015）的方法构建企业层面的中间投入关税 $Tariff\_ input_{ft}$：

$$Tariff\_input_{ft} = \sum_{k \in O_{ft}} \left(\frac{m_{f0}^k}{\sum_{k \in M_{ft}} m_{f0}^k} \right) \tau_t^k \qquad (2-19)$$

其中，m_{f0}^k 表示企业 f 在初始年份进口的中间投入 k 的金额，M 表示企业 f 的全部进口产品集合；由于加工贸易（用 P 表示）是免税的，从而关税的下降只会影响非加工贸易（用 O 表示，$P \cup O = M$）进口，从而在外层求和中仅包含非加工贸易进口。需要强调的是，本章仍然采用初始年份中间投入额构建中间投入份额的权重，道理仍然是规避关税削减与产品进口额之间的内生关系对计算结果的干扰。

三　外部关税测算

进一步，考虑到企业产品在出口市场上的加成率也受到出口市场上的竞争程度的影响，因此，笔者使用 HS 6 位码产品层面的国外进口关税（本章称为外部关税）来衡量。具体地，从 TRAINS 获取每一个国家（除中国外）的 HS 6 位码层面的进口关税，将其与中国海关数据库匹配，然后借鉴 Lileeva 和 Trefler（2010）及 Yu（2015）等关于企业层面外部关税的构建方法，计算产品层面的外部关税变量（$Tariff\_external\_hs6d$）如下：

$$Tariff\_external\_hs6d = \sum_c \frac{X_{g0}^c}{\sum_c X_{g0}^c} \tau_{gt}^c \qquad (2-20)$$

其中，X_{g0}^c 指产品 g 在初始年份向国家 c 出口的金额，τ_{kt}^c 表示国家 c 进口产品 k 时征收的从价税。

四　关税指标结果及典型事实

（一）产品层面

笔者基于 HS6d 产品层面测算了三类关税的年度简单平均值，如图 2 - 8 所示。由图 2 - 8 可知，2000~2006 年，我国进口关税大幅度削减，其中产出关税由 2000 年的 0.1704 下降到 2006 年的 0.1003，投入关税由 2000 年的

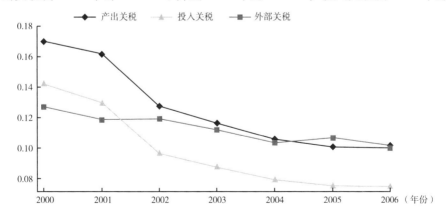

图 2 - 8　2000~2006 年我国 HS 6d 产品层面三类关税变化趋势

0.1421 下降到 0.0749，下降幅度分别高达 41.11% 和 47.30%。值得注意的是，产品投入关税明显小于产出关税，这在很大程度上可能是由我国加强中间投入品进口而实施的差别化的贸易政策所致。外部关税的变化趋势相对平缓，由 2000 年的 0.1271 下降到 2006 年的 0.1015，下降幅度约为 20%。

（二）行业层面

图 2-9 和图 2-10 分别绘制了 CIC4d 层面产出关税和投入关税的年度均值和标准差。由图 2-9 和图 2-10 可知，2000~2006 年，产出关税和投入关税的均值和标准差均呈现明显下降的趋势，这表明行业平均关税水平明显下降，而且行业内产品间的关税的差异也呈缩小趋势。

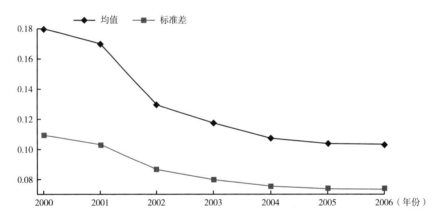

图 2-9 2000~2016 年 CIC4d 行业层面产出关税平均值和标准差

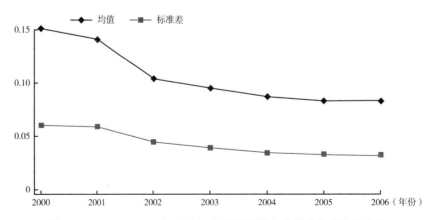

图 2-10 2000~2006 年 CIC4d 行业层面投入关税平均值和标准差

具体地，CIC4d 行业层面的产出关税平均值由 2000 年的 0.18 下降到 2006 年的 0.11，下降幅度高达 38.89%。CIC4d 行业层面的投入关税平均值由 2000 年的 0.15 下降到 2006 年的 0.08，下降幅度高达 46.67%。

（三）企业层面

图 2 - 11 绘制了 2000~2006 年企业产出关税、投入关税年度简单平均值，两条曲线均呈现明显的下降趋势。具体地，企业的产出关税由 2000 年的 0.1934 下降到 2006 年的 0.1159，降幅高达 40%；企业的产出关税由 2000 年的 0.154 下降到 2006 年的 0.0741，降幅高达 52%。

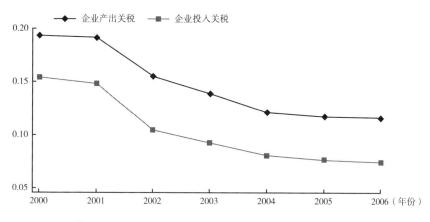

图 2 - 11　2000~2006 年企业产出和投入关税的演变趋势

第五节　其他主要变量的测算及典型事实

一　企业出口产品质量

根据 Khandelwal 等（2013）、施炳展和邵文波（2014）的方法，基于需求函数 $x_{fgdt} = q_{fgdt}^{\sigma-1} p_{fgdt}^{-\sigma} P_{dt}^{\sigma-1} Y_{dt}$ 估计第 t 年企业 f 出口到目的地市场 d 的产品 g 的质量 q_{fgdt}，其中，x_{fgdt} 表示第 t 年企业 f 出口到目的地 d 产品 g 的需求量，p_{fgdt} 表示第 t 年企业 f 出口到目的地市场 d 产品 g 的价格，P_{dt} 表示国家 d 第 t 年的价格指数，Y_{dt} 为国家 d 第 t 年的总收入。对需求函数两边取对数，得到

估计方程：

$$\ln x_{fgdt} + \sigma \ln p_{fgdt} = \gamma_h + \gamma_{dt} + \varepsilon_{fgdt} \qquad (2-21)$$

其中，γ_{dt} 表示国家—年份固定效应，控制目的地价格指数和收入水平，同时控制产品固定效应 γ_h。本章参照 Fan 等（2015）的做法，根据 Broda 和 Weinstein（2006）估计的需求价格弹性系数，将其加总到 HS 2 位码，作为式（2-21）中的 σ 的替代值，采用 OLS 方法对式（2-21）进行回归，估计的产品质量 $\ln \hat{q}_{fgdt} = \hat{\varepsilon}_{fgdt} / (\sigma - 1)$，并标准化后加总到企业—产品层面。

图 2-12 绘制了笔者根据以上方法（使用 HS 2 位码层面的需求价格弹性系数）计算的产品质量在 2000～2013 年的年度均值趋势。由图 2-12 可知，2000～2008 年，我国企业出口产品质量总体上呈上升趋势，尤其在2000～2004 年上升明显。2008 年全球金融危机后，我国出口产品质量总体上呈下降趋势。

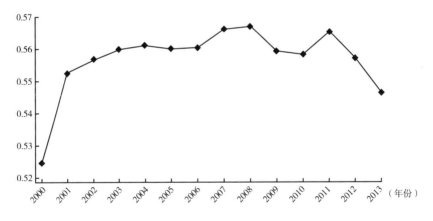

图 2-12　2000～2013 年企业平均出口产品质量

二　边际成本

前文已经测算了企业产品出口加成率，且从海关数据可以直接计算企业产品出口价格（P_{fgt}）；因此根据加成率的定义，可以得到企业出口产品边际成本的计算公式如下：

$$\ln(MC_{fgt}) = \ln(P_{fgt}) - \ln(Markup_{fgt}) \tag{2 - 22}$$

图 2 - 13 绘制了笔者根据以上方法计算的产品边际成本在 2000 ~ 2006 年的年度均值趋势。由图 2 - 13 可知，2000 ~ 2006 年企业的平均产品边际成本呈波动上升的趋势。其中 2001 ~ 2003 年比较平稳，且略有下降的趋势，这可能受益我国加入 WTO 导致的进口中间品成本下降。2004 年后，企业平均产品边际成本迅速上升，这可能与我国人民币汇率升值、劳动力成本上升等因素有关。

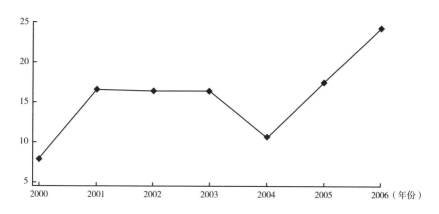

图 2 - 13 2000 ~ 2006 年企业平均产品边际成本

第三章
中国出口企业"加成率悖论"及解释[*]

第一节　引言

新新贸易理论引入企业异质性，从企业微观层面解释出口和企业生产率之间的关系。企业进入出口市场，往往面临额外的进入成本，因此只有高生产率的企业才会进入出口市场，低生产率的企业则退守国内市场或者退出市场（Melitz，2003；Bernard 等，2003；Bernard 等，2007）。但是以上文献没有解释企业间异质性加成率现象。Bernard 等（2003）构建了包含异质性企业和内生加成率的开放经济模型，分析了企业层面的效率、加成率及出口活动之间的关系，模型预测在伯川德竞争中，效率较高的厂商比其竞争对手更具成本优势并获取更高的加成率，因此更有效率的厂商有能力制定更高的加成率，也更有可能成为出口者，该模型的缺陷是没有研究加成率的决定因素。Melitz 和 Ottaviano（2008）通过引入产品水平差异的拟线性需求系统，将企业的加成率内生化，市场规模和贸易通过影响市场的竞争程度进而影响异质性企业的生产与出口决策，模型预测行业的生产率和平均加成率将随市场竞争程度及贸易自由化程度的变化而发生变化，企业的加成率与出口强度、企

*　本章是本书作者钟腾龙与邢恩泽、韩雪合作的成果，最早发表在《企业经济》2017年第12期。

业生产率正相关，而与国内市场规模负相关。Arkolakis 等（2018）构建不完全竞争和内生可变加成率框架，指出效率高的企业能够将下降的贸易成本内在化为企业的高加成率，从而提高企业的议价能力。综合以上理论研究，出口企业相对于非出口企业具有较高的加成率，实证研究基本上支持了这一理论预测。

Görg 和 Warzynski（2006）利用英国制造业行业的企业调查数据，首次考察了企业的出口行为是否影响其加成率，发现在差异化产品行业内出口企业加成率高于非出口企业。De loecker 和 Warzynski（2012）基于斯洛文尼亚企业层面数据实证检验发现总体上出口企业加成率更高，并且企业的加成率会随着企业进入出口市场而提高，随着企业退出出口市场而降低。Kugler 和 Verhoogen（2009）研究发现企业倾向于出口质量较高的产品，从而能够索取相对较高的加成率；企业出口高质量产品的同时，在不同的市场上采用价格歧视策略以保持竞争优势，从而获得更高的加成率（Hallak 和 Sivadasan，2009；Crozet 等，2012）。此外，Kılınç（2014）以小国为研究对象，结果发现规模较小的内销企业具有较高的加成率，并指出主要原因是国内市场竞争程度相对较低。综上所述，出口企业具有较高的加成率的决定因素主要有：高生产率、出口强度、产品差异化、国外的异质性需求和产品质量，而对出口企业加成率产生抑制作用的因素主要是国外市场竞争。

国内关于出口与加成率关系以实证研究为主。盛丹和王永进（2012）采用会计方法计算企业加成率，从加成率的视角研究中国产品在国内外市场的价格差异，发现中国不同地区、行业和所有制企业，出口企业加成率普遍要低于非出口企业；采用会计方法计算得到的加成率缺乏微观经济理论基础。李卓和赵军（2015）采用 De Loecker 和 Warzynski（2012）的方法基于柯布道格拉斯函数（C－D 函数）计算不同贸易状态下企业的加成率，发现出口企业加成率偏低，剔除加工贸易后，出口企业加成率上升 8 个百分点，但是仍然低于内销企业。祝树金和张鹏辉（2015）基于中国工业企业数据库，计算了 1998～2001 年中国制造业出口企业和非出口企业的加成率，应用 Kolmogorov－Smirnov 非参数方法检验发现非出口企业的加成率大于出口企业的加成率，并运用匹配倍差法研究发现，中国企业进入出口市场后加成率并没有明显提高。以上研究表明中国出口企业比内销企业具有更低的加成率，这与 Bernard 等（2003）、Melitz 和 Ottaviano（2008）模型预测相反，中国出口企业存在"加成率悖论"。

现有国内关于出口与加成率关系的研究主要存在三个不足：加成率测算方法存在缺陷、出口与加成率关系检验不全面以及针对出口企业存在"加成率悖论"的解释不充分。基于此，我们使用大样本的中国工业企业数据库和中国海关数据库的匹配数据，采用超越对数生产函数和 LP 法估算企业层面加成率，对制造业 28 个行业全部的企业，和分行业、分地区、分企业类型、区分加工贸易的分样本企业进行全面检验；此后，针对出口企业检验加成率与出口规模之间的关系。本章可能的创新点在于：第一，用中国企业数据对最新贸易理论中涉及的出口和企业加成率关系进行经验分析，具有理论和实际意义；第二，检验结果进一步证实中国出口企业存在"加成率悖论"，并找到了其产生的主要原因，具有现实价值和政策启示。

第二节　出口企业"加成率悖论"
存在性检验

本章把企业划分为出口企业和非出口企业两种类型。海关数据库中企业出口值大于 0 的企业即为出口企业，出口值为 0 则归为非出口企业，计算和比较两种类型企业的加成率[①]。由于不同行业之间存在较为明显的生产技术差异，加成率在不同行业之间不具有可比性，为此，我们选取制造业的 28 个行业（行业代码和名称见表 3－1），计算每个行业内企业的平均加成率并进行比较。在行业和企业细分比较中，将分地区、分企业类型、分企业规模并区分加工贸易进行分析比较，以寻求"加成率悖论"的背后原因。

---

① 企业加成率的计算过程请参见第四章第三节。本章使用的数据为 2000～2006 年中国工业企业数据库与中国海关数据库的匹配数据，数据具体处理过程请参见第四章第一节。

表 3 − 1 制造业 28 个行业代码及名称对应

行业代码	行业	行业代码	行业	行业代码	行业
13	农副食品加工业	24	文教体育用品制造业	34	金属制品业
14	食品制造业	25	石油加工、炼焦及核燃料加工业	35	通用设备制造业
15	饮料制造业	26	化学原料及化学制品制造业	36	专用设备制造业
17	纺织业	27	医药制造业	37	交通运输设备制造业
18	纺织服装、鞋、帽制造业	28	化学纤维制造业	39	电气机械及器材制造业
19	皮革、毛皮、羽毛（绒）及其制品业	29	橡胶制品业	40	通信设备、计算机及其他电子设备制造业
20	木材加工及木、竹、藤、棕、草制品业	30	塑料制品业	41	仪器仪表及文化、办公用机械制造业
21	家具制造业	31	非金属矿物制品业	42	工艺品及其他制造业
22	造纸及纸制品业	32	黑色金属冶炼及压延加工业		
23	印刷业和记录媒介的复制	33	有色金属冶炼及压延加工业		

一 总体检验

首先计算 2000~2006 年中国 28 个制造业行业所有出口企业和非出口企业的加成率均值，由于篇幅有限，表 3 − 2 没有列出 2001 年和 2002 年的计算结果。由表 3 − 2 可知，中国制造业行业的出口企业普遍存在"加成率悖论"。2000~2006 年，各制造业行业在部分或者全部年份均存在"加成率悖论"，其中在 2000~2006 年一直表现为"加成率悖论"的行业多达 13 个，占全部行业将近一半；只有饮料制造业和通信设备、计算机及其他电子设备制造业在 2003~2006 年持续不存在"加成率悖论"，亦即出口企业具有较高的平均加成率。从时间顺序来看，2000 年有 6 个行业不存在悖论，2005 年和 2006 年分别仅有 2 个和 3 个行业的出口企业加成率高于非出口企业，表明中国出口企业的"加成率悖论"有随着时间推移呈现愈加显著的趋势。

总结一直有悖论和悖论较多以及悖论较少的行业发现：存在悖论的行业往往出口企业较多，出口值占企业总产值比重较大，而悖论较少的行业正好相反。

表 3-2　中国制造业出口和非出口企业加成率均值一览

行业代码	2000 年		2003 年		2004 年		2005 年		2006 年	
	出口	非出口	出口	非出口	出口	非出口	出口	非出口	出口	非出口
13	2.04	3.188	2.692	3.605	2.479	3.347	2.437	3.535	2.43	3.684
14	0.905	1.21	0.979	1.259	1.097	1.124	1.167	1.014	1.095	1.159
15	1.381	3.176	2.624	2.4	3.936	2.087	4.5	2.229	3.966	2.249
17	1.067	1.146	1.153	1.305	1.3	1.212	1.156	1.282	1.107	1.225
18	1.123	1.005	0.852	1.147	0.917	0.885	0.914	1.031	0.958	0.983
19	1.169	1.417	1.377	1.195	1.06	1.511	0.889	1.491	1.204	1.48
20	0.832	1.368	0.707	1.693	0.716	1.19	1.098	1.343	1.096	1.541
21	1.087	2.11	1.321	1.363	1.082	1.438	0.994	1.274	0.934	1.207
22	2.267	1.446	1.494	1.656	1.785	1.572	1.258	1.659	1.413	1.64
23	1.915	0.975	0.687	1.821	1.028	0.959	0.739	1.17	0.534	1.234
24	1.031	1.507	1.531	1.066	0.883	1.188	0.816	1.148	0.934	0.936
25	1.551	3.391	2.422	2.898	1.195	3.124	2.069	2.23	2.08	2.396
26	0.668	1.185	0.849	1.392	0.892	1.428	0.906	1.418	0.971	1.533
27	1.322	1.416	1.366	1.355	1.297	1.319	1.136	1.42	1.341	1.396
28	1.223	1.902	1.571	2.312	2.035	2.143	1.484	2.529	1.805	2.49
29	0.712	1.304	0.86	1.546	0.777	1.071	0.928	1.01	0.961	1.152
30	1.113	1.549	1.104	1.628	1.031	1.63	1.048	1.543	0.892	1.594
31	1.297	1.211	1.195	1.53	1.083	1.453	0.969	1.572	1.278	1.723
32	2.853	2.625	2.729	3.534	4.999	3.727	3.64	3.834	3.555	3.165
33	3.356	2.954	2.311	4.275	2.693	4.482	2.833	4.338	2.583	5.311
34	0.936	1.057	1.265	1.096	1.082	1.155	0.969	1.196	1.042	1.186
35	0.921	1.053	0.816	1.43	0.812	1.205	0.775	1.181	0.956	1.243
36	0.549	0.763	0.814	1.175	1.034	1.029	0.75	1.156	1.064	1.19
37	0.455	0.946	0.69	0.874	0.656	0.914	0.561	0.875	0.643	0.84
39	0.859	1.397	1.63	1.739	0.846	1.481	0.759	1.671	0.821	1.976
40	0.784	1.681	1.228	0.989	1.338	0.994	1.098	0.959	1.198	1.07
41	0.208	0.718	0.312	0.577	0.373	0.528	0.429	0.515	0.475	0.519
42	1.017	1.577	1.505	1.477	0.899	1.312	0.878	1.275	1.074	1.227

二 分地区检验

由于篇幅限制，表3-3仅列出了样本期间一直存在悖论的农副食品加工业（13）、皮革、毛皮、羽毛（绒）及其制品业（19）和通用设备制造业（35）分地区"加成率悖论"检验结果。"加成率悖论"在各省份中普遍存在，且没有明显的集中和分化现象，亦即分地区检验不能消除出口企业的"加成率悖论"。

表3-3 中国制造业企业典型行业分地区"加成率悖论"检验结果

行业代码	北京	天津	河北	山西	内蒙古	辽宁	吉林	黑龙江	上海	江苏	浙江	安徽	福建
13	√	√	√	√	√	√	√	√	√	×	√	√	
19	√	√	√	√	√	√	√	√	√	√	×	√	
35	√	√	×	√	√	√	√	√	√	√	√	√	

行业代码	江西	山东	河南	湖北	湖南	广东	广西	重庆	四川	云南	陕西	新疆	
13	√	√	√	√	×	√	×	×	√	√			
19	√	×	√	√	√	√	×	√	×	√			
35	√	√	√	√	√	√	√	√	×	√			

注：表中"√"表示该行业出口企业加成率均值低于非出口企业，存在"加成率悖论"，"×"表示该行业出口企业加成率均值高于非出口企业，不存在"加成率悖论"。后表同。此外，此表中，贵州、西藏、甘肃、青海、宁夏、海南等省份由于出口企业数据样本较少等原因被删除。

三 分企业所有制检验

考虑到不同所有制的企业在我国所处的经济环境存在较大差异，有必要按企业所有制分类检验行业内出口企业"加成率悖论"。由表3-4可知，私营企业的加成率悖论最为突出，其次是国有企业，最后是外资企业。虽然国有企业生产率较低，但是国有企业规模较大，且往往处于垄断地位，具有较高的国际市场议价能力；相对于内销市场，外资企业更加熟悉出口市场，其在出口市场上具有更强的竞争力，拥有相对较高的加成率；私营企业"加成率悖论"非常显著，是引起中国出口企业整体显现悖论的重要因素，而私营企业往往规模较小且较多从事加工贸易，由此推测，加工贸易可能一定程度引起了"加成率悖论"。

表 3 - 4　中国制造业企业分行业按企业类型分类的"加成率悖论"检验结果

行业代码／类型	13	14	15	17	18	19	20	21	22	23	24	25	26	27
国有企业	√	√	×	√	√	×	√	√	√	×	√	√	×	√
私营企业	√	√	×	√	√	√	√	√	×	√	√	√	√	√
外资企业	×	×	×	√	√	×	√	√	√	√	×	√	×	×

行业代码／类型	28	29	30	31	32	33	34	35	36	37	39	40	41	42
国有企业	√	√	×	√	√	√	×	√	√	×	√	×	√	√
私营企业	√	√	√	√	×	√	√	√	√	√	×	×	√	√
外资企业	√	×	√	√	×	√	√	√	√	√	√	×	×	×

四　分企业规模检验

根据就业人数将企业分为大型、中型和小型企业，检验加成率悖论，结果见表 3 - 5。检验结果表明，"加成率悖论"表现最为显著的是小型企业，其次是大型企业，而最不显著的是中型企业。说明小型企业是悖论的主要推动力，有两个可能的解释：一方面是由于加工贸易，规模较小的企业往往从事技术含量较低的加工贸易，生产率水平较低，其出口加成率也较低；另一方面，小型企业出口贸易额占企业总产值的比重较高，受到国际市场的竞争强度大，获取较低加成率。

表 3 - 5　中国制造业企业分行业按企业规模分类的"加成率悖论"检验结果

行业代码／分类	13	14	15	17	18	19	20	21	22	23	24	25	26	27
小型	√	√	×	√	√	√	√	√	×	√	√	√	√	×
中型	√	√	×	√	×	√	√	√	×	×	√	√	×	×
大型	√	√	×	√	√	√	√	×	×	√	√	√	×	√

行业代码／分类	28	29	30	31	32	33	34	35	36	37	39	40	41	42
小型	√	×	√	√	√	√	√	√	√	√	√	√	×	√
中型	×	√	√	√	×	√	√	√	√	√	√	√	√	×
大型	√	×	√	√	√	√	×	√	×	×	√	√	√	√

五 分贸易方式检验

加工贸易占据了中国进出口贸易的"半壁江山",加工贸易企业利用廉价的劳动力资源,从事来料加工和进料加工生产,大多规模较小并以私营为主,产品主要用于出口,生产率和利润率均很低,加成率较低,导致"加成率悖论"。所以,我们有必要考虑加工贸易这一特点,按贸易方式分类检验加成率悖论,结果见表3-6。

根据出口企业是否存在加工贸易,将企业划分为加工贸易、一般贸易和混合贸易(既有加工贸易又有一般贸易)三类,将其与非出口企业和出口企业整体进行比较。完全剔除加工贸易后,19个行业的纯一般贸易出口企业加成率高于出口企业整体,其中有3个行业高于非出口企业;16个行业的纯一般贸易出口企业加成率高于纯加工贸易企业;17个行业的混合贸易出口企业加成率高于纯加工贸易企业,表明加工贸易的确会导致较低的加成率,剔除加工贸易能够一定程度上削弱出口企业"加成率悖论",缩小出口企业与非出口企业加成率的差距,但是出口企业"加成率悖论"依然显著存在。这就表明加工贸易并非导致我国出口企业"加成率悖论"的唯一因素,还受到出口规模、出口市场竞争程度等其他因素的影响,后面的章节会详细阐述。

表3-6 中国制造业企业分行业按贸易方式分类的加成率均值一览

行业代码	加工贸易出口企业	一般贸易出口企业	混合贸易出口企业	非出口企业	出口企业整体
13	1.823	2.551	1.977	3.567	2.332
14	1.04	1.119	0.843	1.183	1.031
15	14.03	2.867	3.618	2.602	3.359
17	0.955	1.207	1.076	1.232	1.15
18	0.816	0.953	1.041	1.022	0.982
19	1.967	0.999	1.106	1.425	1.161
20	1.033	0.918	0.712	1.496	0.859
21	1.185	0.92	1.294	1.578	1.143

续表

行业代码	加工贸易出口企业	一般贸易出口企业	混合贸易出口企业	非出口企业	出口企业整体
22	1.911	1.494	1.402	1.635	1.557
23	0.74	0.887	0.914	1.206	0.879
24	0.477	1.272	1.082	1.251	1.095
25	0.839	1.678	1.142	2.586	1.508
26	0.755	0.941	0.781	1.351	0.891
27	1.48	1.357	0.958	1.365	1.288
28	1.28	1.756	1.428	2.132	1.562
29	0.991	0.777	1.284	1.194	1.054
30	1.663	1.016	1.005	1.581	1.106
31	0.578	1.127	1.262	1.445	1.142
32	3.048	3.628	2.913	3.173	3.421
33	2.227	3.021	2.45	3.984	2.849
34	1.34	1.113	0.878	1.128	1.065
35	1.193	0.831	0.727	1.222	0.824
36	0.576	0.864	0.692	1.015	0.827
37	0.496	0.667	0.541	0.917	0.632
39	0.608	1.064	0.799	1.554	0.948
40	1.293	0.892	1.4	1.126	1.168
41	0.197	0.429	0.387	0.607	0.395
42	1.211	1.06	1.156	1.388	1.104

第三节　出口自选择效应：加成率如何影响出口？

本章我们研究加成率如何影响企业出口规模，进一步检验出口企业是否存在显著的"加成率悖论"，并检验这一结果是否会在区分贸易方式后有所变化。影响企业出口的因素很多，主要有企业加成率（mkp）、生产率（TFP）、企业利润率（$profit$）、企业规模（$output$）、所有制结构（$foreign$）、企业年龄（age）等。这里我们以企业出口额为被解释变量，加成率为解释变量，生产率、企业利润率等变量为控制变量，构建以下计量模型：

$$\ln ex_{ijkt} = \alpha_0 + \alpha_1 \ln mkp_{ijkt} + \alpha_2 \ln TFP_{ijkt} + \alpha_3 \ln profit_{ijkt} + \alpha_4 \ln output_{ijkt} \quad (3-1)$$
$$+ \alpha_5 foreign_{ijkt} + \alpha_6 age_{ijkt} + province + industry + year + \varepsilon_{ijkt}$$

其中，i，j，k，t 分别表示省份、行业、企业和年份；变量名前加"ln"表示取对自然数值；$povince$、$industry$ 和 $year$ 分别表示控制省份、行业和年份效应；ε_{ijkt} 为随机扰动项。

考虑到出口规模可能逆向影响加成率，造成内生性问题。为此，我们选择加成率的一阶和二阶滞后项作为工具变量，采用 IV – GMM 方法进行两阶段估计。在此之前，我们进行 OLS 估计。估计结果见表 3 – 7。

IV – GMM 估计和混合 OLS 估计的结果基本一致，回归结果稳健。由全部样本回归结果可知，加成率的系数显著为负，在解决了内生性问题之后，其系数绝对值进一步增大；我国制造业企业加成率的上升反而会降低企业出口规模，加成率上升 1% 会导致企业出口规模下降 0.2 ~ 0.3 个百分点。

针对一般贸易企业、加工贸易企业和混合贸易企业做分样本回归，结果发现，一般贸易企业加成率系数变得不显著为负，而加工贸易企业和混合贸易企业加成率系数依然显著为负，表明剔除加工贸易能够在相当程度上消除出口企业"加成率悖论"，因为一般贸易企业加成率与出口规模之间并不存在显著的线性关系。这也印证了我们前面的初步检验结果。

此外，我们还将企业是否出口的虚拟变量作为被解释变量，加成率作为解释变量做了计量回归[1]，发现二者呈现显著的负向关系，亦即加成率更高的企业出口的概率更低。我国制造业企业存在明显的"加成率悖论"，一方面，高加成率的企业往往选择内销而非出口，另一方面，已经出口的企业，加成率越高，出口规模越低。导致我国出口企业"加成率悖论"的原因很多，我们在本章的研究里发现加工贸易是其中一个重要因素，此外，我国国内市场存在严重贸易壁垒（包群，2015），进入国内市场可能比进入国外市场需要付出更多的成本，盈利能力低、定价能力弱的企业反而选择采用加工贸易的方式从事进出口贸易，需要将来进一步的研究。

---

[1] 由于篇幅限制，相关结果没有在书中列出。

表 3 - 7　加成率影响企业出口规模计量检验结果

变量	OLS 估计				IV - GMM 估计			
	全部	一般贸易	加工贸易	混合贸易	全部	一般贸易	加工贸易	混合贸易
lnmkp	-0.1992 ***	-0.0604	-0.1678 ***	-0.2235 ***	-0.2928 ***	-0.0599	-0.1662 **	-0.2957 ***
	(0.0518)	(0.0491)	(0.0453)	(0.0465)	(0.0407)	(0.0663)	(0.0812)	(0.0530)
lnTFP	-0.0918	-0.2306 **	-0.1247 *	-0.0366	-0.5186 ***	-1.1242 ***	-1.2933 ***	-0.5226 *
	(0.0842)	(0.0902)	(0.0707)	(0.0730)	(0.1606)	(0.3037)	(0.4378)	(0.2801)
lnprofit	-0.0207	-0.0191	-0.0126	0.0289	0.0209	0.0566 **	0.0897 ***	0.1064 ***
	(0.0179)	(0.0197)	(0.0152)	(0.0194)	(0.0166)	(0.0269)	(0.0343)	(0.0312)
lnoutput	0.7744 ***	0.6746 ***	0.7288 ***	0.8240 ***	1.1487 ***	1.3936 ***	1.6423 ***	1.2514 ***
	(0.0592)	(0.0573)	(0.0535)	(0.0630)	(0.1218)	(0.2287)	(0.3263)	(0.2156)
foreign	0.4327 ***	0.0019	0.3525 ***	0.7083 ***	0.4762 ***	0.1091	0.2881 ***	0.8273 ***
	(0.0673)	(0.0872)	(0.0691)	(0.0627)	(0.0420)	(0.1387)	(0.0782)	(0.0637)
age	-0.0132 ***	-0.0130 ***	-0.0163 ***	-0.0124 ***	-0.0160 ***	-0.0154 ***	-0.0199 ***	-0.0145 ***
	(0.0029)	(0.0027)	(0.0033)	(0.0033)	(0.0017)	(0.0020)	(0.0028)	(0.0027)
年份固定效应	是	是	是	是	是	是	是	是
行业固定效应	是	是	是	是	是	是	是	是
省份固定效应	是	是	是	是	是	是	是	是
Hansen 检验					0.0977	0.1601	0.1538	0.5405
D - W - H 检验					0.0000	0.0000	0.0000	0.0027
观测值	18751	12130	11135	12170	15054	8774	7116	7411
R²	0.2246	0.1621	0.1874	0.2718	0.2075	0.0566	0.0834	0.1243

注：加成率和生产率率由增加值超对数生产函数估计得到，行业固定效应基于 2 位数行业，括号内为二位数聚集行业集群标准误，*** p < 0.01，** p < 0.05，* p < 0.1，后同。

第四节 出口学习效应: 出口如何影响加成率?

分析了加成率对企业出口的影响之后, 我们进一步解析出口对于企业加成率的影响, 国外实证研究结论主要为出口有利于提高企业加成率, 而国内学者则发现我国制造业企业出口并没有增加企业加成率。目前尚没有国内学者讨论加工贸易的影响, 本章则对全部企业样本、一般贸易企业、加工贸易企业和混合贸易企业分别探究企业出口规模的增加如何影响企业加成率。

影响企业加成率的因素主要包括出口规模 (ex)、生产率 (TFP)、企业规模 ($output$)、资本存量 (k)、劳动力 (l)、所有制结构 ($foreign$)、企业年龄 (age) 和国内市场规模 (ms) 等。这里我们以企业加成率为因变量, 出口规模为自变量, 其他因素为控制变量, 并且控制省份、行业和年份固定效应, 构建以下计量模型:

$$
\begin{aligned}
\ln mkp_{ijkt} = {} & \beta_0 + \beta_1 \ln ex_{ijkt} + \beta_2 \ln TFP_{ijkt} + \beta_3 \ln output_{ijkt} + \beta_4 \ln k_{ijkt} + \beta_5 \ln l_{ijkt} \\
& + \beta_6 foreign_{ijkt} + \beta_7 age_{ijkt} + \beta_8 ms_{ijkt} + province + industry + year + \varepsilon_{ijkt}
\end{aligned} \tag{3-2}
$$

表 3 - 8 报告了全部企业和各贸易方式企业的 OLS 估计和 IV - GMM 估计结果。OLS 估计和 IV - GMM 估计出口规模系数分别在 10% 和 1% 的显著性水平为负, 出口规模上升 1%, 会导致出口企业加成率下降 0.01 ~ 0.02 个百分点。剔除了加工贸易的一般贸易企业样本的出口规模估计系数变得不显著, 而在加工贸易和混合贸易企业样本里, 出口规模系数均在 5% 以上显著性水平为负, 且绝对值大于全部出口企业样本, 由此表明出口企业出口规模对加成率产生负向影响主要是因为加工贸易的存在。一般贸易企业相对于加工贸易企业和混合贸易企业具有较高的生产率水平 (李春顶, 2010; 张杰等, 2014), 能够获得更高的加成率 (Bernard 等, 2003; Melitz 和 Ottaviano, 2008), 但是任何贸易方式企业在国际市场上都面临竞争压力, 且随着出口规模的增大而变大, 生产率水平相对较低的加工贸易企业和混合贸易企业的加成率下降幅度显著, 而生产率水平较高的一般贸易企业降幅不明显。

表 3 - 8　企业出口规模影响加成率计量检验结果

变量	OLS 估计				IV - GMM 估计			
	全部	一般贸易	加工贸易	混合贸易	全部	一般贸易	加工贸易	混合贸易
lnex	-0.0098* (0.0055)	0.0006 (0.0044)	-0.0320** (0.0122)	-0.0297*** (0.0090)	-0.0218*** (0.0068)	-0.0363 (0.0225)	-0.0470** (0.0222)	-0.0896** (0.0375)
lnTFP	0.5885*** (0.0929)	0.6585*** (0.0671)	0.4689** (0.2131)	0.5442*** (0.1083)	0.0399 (0.1087)	-0.0230 (0.2163)	-0.1904 (0.2770)	0.2227** (0.1013)
lnoutput	0.1972** (0.0897)	0.1277* (0.0677)	0.2928 (0.1743)	0.2598** (0.1124)	0.7219*** (0.1027)	0.8268*** (0.2251)	0.9643*** (0.2832)	0.5923*** (0.0974)
lnk	-0.0956** (0.0429)	-0.0695 (0.0470)	-0.1503*** (0.0392)	-0.1228*** (0.0409)	-0.1303*** (0.0123)	-0.0927*** (0.0193)	-0.2078*** (0.0425)	-0.1418*** (0.0181)
lnl	-0.6009*** (0.0414)	-0.6218*** (0.0369)	-0.5346*** (0.0825)	-0.5694*** (0.0481)	-0.6554*** (0.0152)	-0.7051*** (0.0357)	-0.6136*** (0.0602)	-0.5734*** (0.0319)
foreign	-0.1136*** (0.0251)	-0.2022*** (0.0253)	0.0708 (0.0598)	-0.0457 (0.0315)	-0.0774*** (0.0197)	-0.2445*** (0.0586)	0.1547* (0.0879)	-0.0324 (0.0314)
age	-0.0010* (0.0005)	-0.0009* (0.0004)	0.0004 (0.0026)	-0.0022* (0.0011)	-0.0031*** (0.0007)	-0.0051*** (0.0015)	-0.0015 (0.0036)	-0.0022 (0.0014)
lnms	0.1191 (0.0912)	3.1340 (0.1114)	0.8843*** (0.2859)	0.0451 (0.1634)	0.0041 (0.1145)	-0.1536 (0.1759)	1.1015** (0.4648)	0.2334 (0.2125)
年份固定效应	是	是	是	是	是	是	是	是
行业固定效应	是	是	是	是	是	是	是	是
省份固定效应	是	是	是	是	是	是	是	是
Hansen 检验					0.2086	0.7475	1.0000	0.5853
D - W - H 检验					0.0000	0.0000	0.0854	0.0011
观测值	21530	13515	1548	6573	9761	5110	741	2288
R²	0.6228	0.6464	0.6145	0.6140	0.5300	0.5305	0.4793	0.4118

在第二节和第三节中，根据出口贸易方式，企业被划分为一般贸易企业、加工贸易企业和混合贸易企业，并分别对各类贸易企业进行回归，而删除了另外两类贸易企业，这可能会造成样本选择偏差问题，为保证本章研究结果的可靠性和稳健性，我们采用 Heckman 两步法来处理可能的样本选择偏差问题。根据 Heckman 两步法的基本思想，首先构建第一步的选择方程如下：

$$
\begin{aligned}
Probit(\,exportstyle_{ijkt} = 1\,) = & \gamma_0 + \gamma_1 \ln TFP_{ijkt} + \gamma_2 \ln output_{ijkt} + \gamma_3 \ln k_{ijkt} + \gamma_4 \ln l_{ijkt} \\
& + \gamma_5 importer_{ijkt} + \gamma_6 foreign_{ijkt} + \gamma_7 age_{ijkt} + \gamma_8 ms_{ijkt} + province \\
& + industry + year + \varepsilon_{ijkt}
\end{aligned}
$$

$$(3-3)$$

其中，因变量 $exportstyle$ 为企业出口类型的虚拟变量，分别表示一般贸易出口企业、加工贸易出口企业和混合贸易出口企业。$\ln TFP$ 是企业全要素生产率的对数，采用 LP 方法估算得到，现有研究发现我国加工贸易企业的生产率要显著低于其他类型企业和内销企业，存在"生产率悖论"，因此生产率可以作为甄别贸易方式的重要变量（李春顶，2010；戴觅等，2014；张杰等，2014）。$\ln output$ 是企业总产值的对数，规模较小的企业会选择从事加工贸易。$\ln k$ 和 $\ln l$ 分别是资本存量和企业从业人数的对数值，表示企业的要素结构，影响贸易方式的选择。$improter$ 是企业是否进口的虚拟变量，是为 1，否则为 0。age 表示企业年龄。$foreign$ 是企业是否为外资企业的虚拟变量，是为 1，内资企业为 0。$\ln ms$ 是企业所在二位数行业市场规模的对数值。此外，选择方程还控制了省份地区、行业和年份固定效应。

表 3-9 报告了采用 Heckman 两步法估计三类贸易方式加成率和出口规模之间关系的回归结果，控制变量估计结果与 OLS 基本一致，由于篇幅有限没有给出。从中可以看出，采用 Heckman 两步法的各样本组中加成率或者出口规模的边际弹性，与使用 OLS 方法的回归结果非常接近，这就说明，样本选择问题并不会对本章的计量结果造成明显的影响，由此，再次验证了本章结论的稳健性。

表 3 – 9　Heckman 两步法的回归结果

变量	lnex			lnmkp		
	一般贸易	加工贸易	混合贸易	一般贸易	加工贸易	混合贸易
lnmkp	– 0. 0621	– 0. 0835 ***	– 0. 0685 ***			
	(0. 0448)	(0. 0245)	(0. 0222)			
lnex				0. 0006	– 0. 0367 ***	– 0. 0442 **
				(0. 0026)	(0. 0096)	(0. 0203)
inverse Mills' ratio	0. 2206 ***	– 0. 6015 ***	– 0. 9108 ***	– 0. 4980 ***	0. 6873 **	2. 7534 *
	(0. 0309)	(0. 0286)	(0. 0240)	(0. 2358)	(0. 3375)	(1. 5886)
Censored-N	97199	96253	96327	113	36	75
Uncensored-N	12130	11135	12170	13515	1548	6573
Observations	109329	107391	108497	13628	1584	6648

第五节　结论与启示

本章选取中国制造业 28 个行业 2000 ~ 2006 年的生产与贸易数据，根据 De Loecker 和 Warzynski（2012）的方法，采用超越对数生产函数和 LP 法测算企业加成率和生产率，并按全部企业、分地区、分企业所有制、分企业规模和分贸易方式分别计算和比较行业内出口企业和非出口企业平均加成率。进一步，针对总体样本和各类贸易方式企业分样本，采用混合 OLS、IV - GMM 和 Heckman 选择模型等计量方法估计企业出口规模与加成率之间的关系，检验出口企业是否存在"加成率悖论"，并进行解释，主要结论如下。第一，我国制造业出口企业存在普遍且显著的"加成率悖论"，随着时间推移呈现愈加显著的趋势，分地区检验不能消除悖论，私营企业、小型企业和加工贸易出口企业的"加成率悖论"最为显著。第二，总体样本回归发现，企业加成率对出口规模的影响显著为负，企业加成率增加 1 个百分点，导致出口规模减小 0. 2 ~ 0. 3 个百分点；与之对应，出口规模显著抑制加成率，出口规模上升 1 个百分点，引致加成率下降 0. 01 ~ 0. 02 个百分点。第三，由贸易方式分样本回归可见，一般贸易企业分样本加成率或者出口规模的系数均不显著,而加工贸易企业和混合贸易企业的加成率和出口规模系数均显著为负,且绝对值大于总体样本估计结果,表明加工贸易是导致出口企业存在显著的"加成率悖论"的重要来源。

本章结论对政府和企业有如下启示。

第一,为了提升出口企业加成率,政府应该着力消除国内贸易壁垒,具体则需要消除地方保护主义和寻租。企业加成率更高的企业出口规模更少,也就是说,加成率更高的企业倾向于选择内销而非出口,这与新新贸易理论相违背,可能的解释是我国国内市场地方保护主义盛行、寻租现象严重导致严重的国内贸易壁垒,进入国内市场可能比进入国外市场需要支付更高的成本,这就导致那些生产率低、定价能力弱的企业选择将产品销往国外。

第二,政府应着力提高出口企业生产率优势,以应对国际竞争,并保持高的加成率。新新贸易理论认为,加成率与出口强度正相关,但是当企业生产率优势受到国际竞争压力影响时,出口强度进一步提升会降低企业加成率。我国企业加成率随着出口规模上升而显著下降,表明我国出口企业生产率优势无法应对激烈的国际市场竞争。

第三,政府应加快加工贸易转型升级,提升中国企业在全球价值链的位置,提高出口加成率,建构中国的国际市场势力。加工贸易企业缺乏核心技术,处于产业链低端,缺乏产品定价权,过度依赖国际市场,是我国出口企业"加成率悖论"的主要来源。

第四章
进出口行为与企业加成率

第一节　引言

中国改革开放特别是加入 WTO 以来，进出口贸易迅速发展，越来越多的企业进入国际贸易市场，根据海关统计数据，中国从事出口的企业从 2000 年的 61766 家增加到 2006 年的 162881 家，同期进口企业数量由 61462 家上升为 119275 家。2009 年中国超过德国成为全球第一出口大国，2013 年成为世界第一货物贸易大国，成为最大的"世界工厂"，但同类产品在国外市场售价却远低于国内，出口品往往存在低质、低价和低加成率问题（施炳展等，2013；盛丹和王永进，2012；黄先海等，2016a）。低价在短期内使产品具有市场竞争力，但是低质使产品在长期内缺乏竞争力，低质和低价导致低加成率，压缩了出口企业的利润。企业进出口行为如何影响加成率？哪些因素决定这种影响作用？贸易企业在面临日益加剧的进出口竞争时如何调整企业加成率？这些都是本章试图回答的关键问题。

关于进出口贸易与企业绩效的相关研究受到国内外学者的广泛关注，但大部分文献集中研究了进出口贸易对企业增加值或者生产率的影响（尹翔硕等，2005；余淼杰，2010、2011；张杰等，2009；张杰等，2015），而关于进出口贸易与反映企业市场势力的加成率的研究并不多，仅有少量文献研究了进出口贸易对企业加成率的影响。

首先是出口行为与企业加成率的相关研究。Melitz 和 Ottaviano（2008）引入产品水平差异的拟线性需求系统，将企业的加成率内生化（简称 MO 模型），预测出口企业相对于非出口企业具有较高的加成率。国外学者分别利用哥伦比亚、法国、西班牙、斯洛文尼亚等国家的企业数据进行实证研究，证实了 MO 模型（Kugler 和 Verhoogen，2009；Bellone 等，2016；Martín 和 Rodríguez，2010；De Loecker 和 Warzynski，2012）。上述文献多以发达国家为研究对象，而针对中国出口企业的实证研究与这一结论相反：出口企业加成率普遍低于非出口企业，存在出口企业的"加成率悖论"（盛丹和王永进，2012；祝树金和张鹏辉，2015）。国内学者从各个视角对这一现象进行了解释。盛丹和王永进（2012）指出出口退税政策使出口企业在制定较低的市场价格后依然获得较高的真实加成率；李秀芳和施炳展（2012）认为加工贸易企业出口定价权缺失是中国出口企业加成率悖论的重要原因；刘啟仁和黄建忠（2015）构建理论模型并实证发现，出口企业"选择效应"较弱甚至不存在，而企业在出口市场上面临的竞争程度大于内销市场，这就导致出口市场的"竞争效应"大于"选择效应"，造成出口企业加成率较低，但是没有研究出口行为促进企业加成率的情形。黄先海等（2016b）的研究弥补了这一缺陷，认为中国出口企业加成率低于非出口企业具有阶段性，当出口企业生产率水平跨过生产率门槛值后，出口行为便会促进企业加成率提升，但是没有具体估计贸易企业加成率的生产率效应和竞争效应。

其次是进口行为与企业加成率关系的研究。现有研究发现进口企业生产率水平更高，规模更大，能够索要较高的产品价格（Kasahara 和 Rodrigue，2008；Kugler 和 Verhoogen，2009；Halpern 等，2015），在此基础上，部分研究主要考察了进口贸易自由化与加成率的关系。De loecker 等（2016）使用印度产出进口关税削减表示进口贸易自由化，在进口竞争效应下，企业降低产品价格，但是企业产品边际成本的下降幅度更大，反而提升了企业的加成率。Fan 等（2015）基于中国的企业数据研究发现，投入品进口贸易自由化显著提高企业加成率。钱学锋等（2016）使用进口关税和进口渗透率表示进口竞争，研究了进口竞争与加成率之间的关系，结论显示，进口竞争会降低企业加成率，而中间投入品关税下降带来多样化效应和成本效应，增加企业加成率。

直接研究企业进口行为与加成率关系的文献较少。李卓和赵军（2015）通过匹配中国工业企业数据和海关数据，测算了我国纯进口企业加成率，并发现纯进口企业加成率高于非进口企业，这是因为纯进口企业中中央及省级国有企业的占比较高，但没有分析进口企业加成率的微观决定机制。黄先海等（2016b）研究发现中国中间品进口企业平均加成率低于非进口企业，主要是由加工贸易所导致的，一般贸易中间品进口企业平均加成率显著高于非进口企业。

上述研究分别单独考察了进口、出口贸易对于企业加成率的影响，并没有将进口和出口置于同一分析框架来研究其对于加成率的影响，忽视了进口和出口的相互作用，也没有深入研究进出口贸易影响加成率的渠道或者微观决定机制。事实上，许多研究表明企业进出口贸易行为之间具有联动效应，特别是进口贸易对于出口贸易具有引致效应。Kasahara 和 Lapham（2013）发现进口有利于提高出口企业生产率、规模等绩效优势。巫强和刘志彪（2009）研究发现中国沿海地区从国外大量进口先进的机器设备为出口快速增长奠定了必要基础，并将其描述为"进口引致型出口"；张杰等（2014）提出了进口引致出口机制的内在机理：进口会提高企业生产率，导致自我选择效应，促使企业进入出口市场，并实证检验中间品进口和资本品进口均能有效促进出口，且前者的效应强于后者。Hornok 和 Murakozy（2015）将中间品进口份额引入 MO 模型的拟线性需求函数，进口的中间品具有较高的质量，且能提高产出品的质量（Antoniades，2015），因此中间品进口通过质量升级效应提升企业加成率，他们基于匈牙利的数据实证检验进口中间投入品、出口行为与加成率之间的关系，但没有分析进口影响企业加成率的生产率效应和进口竞争的作用。本章借鉴 Melitz 和 Ottaviano（2008）和 Hornok 和 Murakozy（2015）的研究，将企业进出口行为与加成率置于同一分析框架，从生产率和进出口市场竞争视角阐述进、出口行为影响企业加成率的内在机制，并结合进口和出口的联动效应，实证研究企业进出口行为与加成率之间的关系。研究发现，出口企业选择效应不显著，竞争效应显著，导致出口行为反而降低了企业加成率，但是随着出口企业生产率水平的不断提升，其跨过了生产率门槛值后，出口行为对加成率起正向作用；进口企业受到生产率选择效应和进口成本效应的共同影响，具有显著的加成率优势；进出口之间存在显著的联动效应，进口有利于提高出口企业加成率和降低出口企业加成率由下降转为上升的生产率门槛值，但是出口在短期内会降低进口企业加成率；出口竞争不仅显著抑制企业加成率，且提高出口企业的生产率门槛值，进口竞争分别通过竞争效应和成本效应，对企业加成率和出口企业生产率门槛值产生相反的作用。进出口贸易行为对不同所有制和不同贸易方式企业加成率的影响存在差异，进口行为有利于提升内资企业加成率，而对外资企业不存在显著影响；进口行为对一般贸易企业加成率的影响显著为正，而对加工贸易企业加成率产生显著的负向影响，对混合贸易企业没有影响；出口行为对内资企业和加工贸易企业加成率的负向影响大于外资企业和一般贸易企业。

相对于既有文献，本章对企业由国内市场进入国际市场行为进行排序，主要针对企业非贸易—纯出口—进出口、非贸易—纯进口—进出口等情形，研究进出口联动效应对企业加成率和出口企业加成率由降转升的生产率门槛的影响；在理论上阐述了进口企业加成率的决定机制，考虑最终品与中间投入品进口关税等进口市场竞争的作用，结合不同贸易方式实证研究中国进口企业与非进口企业的加成率差异，补充了目前国内关于进口企业加成率研究的不足。

第二节　理论模型与研究假说

已有相关文献较多地研究了出口企业加成率（Melitz 和 Ottaviano，2008；祝树金和张鹏辉，2015；刘啟仁和黄建忠，2015；黄先海等，2016a），而很少考察进口企业加成率决定机制，没有研究进口和出口行为联动效应对加成率的影响。基于此，本章根据企业贸易行为，将全部企业划分为四类：非贸易企业、纯进口企业、纯出口企业和既进口又出口企业[①]（以下简称双向贸

[①] 这里企业的进口或者出口行为，并不排除企业从事国内市场的行为。

易企业）。非贸易企业是指仅从事国内市场销售的企业，纯进口企业是指进口但是不出口的企业，纯出口企业则是出口但是不进口的企业，双向贸易企业是指同时从事进口和出口的企业。采用 Hornok 和 Murakozy（2015）的模型，在同一研究框架内分析非贸易、纯出口、纯进口和双向贸易企业加成率的决定机制。假定消费者具有以下形式的拟线性效用函数：

$$U = q_0 + \alpha \int_{i \in \Omega} (q_i + z_i) d_i - \frac{1}{2} \gamma \int_{i \in \Omega} (q_i - z_i)^2 d_i - \frac{1}{2} \eta \left[\int_{i \in \Omega} \left(q_i - \frac{1}{2} z_i \right)^2 d_i \right]^2$$

$$(4-1)$$

该效用函数与 MO 模型中拟线性效用函数的区别在于引入了企业进口份额参数 z_i。其中，q_0 和 q_i 分别为基准商品和多样化商品 i（$i \in \Omega$）的消费量，前者往往是农产品，而后者则表示差异化的工业品；α，γ 和 η 均为正的与需求相关的参数，γ 表示差异化工业品之间的替代弹性。给定消费者的效用函数，第 i 种商品的定价上限为：

$$p_i \leqslant \gamma z_i + \frac{1}{\eta N + \gamma} (\gamma \alpha + \eta N \bar{p} - \gamma \eta N \bar{z}) \equiv p_{max} \qquad (4-2)$$

其中，p_{max} 是需求为 0 时的定价，也称为最高定价；N 是人口数量，反映市场规模；$\bar{p}$ 指平均价格；$\bar{z}$ 是平均进口份额。假设在开放经济下存在两个国家：本国 D 和外国 F。参照 MO 模型关于国内外市场规模的假设，以及考虑到我国长期以来内需不足、外需相对旺盛的现状（刘啟仁和黄先忠，2015），假设国外市场规模 L^F 大于国内市场规模 L^D，更大的市场规模意味着更加剧烈的竞争，更加剧烈的竞争会导致更低平均价格，于是假设 $\bar{p}^F < \bar{p}^D$；同时，更大的市场规模将会引致更多企业和产品的进入，因此有 $N^F \geqslant N^D$。结合（4-2）式和以上假设能够得到，国外最高定价低于国内最高定价，即 $p_{max}^F < p_{max}^D$。此外还设定 $p_{max}^F > p_{max}^D \tau / 2$，使国内外价格差异不至于太大。

一　出口行为与加成率

假设企业不存在进口，根据利润最大化条件，边际成本为 c 的企业在内销和出口市场的均衡加成率分别为：

$$\mu_d = \frac{1}{2}(c_d - c) \text{ 和 } \mu_x = \frac{1}{2}\tau(c_x - c) \qquad (4-3)$$

其中，μ_d 和 μ_x 分别为企业在内销和出口市场上的加成率；边际成本 c 反向表征企业生产率，亦即边际成本越低，生产率越高（Hornok 和 Murakozy，2015；黄先海等，2016a），边际成本 c 是由企业根据生产随机确定的；τ 为企业出口需支付的贸易成本；c_d 为企业进入或退出国内市场临界边际成本；c_x 则为企业进入或者退出出口市场的临界成本。

假设企业同时在国内和出口市场上销售产品，亦即 c_d，$c_x > c$，该企业在国内和出口市场加成率的大小取决于自身的生产率、内销或出口的生产率临界值和贸易成本。显而易见，给定 c_d、c_x 和 τ，若 c 越低，则 μ_d 和 μ_x 均越高，即其他条件不变，生产率越高的企业在出口和内销市场上的加成率均越高。

根据 MO 模型，进入或退出国内和出口市场的边际成本临界值（c_d 和 c_x）与市场规模呈负相关关系。由于假设出口市场规模大于内销市场规模，出口市场竞争程度要高于内销市场竞争程度，进入出口市场的边际成本临界值 c_x 低于进入内销市场的边际成本临界值 c_d，根据（4-3）式，当出口贸易成本 τ 足够小时，企业在出口市场的加成率要低于内销市场，亦即 $\mu_d > \mu_x$。以企业内销和出口份额为权重，对内销和出口市场的加成率进行加权平均得到纯出口企业的平均加成率：

$$\mu_{oex} = (1 - s_x)\mu_d + s_x\mu_x \qquad (4-4)$$

其中，s_x 为企业的出口份额，也称为"出口密度"。出口密度越大，意味着出口企业面临国外竞争的程度越高，对加成率的负向作用也就越大，Martín 和 Rodríguez（2010）研究指出出口企业生产率优势会受到国际竞争压力的影响，出口密度增长对持续出口企业的加成率产生负向影响。将加成率 μ 对出口密度 s_x 求偏导数，得到：

$$\frac{\partial \mu_{oex}}{\partial s_x} = \mu_x - \mu_d < 0 \qquad (4-5)$$

即出口密度越大，出口企业面临的竞争程度越高，出口企业加成率越低。

利润最大化条件下，出口企业国内市场和出口市场的销售额分别为：

$$q_d = \frac{L^D}{2\gamma}(c_d - c) \text{ 和 } q_x = \frac{L^F}{2\gamma}\tau(c_x - c) \qquad (4-6)$$

将（4-3）式和（4-6）式带入（4-4）式，得到出口企业平均加成率关于边际成本的表达式为：

$$\mu_{oex} = \frac{L^D(c_d - c)^2 + L^F\tau^2(c_x - c)^2}{2L^D(c_d - c) + 2L^F\tau(c_x - c)} \qquad (4-7)$$

根据（4-7）式，出口企业加成率与边际成本 c 呈 U 形的非线性关系。当边际成本低于 c_x，企业由内销市场进入出口市场，加成率随着边际成本的下降（生产率的上升）先下降后上升，存在一个使出口企业加成率由下降转为上升的生产率门槛值。以 Melitz（2003）为代表的新新贸易理论指出企业进入出口市场需要支付一定的固定成本，只有生产率较高的企业才能在支付这一固定成本后进入出口市场，因此出口企业具有相对高的生产率，由式（4-3）可知，这会导致出口市场更高的加成率，MO 模型称之为生产率"选择效应"。同时，根据前文假设，企业在出口市场面临比国内市场更剧烈的市场竞争，企业在出口市场的加成率低于内销市场；根据（4-5）式，随着出口密度增大，所遭受的竞争强度越大，出口企业加成率越低，MO 模型称之为"竞争效应"。出口企业在两个市场的加权平均加成率的大小由"选择效应"和"竞争效应"共同决定。当"竞争效应"大于"选择效应"时，出口企业加成率会下降，对应 U 形曲线的下降阶段，当"选择效应"大于"竞争效应"时，出口企业加成率上升，对应 U 形曲线的上升阶段。即有研究假说 1。

研究假说 1：在"选择效应"和"竞争效应"的复合作用下，存在生产率门槛，使企业出口行为对于加成率具有 U 形非线性影响作用：低于生产率门槛值时，企业出口降低了加成率；而高于该门槛值时，企业出口提升了加成率。

黄先海等（2016a）引入企业最优产品质量选择，指出出口企业同时面临"质量升级效应"和"竞争加剧效应"，当出口企业生产率较低时，"竞争加剧效应"大于"质量升级效应"，企业出口降低加成率，而当出口企业生产率较高时，"质量升级效应"大于"竞争加剧效应"，企业出口提升加成率，因此出口企业加成率与生产率呈现 U 形关系，与以上结论一致。

二　进口行为与加成率

假设不存在出口，利润最大化条件下，企业均衡进口份额为

$$z^{*}(c) = \frac{L^{D}(c_{d} - c)}{4\theta - L^{D}\gamma} \qquad (4-8)$$

其中，θ 为进口成本系数。且假设 $4\theta > (L^{D} + L^{F})\gamma > L^{D}\gamma$，均衡条件下，进口企业加成率与边际成本的函数表达式为：

$$\mu_{oim}(c) = \frac{1}{2}(c_{d} - c) + \frac{\gamma L^{D}(c_{d} - c)}{8\theta - 2L^{D}\gamma} \qquad (4-9)$$

由于 $c_{d} > c$，$4\theta > L^{D}\gamma$，式（4-9）右边的第二项大于 0，而式（4-9）右边的第一项正是非贸易企业的加成率，由此可知，进口企业加成率要高于非贸易企业，也就是说，进口行为有利于提高企业加成率。进一步，根据式（4-9），得到进口企业加成率关于边际成本的函数曲线的斜率的绝对值为 $\frac{1}{2} + \frac{\gamma L^{D}}{8\theta - 2L^{D}}$，也大于企业进入国际市场之前的斜率，表明进口企业加成率与生产率呈正向线性关系，进口行为不但提高企业的加成率水平值，还提高了生产率影响加成率的边际效应。因此有研究假说 2。

研究假说 2：进口企业加成率与生产率呈线性正向关系，进口行为不仅直接提高了企业加成率，而且有利于提高生产率影响企业加成率的边际效应。

20 世纪 90 年代以来，发展中国家逐步开放市场，降低进口关税，促进

进口贸易的迅速发展。学者对进口关税削减产生的贸易自由化效应进行了大量研究，一方面，最终品进口关税下降引致剧烈的进口竞争效应，加剧市场竞争，迫使企业降低企业加成率（Edmond 等，2015；钱学锋等，2016）；另一方面，中间投入品进口关税下降则会降低企业进口成本，提升企业生产率，进而提高企业加成率（Amiti 和 Konings，2007；Goldberg 等，2010；Fan 等，2017）。由此可见，产出进口关税和投入品进口关税的改变对企业加成率的影响具有相反的作用，而已有文献并没有结合理论模型较好地解释二者作用的差异，本章根据（4-9）式，结合进口成本系数 θ 和工业品替代弹性系数 γ 这两个重要参数进行解释。这两个参数分别体现了中间投入品关税和最终品关税的影响作用：中间投入品关税下降会降低企业的进口成本，这就直接减少进口成本系数 θ；最终品进口关税下降引致进口竞争，会提高国内工业品替代弹性 γ，由于 γ 负向表征工业品替代弹性，γ 下降。进一步将 $\mu_{im}(c)$ 分别对 θ 和 γ 求偏导数，考察进口成本系数 θ 和工业品替代弹性系数 γ 与企业加成率之间的关系，得到：

$$\frac{\partial \mu_{im}(c)}{\partial \theta} = \frac{-8L^D \gamma (c_d - c)}{(8\theta - 2L^D \gamma)^2} < 0 \quad 和 \quad \frac{\partial \mu_{im}(c)}{\partial \gamma} = \frac{L^D (c_d - c)(1 + 2L^D \gamma)}{(8\theta - 2L^D \gamma)^2} > 0$$

$$(4-10)$$

由（4-10）式可知，进口企业加成率与进口成本系数 θ 和工业品替代弹性系数 γ 分别为负向和正向关系。即有研究假说3。

研究假说3：投入品进口关税下降通过降低企业进口成本而提升企业加成率；最终品关税下降则会加剧进口竞争，提升工业品替代弹性，从而降低企业加成率。

三 双向贸易行为与企业加成率

前面分别阐述出口和进口行为与企业加成率之间的关系，这里进一步研究同时从事进口与出口行为企业的加成率。利润最大化条件下，双向贸易企业加成率表示为（4-11）式：

$$\mu_{both}(c) = \frac{4\theta + \gamma(L^D + L^F)}{4\theta - \gamma(L^D + L^F)}\mu_{oex}(c) + \gamma\frac{L^D(c_d - c) + L^F\tau(c_x - c)}{4\theta - \gamma(L^D + L^F)} - \frac{\gamma}{2}\frac{L^D + L^F}{4\theta + \gamma(L^D + L^F)}$$

$$(4-11)$$

与仅出口企业一致，既进口又出口企业加成率与生产率也呈正 U 形关系。结合企业进入进口或者出口市场的先后顺序，研究进口和出口联动效应对加成率的影响。具体对内销—出口—进出口（情形 1）、内销—进口—进出口（情形 2）这两种情形进行分析。对基本参数赋值如下：$c_d = 2$，$c_x = 1.2$，$L^D = 5$，$L^F = 25$，$\gamma = 2$，$\theta = 30$，$\tau = 1.25$，$f^t = 2$，分别作出两种情形下不同贸易状态加成率与边际成本的函数图像，如图 4-1 所示。

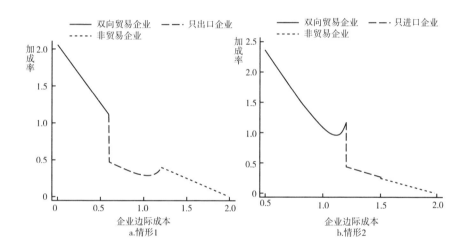

图 4-1　企业加成率与边际成本的函数

图 4-1a 表示情形 1 下企业加成率与边际成本的函数图像，当边际成本低于进入国内市场门槛值 2 和高于进入出口市场的门槛值 1.2 时，企业仅从事国内销售，企业加成率与边际成本（生产率）呈线性负向（正向）关系；当企业边际成本低于进入出口市场的门槛值 1.2 时，进入出口市场，出口企业加成率与边际成本（生产率）呈现 U 形关系：企业进入出口市场后，由于受到出口竞争效应，加成率经历一段下降的过程，随着出口企业生产率的提升，生产率选择效应大于出口竞争效应，出口企业加成率由下降转为上

升。进一步，当边际成本低于进口市场的门槛值后，仅出口企业进入进口市场，进口引致的生产率提升效应使企业加成率呈跳跃式上升，且上升速度加快，由此可见，出口企业在进入进口市场后加成率显著上升。

图 4-1b 表示情形 2 下企业加成率与边际成本的函数图像，当边际成本低于进入国内市场门槛值 2 和高于进入进口市场门槛值 1.5 时，企业仅从事国内销售，企业加成率与生产率呈线性正向关系，当边际成本低于 1.5 时，企业进入进口市场，企业加成率依然与边际成本呈线性负向关系，但是加成率水平有明显上升，且上升速度要快于非贸易企业，这与关于式（4-9）的分析一致。当边际成本低于进入出口市场门槛值后，仅进口企业进入出口市场，由于企业市场规模得到迅速扩大，双向贸易企业平均加成率水平呈跳跃式上升，但是由于受到出口市场剧烈竞争的影响，企业加成率短期内下降，随着生产率水平的进一步提高，生产率选择效应变得大于出口竞争效应，双向贸易企业加成率会上升，且上升速度更快。

研究假说 4：进口行为有利于提升出口企业加成率；出口行为则会在短期内降低进口企业加成率。

四　出口竞争、进口竞争与出口企业生产率门槛

这里进一步研究出口竞争程度对出口企业的生产率门槛值 α^T 的影响。图 4-2a 设置了三个不同的 c_x 值，随着 c_x 减小，出口竞争程度越高，出口企业加成率下降幅度越大，生产率门槛值 α^T 也越大。在实证部分，本章使用出口密度和出口发达市场份额表示企业面临的出口竞争程度，检验出口竞争对出口企业生产率门槛的影响。

研究假说 5：出口竞争越激烈，出口企业加成率的降幅越大，且出口企业加成率由下降转为上升的生产率门槛 α^T 增大。

图 4-2b 为非贸易企业转为进出口企业加成率与边际成本的函数。企业同时进入进口和出口市场后，由于受到出口竞争的影响，企业加成率与生产率呈现 U 形关系，亦即存在一个生产率门槛值使进出口企业加成率由下降转为上升。这里进一步阐述进口竞争对出口企业加成率由降转升的生产率门

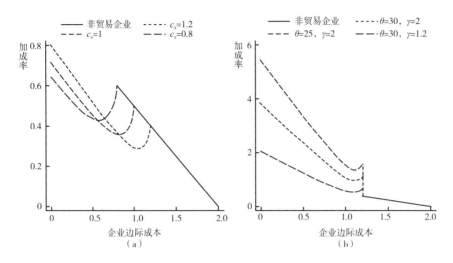

图 4 – 2　竞争与企业加成率

槛的影响。当设置一个更小的进口成本系数 $\theta = 25$ 时，其他参数不变，由图4 – 2b可知，其曲线位于基准曲线上方，拐点出现较早，中间投入品关税下降会通过降低企业成本，降低出口企业生产率门槛值；另外，设置工业品替代弹性系数 $\gamma = 1.2$，该曲线位于基准曲线下方，且拐点在偏左方。最终品进口关税下降，引致进口竞争，提高工业品之间的替代弹性，进而提升出口企业生产率门槛值。

研究假说 6：中间投入品进口关税下降，会降低出口企业加成率由降转升的生产率门槛，而最终品进口关税下降则会提高这一生产率门槛值。

第三节　进口、出口与企业加成率

一　统计描述

表4 – 1列出了不同贸易类型企业的主要经济绩效指标。纯进口企业的人均资本、人均销售额、平均工资均高于其他贸易类型企业，表明纯进口企业绩效水平最高，其次是双向贸易企业；纯出口企业和非贸易企业的在

就业人数、人均销售额、平均工资等方面均低于纯进口企业和双向贸易企业。

将纯出口企业与非贸易企业进行比较，人均资本和人均销售额相对较低，但是出口企业（包含进口）的各项指标均明显高于非贸易企业，这一定程度上表明含有进口的出口企业具有较高的绩效水平。此外，纯进口、进口（含有出口）和双向贸易企业的主要绩效指标均大于非贸易企业。比较纯进口企业和进口企业，进口企业的就业人数大于纯进口企业，但是其他三类绩效指标均低于纯进口企业，这表明出口一定程度上会降低进口企业的绩效水平。

双向贸易企业的进口强度和出口密度分别为5.17%和17.9%，与纯进口企业和纯出口企业相应的贸易强度相近；出口企业进口强度为1.38%，远高于全部企业样本的进口强度，进口企业的出口密度为11.6%，也明显大于全部企业样本的出口密度，这些均表明出口和进口具有互补性，出口企业更可能进入进口市场，而进口企业更可能从事出口。

表4-1 不同贸易类型企业绩效指标统计

指标	非贸易	纯出口	纯进口	双向贸易	出口	进口	全部
就业人数（人）	366.3	435.2	533.8	740.0	516.5	667.8	381.9
人均资本（千元/人）	106.8	94.25	283.1	179.1	116.9	215.5	110.0
人均销售额（千元/人）	291.5	284.1	612.5	431.3	323.4	494.8	298.5
平均工资（千元/人）	11.63	12.81	20.61	18.65	14.37	19.34	11.99
进口强度（%）	—	—	9.55	5.17	1.38	6.70	0.246
出口密度（%）	—	19.9	—	17.9	19.4	11.6	1.73
样本数量（个）	107399	7837	1539	2855	10692	4394	119630

经济绩效水平高的企业往往具有较高的市场定价能力，纯进口企业和双向贸易企业的加成率是否会高于非贸易企业，而纯出口企业加成率是否会低于非贸易企业？图4-3a绘制了四类不同贸易状态企业加成率的核密度图。纯进口企业加成率核密度曲线在最右侧，表明纯进口企业平均加成率水平最高；纯出口企业加成率核密度曲线在最左测，反映纯出口企业平均加成率水

平最低；双向贸易企业和非贸易企业核密度曲线位于中间位置，平均加成率低于纯进口企业，但是高于纯出口企业。纯进口企业具有最高的绩效水平和加成率，进口行为有利于提升企业加成率；纯出口企业加成率最低，且低于非贸易企业，反映目前中国企业出口行为处于抑制加成率的阶段。

纯出口企业相对于非贸易企业具有更低的加成率这一事实与新新贸易理论以及国内外已有的一些实证研究不甚相符（Melitz 和 Ottaviano，2008；De Loecker 和 Warzynski，2012）。MO 模型指出生产率是影响加成率的一个重要因素，二者具有正向关系。我国纯出口企业具有较低的加成率是不是因为这些企业具有相对较低的生产率所导致的？图 4 - 3b 中给出了四类不同贸易状态企业的生产率核密度，结果发现纯进口企业、双向贸易企业和纯出口企业的生产率均明显大于非贸易企业，也就是说纯出口企业的加成率低于非贸易企业并不是因为其具有较低的生产率。

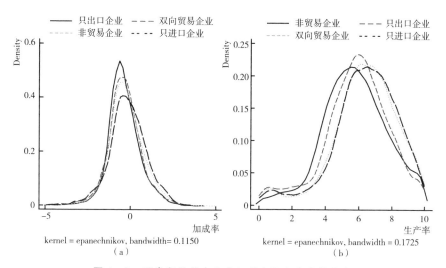

图 4 - 3　四类贸易状态企业加成率和生产率核密度

进一步根据前文理论分析，出口竞争会在一定程度上降低企业加成率；MO 模型也预测行业平均加成率会受到市场竞争的影响，国际市场相对于国内市场竞争更加激烈，出口企业往往会降低产品价格以保持市场竞争力。中国作为发展中国家，出口企业生产率虽然高于非贸易企业，但是其生产率水

平依然相对较低，出口竞争力不强（李春顶，2010）；而我国出口企业进入
国际市场主要以出口低质量产品为主（施炳展等，2013），面临激烈的国际
竞争压力，不得不采取低价策略，这对加成率产生抑制作用。图 4 - 4 绘出
了企业加成率与出口竞争的线性拟合情况，从中可以看出，企业加成率与出
口密度和出口发达市场份额均呈负向关系。图 4 - 4 还分别给出了加成率与
最终品进口关税和中间投入品进口关税的线性拟合情况，最终品进口关税削
减导致进口竞争效应，降低企业加成率；而中间投入品进口关税下降，降低
企业的边际成本，提升企业加成率。

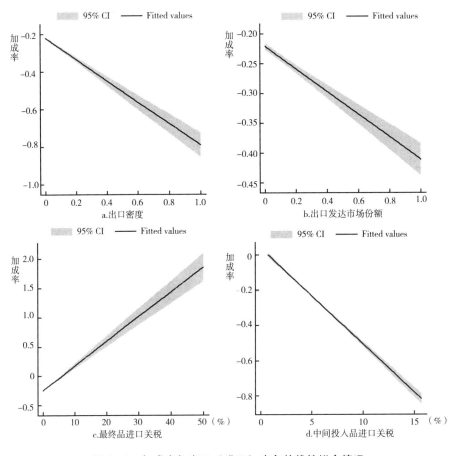

图 4 - 4 加成率与出口（进口）竞争的线性拟合情况

二　实证分析

基于本章第二节的理论模型和借鉴 Hornok 和 Murakozy（2015）、Kurz 和 Senses（2016）的研究，构建估计进出口行为、生产率影响企业加成率的基准计量模型如下。

$$\ln mkp_{it} = \alpha_0 + \alpha_1 exp_{it} + \alpha_2 imp_{it} + \alpha_3 L.\ln tfp_{it} + \gamma^x X_{it} + \delta_{kt} + \varepsilon_{it} \qquad (4-12)$$

其中，$\ln mkp_{it}$ 是企业 i 在 t 时期的加成率的对数；变量 exp（imp）分别表示企业出口（进口）的虚拟变量：取值为 1 时分别表示出口（进口）企业，否则为 0；系数 α_1 表示出口与非出口企业平均加成率差异，系数 α_2 表示进口与非进口企业平均加成率差距；考虑到企业生产率对于企业加成率的重要影响及其滞后效应，以及避免当期生产率和加成率之间的内生性问题，这里解释变量中纳入企业生产率对数项的一阶滞后项 $L.\ln tfp_{it}$。X_{it} 指影响加成率的控制变量，包括所有制结构、企业规模等变量：企业所有制虚拟变量根据内资和外资企业设定，对于外资企业，foreign 取值为 1，否则为 0；企业规模虚拟变量根据劳动力数量定义（8～300 人、300～2000 人和 2000 人以上[①]）。δ_{kt} 为全部行业—年份虚拟变量，k 表示《国民经济行业分类》（GB/T4754-2002）二位数行业，t 表示年份，以控制行业和年份固定效应，误差项 ε_{it}。

本章首先分别单独引入企业出口和进口虚拟变量，回归结果见表 4-2 列（1）和列（2）。exp 的系数显著为负，imp 的系数显著为正，出口企业有较低的加成率，而进口企业则有较高的加成率。[②] 关于中国出口企业的结论似乎与 De Loecker 和 Warzynski（2012）、Bellone 等（2016）的研究结论相反，但是他们的研究对象均是发达国家，其企业生产率水平已经越过了出口企业加成率由下降转为上升的生产率门槛值，而中国出口企业生产率水平

[①] 划分依据为《统计上大中小型企业划分办法（暂行）》（国统字〔2003〕17 号）。

[②] 这里仅限从事一般贸易的企业，稳健性检验里将分析混合贸易企业和加工贸易企业贸易行为与加成率的关系。

相对较低，可能处于图 4 - 1a 中加成率的下降阶段，且受到出口竞争的影响，因此出口行为对加成率具有抑制作用。① 中国一般贸易进口企业相对于非进口企业具有显著的加成率优势，这与黄先海等（2016b）的研究结论一致，也印证了关于进口有利于提升生产率、规模和创新能力等企业绩效的研究结论（Kasahara 和 Rodrigue，2008；Kugler 和 Verhoogen，2009；Halpern，等，2015）。表 4 - 2 第（3）列同时纳入了虚拟变量 exp 和 imp，列（3）exp系数变为 - 0.0867，且在 1% 的水平下显著，与列（1）比较，当控制企业进口状态后，出口企业低于非出口企业加成率的幅度明显扩大，表明进口有利于提高出口企业的加成率；列（3）imp 系数变为 0.139，在 1% 的水平下显著，与列（2）比较，当控制企业出口状态后，进口企业高于非进口企业加成率的幅度明显增大，反映出口会降低进口企业的加成率，从而验证了假说 4。

进一步在基准模型中考虑企业生产率的一阶滞后变量，回归结果见表 4 - 2 列（4）。一阶滞后生产率变量的回归系数在 1% 的水平上显著为正，前一期生产率水平提升 1%，企业加成率提高 0.12%，生产率与加成率显著正相关，符合 MO 模型结论。在控制企业生产率后，exp 系数由 - 0.0867 变为 - 0.0878，系数绝对值有所变大；而 imp 系数则由 0.139 显著下降为0.0824，也就是说出口行为对加成率的负向效应略微扩大，而进口行为对加成率的正向作用被显著降低。出口虚拟变量的系数变化幅度明显小于进口虚拟变量，表明生产率对出口行为的加成率的边际效应的影响小于对进口行为的影响。可能的原因是出口企业与非出口企业生产率的差异小于进口企业与非进口企业之间的差异，下一节将进一步通过检验进出口选择效应以验证这一推测。此外，在控制生产率后，企业进口虚拟变量的系数大小降低将近一半，但是依然在 5% 的水平上显著为正，这意味着，一方面，进口企业相对于非进口企业具有较高生产率优势，企业进口行为通过生产率效应间接促进企业加成率提升；另一方面，进口有助于企业获得高质量、低成本、多种类的中间投入品（Amiti 和 Konings，2007；Fan 等，2015），进而有利于直接提升企业加成率。

---

① 下文将对出口企业选择效应和面临的国际市场竞争进行实证检验。

本章进一步纳入纯出口企业（oex）、纯进口企业（oim）和双向贸易企业（both）等虚拟变量替代基准模型中的 exp 和 imp 变量，那么各虚拟变量回归系数就表示相应贸易类型企业与非贸易企业的平均加成率差异，回归结果见表 4 - 2 列（5）和（6）。虚拟变量 oex 和 oim 的系数分别为 - 0.0855 和 0.1449，表示纯出口企业比非贸易企业加成率低约 8.19%，而纯进口企业却比非贸易企业加成率高约 15.59%，与列（3）的回归结果非常接近；虚拟变量 both 的系数 0.0493，在 10% 的水平下显著，说明同时从事进口和出口行为的企业相对于非贸易企业存在加成率优势，但是由于受到出口的影响，小于纯进口企业。控制生产率变量后，纯出口企业虚拟变量系数绝对值进一步增大，纯进口企业虚拟变量系数降低一半，但是仍然在 10% 的水平上显著，双向贸易企业虚拟变量系数也大幅下降，且变得不显著，这些均表明较高的生产率是贸易企业具有较高的加成率的一个重要因素。考虑到加成率可能反向影响企业贸易行为决策，导致模型估计的内生性问题，因此，本章进一步选取企业进口和出口虚拟变量的一阶滞后项作为工具变量，采用 IV - GMM 方法做稳健性检验，关键变量系数符号与 POLS 估计结果相同，回归结果是稳健的。[①]

表 4 - 2　进出口行为影响企业加成率估计结果

变量	（1）	（2）	（3）	（4）	（5）	（6）
exp	- 0.0529 ** (0.0246)		- 0.0867 *** (0.0288)	- 0.0878 *** (0.0283)		
imp		0.0901 ** (0.0369)	0.1390 *** (0.0421)	0.0824 ** (0.0364)		
oex					- 0.0855 *** (0.0294)	- 0.0900 *** (0.0298)
oim					0.1449 * (0.0749)	0.0715 * (0.0440)

---

① 限于篇幅，没有报告相关回归结果。

续表

变量	（1）	（2）	（3）	（4）	（5）	（6）
both					0.0493 *	0.0001
					（0.0271）	（0.0306）
L. ln*tfp*				0.1167 ***		0.1167 ***
				（0.0206）		（0.0206）
企业控制变量	是	是	是	是	是	是
行业—年份效应	是	是	是	是	是	是
Observations	119630	119630	119630	102540	119630	102540
R-squared	0.1355	0.1355	0.1360	0.1755	0.1360	0.1755

注：括号内为 2 位数行业聚类标准误，*** p < 0.01，** p < 0.05，* p < 0.1；后表同。

第四节　出口企业加成率与生产率门槛效应

由理论模型可知，在"选择效应"和"竞争效应"的复合作用下，出口企业加成率与生产率呈 U 形关系，存在出口企业加成率由下降转为上升的生产率门槛值 α^T。借鉴黄先海等（2016a）的研究，在基准模型的基础上，引入出口虚拟变量与生产率的交互项 $exp \times tfp$，检验中国企业出口与加成率之间的生产率条件关系，回归结果见表 4－3。

$$\ln mkp_{it} = \lambda_0 + \lambda_1 exp_{it} + \lambda_2 exp \times tfp_{it} + \gamma^x X_{it} + \delta_{kt} + \varepsilon_{it} \qquad (4-13)$$

根据表 4－3，列（1）出口虚拟变量 exp 系数显著为负，而其与生产率变量的交叉项 $exp \times tfp$ 的系数则显著为正，表明出口对于企业加成率的影响作用是随着其生产率的上升而提高：当出口企业生产率较低时，出口行为对加成率起负向作用；而生产率较高时，出口行为对加成率起正向作用。根据列（1）的估计结果，测算得到出口企业生产率门槛值约为 7.92，仅有约 25% 的出口企业达到了该门槛值，[①] 与黄先海等（2016a）的研究结论一致。

---

① 该门槛值由一次项（exp）和交互项（$exp \times tfp$）计算得到。出口企业生产率的四分位数分别是 4.518、6.123、7.913，门槛值 7.92 与 75% 分位数相近，说明约有 25% 的出口企业加成率高于非出口企业。

进一步考虑到进口不仅有利于提升出口企业加成率，而且可能降低出口企业生产率门槛值，因此，在第（1）列中引入 imp 变量，变量 imp 的系数显著为正，而变量 exp 和 exp × tfp 的回归系数的符号及显著性都没有改变，见列（2），出口企业生产率门槛值增加到 9.36，多达 85% 的出口企业生产率低于这一门槛值，中国绝大部分出口企业尚未跨过生产率门槛值。

列（3）报告了纯出口企业生产率门槛估计结果，其生产率门槛值约为9.83，与列（2）的结果相近，这进一步验证了进口行为对出口企业生产率门槛具有显著的影响，因此，只有分离出口企业中的进口作用，才能准确估计出口企业生产率门槛值。

最后检验了双向贸易企业生产率门槛效应，见列（4），估计系数不显著，门槛效应较弱，且计算得到的生产率门槛值为 4.81，中国 80% 以上的双向贸易企业的生产率高于这一门槛值，表明对于大部分企业而言，双向贸易行为对加成率产生正向作用，与表 4 - 2 的估计结果一致。

考虑到企业进出口决策以及企业当期生产率与企业加成率存在反向因果关系，从而产生内生性，本章以各自变量的一阶滞后项为工具变量，采用 IV - GMM 方法对列（1）~ （4）进行检验，关键变量系数符号与 OLS 估计结果一致。[①]

表 4 - 3　出口企业生产率门槛检验结果

变量	（1）	（2）	（3）	（4）
exp	- 0. 1917 *	- 0. 2135 *		
	(0. 1121)	(0. 1111)		
imp		0. 1234 ***		
		(0. 0431)		
exp × tfp	0. 0242 *	0. 0228		
	(0. 0140)	(0. 0139)		
oex			- 0. 1975 *	
			(0. 0994)	

———————

① 限于篇幅，没有报告相关回归结果。

续表

变量	（1）	（2）	（3）	（4）
oex × tfp			0.0201	
			(0.0123)	
both				−0.1351
				(0.1475)
both × tfp				0.0281
				(0.0187)
企业控制变量	是	是	是	是
行业—年份效应	是	是	是	是
Observations	119630	119630	119630	119630
R-squared	0.1364	0.1368	0.1362	0.1356
生产率门槛值	7.92	9.36	9.83	4.81

第五节 进口自由化和出口竞争对出口企业 生产率门槛的影响研究

一 进口自由化、出口竞争与企业加成率

研究假说 1 指出出口竞争会降低企业加成率；而研究假说 3 表明投入品进口关税下降通过降低企业进口成本而提升企业加成率；最终品关税下降则会加剧进口竞争，从而降低企业加成率。借鉴钱学锋等（2016）的研究，建立进口自由化和出口竞争影响企业加成率的计量模型，检验假说 1 和假说 3。

$$\ln mkp_{it} = \varphi_0 + \varphi_1 Com_{it} + \gamma^x X_{it} + \delta_{kt} + \varepsilon_{it} \qquad (4-14)$$

其中，*Com* 代表进口自由化和出口竞争的变量。根据前文变量度量，出口竞争采用出口密度和出口发达市场份额表示，进口自由化中的进口竞争效应由最终品进口关税、最终消费品进口强度表示，进口自由化中的成本削减效应则由中间投入品进口关税、中间投入品进口强度表示，此外还使用总体的进口强度表示进口自由化。回归结果见表 4 − 4。

列（1）中出口密度变量的回归系数为 −0.4277，在 1% 水平上显著，亦即企业出口密度每增加 1 个百分点，企业加成率下降约 0.43%。出口密度越大，亦即企业在出口市场的销售份额越多，其对出口市场的依赖程度越高，所面临的出口竞争程度越剧烈，与前文的模型研究假说以及 MO 模型假说一致，也在一定程度上解释了中国出口企业加成率低于非出口企业。

列（2）出口发达市场份额变量的系数为 −0.0822，也在 1% 的水平上显著，反映企业出口发达市场份额上升 1 个百分点，加成率将下降 0.08%。中国企业出口目的地主要为发达市场，样本期间，出口目的地为发达市场的平均份额高达 62%，这一比重超出 50% 的企业高于 80%，这一特点使其面临更为突出的市场竞争，对企业加成率造成显著的抑制作用。

列（3）和列（4）分别报告了最终品关税和中间投入品关税对加成率的影响效应。最终品关税下降 1 个百分点，企业加成率将下降约 8.98%，这是因为最终品进口关税削减导致国内企业面临来自国外同类产品的竞争加剧，其不得不采用降低价格的方式维持竞争地位，削弱了企业在国内市场的势力。这与进口竞争提高社会福利的结论一致（Brander 和 Krugman，1983；Feenstra，2010）。

中间投入品关税系数显著为负，亦即中间投入品关税下降 1 个百分点，企业加成率将上升 7.97%，这是因为中间投入品进口关税削减会降低国内企业的进口成本，有利于国内企业进口高质量的中间品（Amiti 和 Konings，2007），以及选择多样化的中间品（Goldberg 等，2010），从而提高了国内企业加成率，验证了假说 3。

列（5）进口强度（或者称为进口渗透率）系数在 1% 的水平上显著为负，说明贸易开放提高进口渗透率，加剧国内企业竞争，降低企业加成率，这与已有研究结论是一致的（Tybout，2003；Chen 等，2009；钱学锋等，2016）。中间品进口强度系数显著为正，企业进口的中间投入品占企业全部投入品的份额上升 1 个百分点，企业加成率将上升 0.56%；最终消费品进口强度系数显著为负，消费品进口份额增加，会增加国内同类产品的竞争，降低企业加成率。

表 4 - 4 进口自由化和出口竞争对加成率的影响效应

变量	出口密度	出口发达市场份额	最终品关税	中间投入品关税	进口强度	中间投入品进口强度	最终消费品进口强度
	（1）	（2）	（3）	（4）	（5）	（6）	（7）
Com	-0.4277***	-0.0822***	0.0898***	-0.0797***	-0.0296***	0.5633***	-3.0364*
	(0.0849)	(0.0281)	(0.0162)	(0.0023)	(0.0047)	(0.1485)	(1.5798)
企业控制变量	是	是	是	是	是	是	是
行业一年份效应	是	是	是	是	是	是	是
Observations	119630	119630	119630	119630	119630	119630	119630
R-squared	0.1366	0.1356	0.1452	0.1353	0.1361	0.1356	0.1354

二 进口自由化和出口竞争影响出口企业生产率门槛的实证检验

根据第二节的理论模型，进出口竞争不仅直接影响企业加成率，而且影响出口企业的生产率门槛。参考樊海潮等（2015）关于信贷约束影响生产率门槛效应的研究，建立估计进出口竞争影响出口企业生产率门槛的计量模型如下。

$$\ln mkp_{it} = \omega_0 + \omega_1 exp \times D_{com\_25th} + \omega_2 exp \times D_{com\_75th} + \omega_3 exp \times tfp_{it} + \gamma^x X_{it} + \delta_{kt} + \varepsilon_{it}$$

$$(4 - 15)$$

D_{com_25th} 和 D_{com_75th} 是虚拟变量，当企业属于各个竞争变量最小的 25% 分位内时，D_{com_25th} 取 1；否则取 0；当企业属于各个竞争变量最大的 25% 分位内时，D_{com_75th} 取 1；否则取 0。设置进出口竞争变量下 25% 分位和上 25% 分位虚拟变量与出口虚拟变量的交互项，比较二者的系数符号和大小能够反映竞争对生产率门槛的影响，估计结果见表 4 - 5。

由表 4 - 5 的列（1）可知，$exp \times D_{com\_25th}$ 系数显著为正，而 $exp \times D_{com\_75th}$ 的系数则显著为负，$exp \times tfp$ 系数显著为正。因此，低出口密度（位于 25% 分位以下）的出口企业不存在生产率门槛值，而高出口密度（位于 75% 分位以上）的出口企业存在显著为正的生产率门槛值，反映出口密度越大，出口企业生产率门槛值越大，出口竞争提高了出口企业生产率门槛值。列（2）给出了出口发达市场份额作为出口竞争变量的回归结果，$exp \times D_{com\_25th}$ 系数不显著为负，$exp \times D_{com\_75th}$ 系数则显著为负，且后者绝对值大于前者，具有高出口发达市场份额的出口企业生产率门槛要高于低出口发达市场份额的出口企业，进一步验证了研究假说 5。

列（3）给出了最终品关税影响出口企业生产率门槛的回归结果，$exp \times D_{com\_25th}$ 系数显著为负，而 $exp \times D_{com\_75th}$ 系数则显著为正，表明面临较低最终品关税的出口企业具有较高的生产率门槛值，由于最终品关税反向表征进口竞争，最终品关税水平下降，进口竞争上升，影响出口企业加成率变化的生产率门槛值上升。

列（4）是中间投入品关税影响出口企业生产率门槛的检验结果，$exp \times D_{com\_25th}$ 系数不显著为负，$exp \times D_{Com\_75th}$ 系数显著为负，且后者绝对值大于前者，面临较高中间投入品进口关税的企业具有更高的生产率门槛值，表明中间投入品进口关税越低，企业进口投入品成本下降，加快出口行为对加成率产生正向作用。验证了假说 6。

表 4-5 进一步给出了以进口强度来衡量进口竞争影响出口企业生产率门槛的回归结果。列（5）和（7）中 $exp \times D_{com\_25th}$ 系数为正，而 $exp \times D_{com\_75th}$ 系数为负，表明总体进口强度和消费品进口强度越高，引致更高的竞争效应，出口企业生产率门槛提高；列（6）$exp \times D_{com\_25th}$ 系数为负，而 $exp \times D_{com\_75th}$ 的系数则为正，反映中间投入品进口强度越低，出口企业生产率门槛越高。

表 4-5　进出口市场竞争对生产率门槛的影响

变量	出口密度	出口发达市场份额	最终品关税	中间投入品关税	进口强度	中间投入品进口强度	最终消费品进口强度
	（1）	（2）	（3）	（4）	（5）	（6）	（7）
$exp \times D_{com\_25th}$	0.1081***	−0.0755	−0.3978***	−0.0171	0.0745*	−0.0956***	0.2123***
	(0.0367)	(0.0514)	(0.1126)	(0.0761)	(0.0386)	(0.0241)	(0.0760)
$exp \times D_{com\_75th}$	−0.2558***	−0.1538***	0.1864***	−0.1018***	−0.0286	0.0566	−0.0518
	(0.0551)	(0.0387)	(0.0372)	(0.0354)	(0.0604)	(0.0643)	(0.0419)

续表

变量	出口密度	出口市场发达份额	最终品关税	中间投入品关税	进口强度	中间投入品进口强度	最终消费品进口强度
	（1）	（2）	（3）	（4）	（5）	（6）	（7）
$exp \times tfp$	0.0066**	0.0107***	0.0011	0.0065*	0.0036	0.0029	0.0026
	（0.0030）	（0.0034）	（0.0041）	（0.0035）	（0.0027）	（0.0026）	（0.0027）
企业控制变量	是	是	是	是	是	是	是
行业—年份效应	是	是	是	是	是	是	是
Observations	119630	119630	119630	119630	119630	119630	119630
R-squared	0.1369	0.1358	0.1378	0.1355	0.1354	0.1354	0.1355

第六节　进出口行为影响企业加成率的动态效应

前文从静态视角比较贸易企业与非贸易企业加成率差异，本节进一步从动态视角研究企业加成率在企业进入国际贸易市场前后如何随时间动态变化。借鉴 Hornok 和 Murakozy（2015）的研究，主要从两个层面展开。

首先，剔除样本期间一直从事贸易行为的企业，比较样本期间开始出口或进口企业与样本期间从未进入国际贸易市场的企业加成率的差异。根据 Hornok 和 Murakozy（2015）的研究，可以通过在模型（4 - 12）中剔除行业—年份固定效应而考虑企业固定效应（FE）和年份固定效应来进行实证估计，从而能够从企业加成率的动态变化中识别贸易行为的影响效应，估计结果见表 4 - 6。列（1）中 exp 系数为负但不显著，表明企业进入出口市场后，加成率没有显著变化；imp 系数则在 5% 的水平上显著为正，企业进入进口市场后，加成率上升约 3.8%。列（2）进一步引入出口密度（exp_intensity）和进口强度（imp_intensity）变量，这两个变量的回归系数均显著为负，表明出口竞争和进口竞争均对企业加成率产生显著的抑制作用；同时也发现在控制进出口竞争后，exp 系数变得显著为正，企业进入出口市场后，加成率上升约 2.8%，但是随着出口密度的上升，企业加成率呈下降趋势；imp 系数依然显著为正，且有所增大（0.049），控制竞争效应后，企业进入进口市场的加成率优势更加明显。

此外，考虑到企业进入进口市场，不仅引致进口竞争效应，而且企业能够从种类丰富、价格优惠的进口市场获取成本效应。因此，本章采用中间品进口强度（$inter\_imp\_intensity$）替换进口强度（$imp\_intensity$），回归结果见列（3）。其他变量符号和显著性水平基本不变，$inter\_imp\_intensity$ 的系数依然为正，但不显著，反映了中间品进口的成本效应一定程度上抵消了进口竞争效应，使中间品进口对加成率产生正向的作用。与列（2）$imp\_intensity$ 回归系数符号相反，这是因为企业中间品进口强度越高，企业能够获取的生产投入种类越多、成本效应越大，越有利于提升企业加成率。

表 4 - 6 中列（4）～（6）进一步给出了同时剔除一直贸易和退出贸易的企业样本后的估计结果，相关结论基本一致。

表 4 - 6　企业贸易行为影响加成率的效应检验：企业内估计结果

变量	剔除一直贸易的企业			剔除一直贸易和退出贸易的企业		
	（1）	（2）	（3）	（4）	（5）	（6）
exp	- 0.0170	0.0280 **	0.0253 *	- 0.0296 *	0.0312 *	0.0295
	（0.0114）	（0.0131）	（0.0131）	（0.0155）	（0.0181）	（0.0181）
$exp\_intensity$		- 0.2745 ***	- 0.2685 ***		- 0.3481 ***	- 0.3367 ***
		（0.0419）	（0.0420）		（0.0535）	（0.0535）
imp	0.0378 **	0.0490 ***	0.0328 *	0.0392 *	0.0725 ***	0.0248
	（0.0164）	（0.0164）	（0.0172）	（0.0238）	（0.0242）	（0.0249）
$imp\_intensity$		- 0.0234 ***			- 0.1603 ***	
		（0.0022）			（0.0228）	
$inter\_imp\_intensity$			0.1655			0.4466 **
			（0.1118）			（0.1778）
企业控制变量	是	是	是	是	是	是
年份固定效应	是	是	是	是	是	是
企业个体效应	是	是	是	是	是	是
Observations	117215	117215	117215	105672	105672	105672
R-squared	0.0058	0.0073	0.0062	0.0062	0.0072	0.0067

其次，本章进一步研究在企业进入出口或进口市场前后其加成率随时间变化的动态演变趋势。类似于 Hornok 和 Murakozy（2015）的研究，定义距离企业开始出口或者进口的年份变量为 s，替换计量模型（4 - 12）中的出口企

业和进口企业虚拟变量，并与表4－6一致，采用固定效应方法进行估计。鉴于样本期为7年，选择离企业开始贸易最远的年份为3年，并定义企业开始进入国际贸易市场的年份为参照年份，设定 s 等于0，因此，引入计量方程的事件年份虚拟变量为 $s \in$ （－3，－2，－1，1，2，3）。例如， $s = -2$ 表示企业开始进口或者出口前两年。最后，为避免事件年份重叠，剔除样本期间退出贸易的企业。

将企业距离开始出口和进口的年份变量的回归系数及其95%置信区间做成折线图（见图4－5）。开始进入国际贸易市场年份 $s = 0$，作为基准虚拟变量，其系数为0。企业进入出口市场前3年（ $s = -3$，－2，－1）的加成率要高于开始出口第一年（ $s = 0$）的加成率，企业开始出口后，受到出口竞争的影响，加成率降低。随着企业出口时间的持续，出口密度上升，所受到的出口竞争程度更高，表现为企业进入出口市场的第二年（ $s = 1$）加成率进一步明显下降，这与 Martín 和 Rodríguez（2010）的研究结论是一致的。在企业进入出口市场第三年后（ $s \geqslant 2$），加成率没有明显下降，而是在低位保持稳定，一方面是因为企业面临的市场竞争没有进一步增大，另一方面，出口企业生产率提升会抑制加成率进一步下降。

图4－5b 则给出了企业进入进口市场前后的加成率动态演变情况。企业

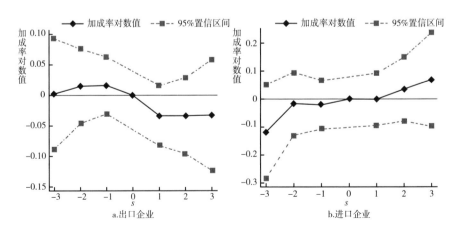

图4－5　企业进入进口或出口市场前后加成率动态变化趋势

进入进口市场前 3 年的加成率均低于开始进口第一年（$s=0$）的加成率，且进口前 3 年加成率呈逐步上升的趋势，进入进口市场第二年（$s=1$）企业加成率变化不明显，但是随着企业进口时间的持续，进口企业加成率呈显著上升趋势，这在很大程度上是由企业从进口市场获取的成本效应所导致的，与表 4 - 2 中中间品进口强度有利于提升企业加成率的回归结果是一致的。

第七节　结论与启示

本章借鉴 Melitz 和 Ottaviano（2008）和 Hornok 和 Murakozy（2015）的研究，将进出口行为与加成率置于同一分析框架，从生产率和贸易竞争的视角，结合进口和出口的联动效应，研究进口和出口企业加成率的决定机制，并采用 2000～2006 年中国工业企业数据库和中国海关数据库的匹配平衡面板数据进行实证检验。研究表明，①出口企业受到选择效应和竞争效应的双重影响，当前中国出口企业选择效应不明显，但竞争效应显著，导致中国出口企业加成率低于非出口企业，但是随着出口企业跨过生产率门槛值后，出口行为对加成率起正向作用，出口企业生产率门槛约为 7.92，目前仅有约 25% 的企业高于这一水平。②进口企业受到生产率选择效应、进口种类和成本效应的共同影响，具有显著的加成率优势；进口有利于提高出口企业加成率和降低出口企业加成率由下降转为上升的生产率门槛值，但是出口在短期内会降低进口企业加成率；以出口密度和出口发达市场份额表示的出口竞争不仅显著抑制企业加成率，且提高出口企业的生产率门槛值，以最终品进口关税和投入品进口关税表示的进口竞争分别通过竞争效应和成本效应，对企业加成率和出口企业生产率门槛值产生相反的作用，前者提高出口企业生产率门槛值，后者则会降低出口企业生产率门槛值。

本章的研究结论对于提升我国进出口企业加成率，培育对外贸易竞争新优势具有重要的政策启示。第一，充分发挥进口对于企业加成率的促进作用，鼓励企业扩大进口，特别是先进技术设备、关键零部件和资源性产品进口，优化进口结构，进口尤其是投入品进口能够通过生产率提升和质量升级效应提高出口企业加成率；进一步推动中间投入贸易自由化，削减投入品进口关税，这不仅有利于提高出口企业效率和加成率，而且有利于降低出口企业生产率门槛，促使出口企业更早地实现加成率的转降为升。第二，目前由于中国出口企业生产率相对较低，且面临剧烈的出口市场竞争，因此在国际市场上不得不索取较低的加成率以获取市场竞争优势，但中国出口企业加成率低于非出口企业是阶段性的，而非永久性的。可以从减小出口竞争和提高自身生产率两个方面来提升出口企业加成率。具体而言，降低出口密度，避免对出口市场过度依赖，实施出口市场多元化战略，适当将出口目的地从发达市场向发展中国家市场转移；鼓励企业加大研发投入，促进自主创新能力，不断提高生产率水平，这是出口企业能够索取较高加成率和获得较高利润的根本途径。第三，重点培育内资企业，提高我国本土企业核心竞争能力。现阶段内资企业生产率较低，导致出口行为对加成率的负向作用较大，因此，应着力做大做强内资企业，培育核心技术和竞争能力，提高本土企业生产率，进而提升中国出口整体竞争力。第四，着力发展一般贸易企业，促进加工贸易企业转型升级。目前，中国加工贸易企业主要从事产业链低端的加工组装环节，生产率水平低、产品附加值低，导致出口加成率低，而且加工贸易出口企业加成率由降转升的生产率门槛要远高于一般贸易企业。因此，需要扩大一般贸易规模，做强一般贸易企业，进一步提升一般贸易出口产品的质量和附加值；同时促进原有加工贸易企业实现从 OEM、ODM 到 OBM 的转型升级，不断向附加值更高的产业链高端攀升。

第五章
中国多产品企业出口二元边际的
多维测算与分析[*]

第一节 引言

多产品（市场）企业对出口产品和出口市场的选择可反映企业内的资源配置，是区别于企业间资源配置的另一个国际贸易福利效应渠道，已成为国际贸易领域的重点研究问题（Nocke 和 Yeaple，2006；Helpman，2006；Feenstra 和 Ma，2007；Eckel 和 Neary，2010；Arkolakis 和 Muendler，2010；Bernard 等，2011；Mayer 等，2014；Eckel 等，2015）。本章基于 2000 ~ 2013 年中国企业—产品—市场层面高度细化的微观出口数据，从市场进入和退出视角，研究中国在企业—产品—市场三个维度的出口特征，揭示中国出口企业的产品—市场选择策略。此外，本章样本期覆盖 2001 年加入 WTO、2008 年金融危机、2008 ~ 2010 年国家应对金融危机的一揽子计划等重大事件，以其作为研究背景，系统分析中国出口企业在面临正向和负向外部冲击和国家政策刺激时，出口企业如何调整产品—市场选择策略，为推动

---

[*] 本章是本书作者钟腾龙、祝树金与段凡合作的成果，最初发表在《经济学动态》2018年第5期，有删改。

我国出口贸易的持续发展提供经验借鉴。

借鉴 Wang（2015）的研究，本章根据企业的进入和退出状态，将全部企业划分为持续企业、准退出企业、成功进入企业、一次进入企业、探索进入企业和转换企业①，并在持续企业内部，将企业出口产品和出口市场依据相同的标准，划分为六类，分别为持续产品（市场）、准退出产品（市场）、成功进入产品（市场）、一次进入产品（市场）、探索进入产品（市场）、转换产品（市场）。计算各类型出口企业、产品和市场的增长率，来自持续企业（产品、市场）的增长率表示出口的集约边际，其他 5 类的净增长率则反映了出口的扩展边际，比较各个类型在出口增长中的贡献率；基于行业要素密集度、企业所有制类型、产品差异化程度和市场收入水平，比较加入WTO、金融危机后和国家经济刺激政策影响下，不同行业、企业、产品和市场之间出口增长集约边际和扩展边际的异质性。

本章的研究立足于当前国际贸易学领域的两支重要文献，其一，多产品（市场）企业产品—市场调节行为的相关文献。例如，Bernard 等（2010）以 1987～1997 年美国出口企业为对象，研究发现 44% 的出口企业具有增加或舍弃产品的产品转换行为。Iacovone 和 Javorcik（2010）也发现 1995～2003 年墨西哥将近一半的出口企业新增或者舍弃产品。Eaton 等（2008）利用法国制造企业在 113 个目的地的出口数据，发现企业之间出口目的地数量存在显著差异，且企业生产率差异是其主要形成原因。Wang（2015）基于中国 2000～2006 年企业微观出口数据，发现中国 75% 以上的企业将产品出口到至少 2 个目的地市场，且存在出口额显著高于其他市场的核心市场。部分文献研究了外部冲击对多产品企业产品—市场调节行为的影响效应。Eckel 和 Neary（2010）首次提出核心产品理论，当面对外部负向冲击时，企业会选择增加核心产品的生产和出口，减少或者放弃外围产品的生产和出口。Mayer 等（2014）构建了多产品企业的垄断竞争模型，研究出口市场竞争对多产品企业出口产品组合的影响，并预测企业在竞争更加激烈的

---

① 每个类型企业的具体定义见本章第二节。

市场中偏向于出口具有核心竞争优势的产品。祝树金等（2018）研究发现中间品贸易自由化对多产品企业内核心和非核心产品加成率具有差异化影响效应。

其二，企业出口二元边际研究相关文献。国内外大量文献采用不同方法测算出口二元边际，并分析集约边际和扩展边际对出口增长的贡献。例如国外学者对美国（Bernard 等，2009）、西班牙（De Lucio 等，2011；Amador 和 Opromolla，2013）、新西兰（Fabling 等，2012）等国的出口二元边际进行了测算和分析。现有对中国出口二元边际的研究主要集中于从国家层面考察出口产品和市场的变化。例如，Amiti 和 Freund（2010）最先采用中国的 HS 8 位码出口产品数据，对 1997～2005 年中国对全球及美国的出口贸易进行二元边际分解，结果发现集约边际对中国出口增长的贡献高于 70%；李坤望（2008）采用 1995～2004 年中国总体出口的 HS 6 位码产品贸易数据，测算发现集约边际贡献度为 77%；钱学锋和熊平（2010）使用相同的数据，研究发现集约边际贡献率高达 94%。目前基于微观企业层面从产品和市场维度研究出口二元边际的文献尚不多见，特别是相关文献的研究区间主要在金融危机之前。钱学锋（2008）基于 2003～2006 年中国出口企业数据，将出口总量增长分解为集约边际和扩展边际，发现中国的出口扩张主要源自集约边际；陈勇兵等（2012）利用中国海关数据库 2000～2005 年的企业出口数据，发现持续存在的出口企业是中国出口增长的主要来源，但是产品维度的扩展边际波动幅度高于集约边际；Wang（2015）基于中国一般贸易出口企业，研究了 2000～2006 年企业内产品、市场和产品—市场组合的出口二元边际。盛斌和吕越（2014）基于国家层面 HS - 6 位产品研究了中国出口增长二元边际对 2008 年金融危机的反应，陈波和荆然（2013）基于企业数据研究了金融危机与出口增长二元边际的关系，但其并未重点关注中国长期内出口增长二元边际的变化。

相比已有文献，本章的主要贡献如下。

第一，本章使用高度细化的微观企业—产品—市场层面的出口数据，从分析多产品（市场）企业在出口中占据统治地位的事实出发，测算企业层面出口二元边际，并进一步测算持续企业产品维度、持续企业—持续产品市场维度、持续企业—成功进入产品市场维度，持续企业市场维度、持续企业—持续市场产品维度、持续企业—成功进入市场产品维度的出口二元边际，全面深入地分析多产品（市场）企业的产品和市场的动态调整行为，揭示多产品（市场）企业的出口产品—市场选择策略。

第二，本章拓展了企业、产品和市场出口增长扩展边际的分类：准退出、成功进入、一次进入（进入失败）、探索进入和转换进入，厘清每个具体类别对扩展边际的贡献份额，从而可以更细致地分析企业、产品和市场的进入和退出对出口增长的影响渠道。

第三，本章研究样本期为2000~2013年，将2008年金融危机的影响纳入出口增长二元边际的分析中来，从而能够研究中国出口企业在面临严重的负向外部冲击时采取怎样的产品—市场调节策略。本章的研究对象为从事一般贸易的直接出口企业，能直接反映多产品生产企业的生产决策和企业内资源配置。

第四，本章率先考察正向外部冲击、负向外部冲击和国家政策刺激对不同行业、企业、产品和市场出口二元边际的异质性影响。具体地，结合加入WTO后2002年出口正增长，金融危机后2009年出口负增长，国家经济政策刺激下2010年出口正增长的现实，探究不同要素密集度行业、不同所有制类型企业、不同差异化程度的产品和不同收入水平市场二元边际增长对外部冲击的差异化反应，是对已有文献在整体层面研究行业、企业、产品和市场出口二元边际的一个有益扩展和补充。

第二节　基于企业—产品—市场多层面的出口二元边际分解方法

借鉴并改进Wang（2015）的方法，根据企业、产品在市场的进入、退出动态，本章分别将企业、产品和市场划分为6个类型。基于企业层面，将 t 年度出口企业划分为持续企业、准退出企业、进入企业（包括成

功进入企业、一次进入企业、探索进入企业和转换企业）。持续企业指在
$t-1$ 年和 t 年均出口，且在 $t+1$ 年仍出口的企业；准退出企业则指在 t 年
和 $t-1$ 年出口，但在 $t+1$ 年后永远退出出口市场的企业；其他均归为进入
企业，其中成功进入企业指 $t-1$ 年不出口，但在 t 年和 $t+1$ 年均出口的
企业；一次进入企业指仅在 t 年出口，在其他年份均不出口的企业，即进
入市场失败的企业；探索进入企业是指在样本期间未能连续出口 2 年或以
上，但非连续出口总年数大于或等于 2 年的企业；转换企业是指在样本期
间实现上述类型转换的企业。类别划分标准具体如表 5 - 1 所示。需要说
明的是，根据以上划分标准可知，企业在 t 年的每个状态类别之间是互斥
的，且类别之和等于 t 年全部企业数量。为了对此进行证明，本章计算了
2001 ~ 2012 年每一年每一个类型企业数量及占比，和该年总企业数量，见
表 5 - 2 。① 以 2001 年为例，各类型企业数量加总恰好等于该年样本企业数
量，且各类型企业份额占比加总也恰好等于 100% 。其他年份与 2001 年一
致。这就证明了 6 个类别之间是互斥的。依照相同的划分标准，将所有出
口产品划分为持续产品、准退出产品、成功进入产品、一次进入产品、探
索进入产品和转换产品；将出口市场划分为持续市场、准退出市场、成功
进入市场、一次进入市场、探索进入市场和转换市场。基于以上最细分的
出口动态分类，本章能够有效地识别各个细分类别对我国直接出口企业一
般贸易出口增长的贡献。下面详细介绍测算各个类型出口增长率和出口二
元边际的方法。

表 5 - 1 企业类别划分图示

类别	$t-n$	$t-2$	$t-1$	t	$t+1$	$t+2$	$t+n$
持续企业			√	√	√		
准退出企业			√	√	×	×	×

① 根据研究方法对各个类别的定义，无法界定样本初期（2000 年）和末期（2013）的企业类别，因此本章仅能测算 2001 ~ 2012 年各个类型的企业的数据。此外，考虑到篇幅，表 5 - 2 只报告了 2001 年和 2002 年测算结果，但是已经能表明类别互斥且能形成闭集。

续表

类别		$t-n$	$t-2$	$t-1$	t	$t+1$	$t+2$	$t+n$
进入企业	成功进入			×	√	√		
	一次进入	×	×	×	√	×	×	×
	探索进入	×	√	×	√	×	×	×
	转换企业	×	√	×	√	×	√	√

注：其中√表示当年出口，×表示不出口，空格表示未定（可出口也可不出口），$t-n$ 表示 $t-2$ 之前的所有年份，$t+n$ 则表示 $t+2$ 之后的全部年份。需要说明的是，探索和转换两类出口企业还存在其他情形，这里仅给出其中的一个特例。

表 5 - 2　按类型分出口企业数量分布情况

单位：家，%

年份	持续	准退出	成功进入	一次进入	探索进入	转换	总体
2001	21654 (57.61)	9204 (24.49)	3352 (8.92)	1463 (3.89)	210 (0.56)	1704 (4.53)	37587 (100)
2002	26464 (56.38)	12668 (26.99)	3424 (7.29)	1849 (3.94)	607 (1.29)	1926 (4.1)	46938 (100)

注：括号内为对应企业的占比。

　　为从微观层面把握我国出口增长的变化，并考察外部冲击对出口增长的影响，本章在对出口企业、产品和市场进行类型划分的基础上，从企业、产品和市场层面对我国出口增长进行边际分解。首先，在企业层面上将总体出口增长具体分解如下（Bernard 等，2009）：

$$\Delta Y_t = \left\{ \sum_{f \in FS} \Delta Y_{ft} + \sum_{f \in FE} \Delta Y_{ft} + \sum_{f \in FONE} \Delta Y_{ft} + \sum_{f \in FTRY} \Delta Y_{ft} + \sum_{f \in FSW} \Delta Y_{ft} \right\} + \sum_{f \in FC} \Delta Y_{ft} \quad (5-1)$$

　　其中，下标 t 表示年度，f 表示企业，FS、FE、$FONE$、$FTRY$、FSW 和 FC 分别表示成功进入企业、准退出企业、一次进入企业、探索进入企业、转换企业和持续企业，ΔY_t 是一般贸易出口额在 t 年的变化值，大括号内表示出口增长扩展边际，最后一项表示出口增长集约边际。t 年度出口增长率等于各个类型内 t 年和 $t-1$ 年出口额变化值与这两年平均出口额的比值。这里需要特别说明的是，与现有文献测算 t 年退出企业（指 $t-1$ 年出口、t 年不出口的企业）出口增长率为负数，且对总体出口增长贡献为负（Amiti 和

Freund，2008；钱学锋和熊平，2010；盛斌和吕越，2014）不同，本章界定的准退出企业类别对出口增长的贡献可能为正。这是因为，本章将 $t-1$ 年、t 年出口且 $t+1$ 年及之后的年份均不出口的企业定义为 t 年准退出企业，也就是说 t 年准退出企业在 t 年仍然出口，但是将在下一年后永远退出出口市场。准退出企业类别出口增长率表示为准退出企业类别 t 年相对于 $t-1$ 年的出口额变化值与该两年准退出企业平均出口额之比；如果 t 年的准退出企业类别出口额大于 $t-1$ 年的准退出企业类别出口额，则 t 年准退出企业出口增长率为正，此时，准退出企业类别对出口增长的贡献为正；如果 t 年的准退出企业类别出口额小于 $t-1$ 年准退出企业类别出口额，则 t 年准退出企业出口增长率为负，此时，准退出企业类别对出口增长的贡献为负。同理，准退出产品、准退出市场的出口增长率也可能为正或为负。

进一步在产品层面对持续企业的出口增长进行边际分解，具体如下：

$$\sum_{f \in FC} \Delta Y_{ft} = \sum_{f \in FC} \left[\left(\sum_{p \in PS} \Delta Y_{fpt} + \sum_{p \in PE} \Delta Y_{fpt} + \sum_{p \in PONE} \Delta Y_{fpt} + \sum_{p \in PTRY} \Delta Y_{fpt} \right. \right. \tag{5-2}$$
$$\left. \left. + \sum_{p \in PSW} \Delta Y_{fpt} \right) + \sum_{p \in PC} \Delta Y_{fpt} \right]$$

再进一步将持续企业持续产品和成功进入产品沿市场维度的出口增长边际进行分解：

$$\sum_{f \in FC; p \in PC, PS} \Delta Y_{fpt} = \sum_{f \in FC; p \in PC, PS} \left[\left(\sum_{d \in DS} \Delta Y_{fpdt} + \sum_{d \in DE} \Delta Y_{fpdt} + \sum_{d \in DE} \Delta Y_{fpdt} \right. \right. \tag{5-3}$$
$$\left. \left. + \sum_{d \in DONE} \Delta Y_{fpdt} + \sum_{d \in DSW} \Delta Y_{fpdt} \right) + \sum_{d \in DC} \Delta Y_{fpdt} \right]$$

其中，p 表示产品，d 表示出口市场，PS、PE、$PONE$、$PTRY$、PSW 和 PC 分别表示成功进入产品、准退出产品、一次进入产品、探索进入产品、转换产品和持续产品；DS、DE、$DONE$、$DTRY$、DSW 和 DC 分别表示成功进入市场、准退出市场、一次进入市场、探索进入市场、转换市场和持续市场。

式（5-2）小括号中的内容表示持续企业产品维度的扩展边际，最后一个表达式表示持续企业产品维度的集约边际。式（5-3）小括号部分表示持续企业内持续产品或者成功进入产品沿市场维度的扩展边际，最后一项表示集约边际。

同时，可从出口市场层面，对持续企业出口增长进行边际分解，揭示持续企业沿市场维度出口增长的边际变化。分解公式如下：

$$\sum_{f \in FC} \Delta Y_{ft} = \sum_{f \in FC} \left[\left(\sum_{d \in DS} \Delta Y_{fdt} + \sum_{d \in DE} \Delta Y_{fdt} + \sum_{d \in DONE} \Delta Y_{fdt} + \sum_{d \in DTRY} \Delta Y_{fdt} \right. \right.$$
$$\left. \left. + \sum_{d \in DSW} \Delta Y_{fdt} \right) + \sum_{d \in DC} \Delta Y_{fdt} \right] \quad (5-4)$$

进一步，持续企业内持续市场和成功进入市场沿产品维度的出口增长边际分解式为：

$$\sum_{f \in FC; d \in DC, DS} \Delta Y_{fdt} = \sum_{f \in FC; d \in DC, DS} \left[\left(\sum_{p \in PS} \Delta Y_{fpdt} + \sum_{p \in PE} \Delta Y_{fpdt} \sum_{p \in PONE} \Delta Y_{fpdt} \right. \right.$$
$$\left. \left. \sum_{p \in PTRY} \Delta Y_{fpdt} \sum_{p \in PSW} \Delta Y_{fpdt} \right) + \sum_{p \in PC} \Delta Y_{fpdt} \right] \quad (5-5)$$

式（5－4）小括号中的内容表示持续企业内沿市场维度的扩展边际，最后一项为集约边际。式（5－5）小括号部分表示持续企业内持续市场或者成功进入市场沿产品维度的扩展边际，最后一项表示集约边际。

第三节　出口二元边际分解主要结果及分析

根据上述对企业、产品及市场类型的划分，本章将持续企业（产品或者市场）的增长率归为集约边际，将其他 5 个类型的净增长率归为扩展边际。基于此，分析中国 2000～2013 年集约边际和扩展边际对出口增长的贡献份额，并具体阐述扩展边际内不同类别的作用。

一　企业层面出口增长边际分解

表 5－3 报告了根据式（5－1）计算的 2001～2012 年连续两年和整个时期的企业层面出口边际分解结果。由于 1999 年和 2014 年出口数据的缺失，本章无法界定 2000 年和 2013 年的持续、成功进入和准退出等企业类型，2000 年和 2013 年不能纳入出口增长边际测算范围，产品和市场维度与此相

同。正如样本选择中所指出的，2012 年和 2013 年的出口额存在显著的向上统计偏误问题，由于 2013 年没有纳入出口增长边际测算，表 5 - 3 报告了 2011 ~ 2012 年和 2001 ~ 2012 年出口增长率。2011 ~ 2012 年出口增长率高达 80%，明显高出国家统计年鉴汇报的一般贸易出口增速（2012 年为 7.44%），也明显高于样本期内 2001 ~ 2011 年的逐年出口增长率（- 21.46% ~ 35.73%），这也导致 2001 ~ 2012 年出口总增长率和各个企业类型出口增长均明显大于 2001 ~ 2011 年的相应增长率。进一步分析 2012 年不同类型企业出口增长率，发现持续企业出口增长 36.68%，成功进入企业出口增长高达 38.93%，而这两类企业在 2011 年的出口增速分别为 18.01% 和 0.62%，由此可见，成功进入企业出口增速突变是导致 2012 年出口增速异常的主要原因，具体地，本章计算发现 2012 年成功进入企业数量略高于 2011 年，分别为 29120 家和 22866 家，2012 年成功进入企业总出口额显著高于 2011 年，分别为 3844.12 亿美元和 208.52 亿美元。2012 年出口异常值虽然显著抬高了 2012 年的出口增长率，并导致 2001 ~ 2012 年长期平均出口增长率显著高于 2001 ~ 2011 年长期平均出口增长率，但是没有明显影响企业出口总体增长和各类企业出口增长的趋势，以及各类企业出口增长对总出口增长的贡献占比情况。具体地，企业层面出口二元边际存在以下特征。①中国一般贸易的出口总额增长迅速。2001 ~ 2011 年总增长率为 129.16%，除 2009 年为负增长外，其他年份增长率处于 18.34% ~ 35.73% 区间。②持续出口企业是中国出口贸易增长的主要贡献来源。持续出口企业增长率占总增长率的 93% 左右，这与现有的研究结论基本一致（李坤望，2008；钱学锋和熊平，2010）。③扩展边际贡献 7% 左右，主要来源于成功进入企业和准退出企业，其他类型对扩展边际的贡献很小。④从 2001 ~ 2011 年平均增长率看，准退出企业和成功进入企业出口增长率分别为 3.05% 和 4.8%，准退出企业对扩展边际的贡献略大于成功进入企业。这里需要说明的是，准退出企业对出口增长贡献为正，是因为本章将前一年和当年出口，但是之后年份永远退出出口市场的企业定义为当年的准退出企业，因而准退出企业在当年仍然出口，对当年的出口额为正向贡献；如果 t 年的准退出企业出口额大于 $t-1$ 年的准退出企业，则准退出企业对出口增长为正向贡献；同理，后文中准退出产品或市场对出口增长的贡献也可能为正。这是对现有研究当年退出企业对当年出口增长贡献为负的文献（Amiti 和 Freund，2008；钱学锋和熊平，2010；盛斌和吕越，2014）的一个有力补充和发展。从逐年的出口边际结果看，除 2008~2009 年外，其他所有年份的成功进入企业出口增长率的绝对值均大于准退出企业，这表明成功进入企业是扩展边际的主要贡献来源，而不是准退出企业。⑤受金融危机影响，2009 年出口为负增长（-21.46%），其中持续企业出口负增长 16.98%，集约边际解释了出口负增长的 79%；扩展边际占 21%，其中成功进入和准退出企业是其主要贡献来源。但我国出口总额并没有继续下降，受 2008~2010 年系列经济刺激政策的影响，2010 年呈现显著的正增长，增长率高达 30.83%，其中集约边际增长最快（29.81%），扩展边际增长 1.02%，完全来自成功进入企业和准退出企业的增长，其他类型为负增长。

表 5-3　按类型分企业出口增长二元边际

单位：%

时间	总增长率	集约边际	扩展边际					
		持续	净增长率	成功进入	准退出	一次	探索	转换
2001~2002 年	35.73	28.59	7.13	6.68	0.27	0.29	0.16	-0.26
2002~2003 年	34.25	30.01	4.24	1.7	0.48	0.65	0.11	1.3
2003~2004 年	34.64	27.14	7.5	7.56	0.34	0.04	0.02	-0.47
2004~2005 年	29.84	19.66	10.18	-1.67	1.24	9.25	0.25	1.11
2005~2006 年	25.31	27.05	-1.74	3.89	-0.22	-4.75	-0.23	-0.43
2006~2007 年	18.34	16.3	2.04	1.94	1.5	-1.35	0.13	-0.19
2007~2008 年	20.17	22.66	-2.49	-4.54	2.03	-0.29	-0.06	0.38
2008~2009 年	-21.46	-16.98	-4.49	-1.56	-2.23	-0.16	-0.01	-0.54
2009~2010 年	30.83	29.81	1.02	0.65	0.28	-0.04	-0.02	0.16
2010~2011 年	21.55	18.01	3.54	0.62	2.14	0.18	0.05	0.54
2011~2012 年	80	36.68	43.32	38.93	0.26	4.28	0.11	-0.26
2001~2011 年	129.16	119.88	9.28	3.05	4.8	0.37	0.12	0.93
2001~2012 年	349.48	226.42	123.06	104.84	5.92	11.56	0.41	0.34

二　持续企业出口产品二元边际分解

（一）持续企业内产品维度的出口边际分解

表 5 - 4 报告了基于式（5 - 2）计算得到的持续企业在产品维度的出口边际。与企业层面二元边际测算结果类似，2012 年持续企业内持续产品和成功进入产品出口增长率明显高于 2001~2011 年的逐年增长率，这也导致 2001~2012 年平均增长率显著高于 2001~2011 年平均增长率，但是 2012 年异常值对出口边际变化趋势没有明显影响。持续企业内产品维度出口边际具有以下特征。①2001~2011 年，持续企业出口增长迅速，来自持续产品的集约边际贡献为 87.4%，扩展边际则仅贡献了剩余的 12.6%。从逐年增长率来看，持续产品集约边际贡献份额处于 65%~109% 区间，扩展边际的贡献份额则位于 -9%~35% 区间，因此，持续企业出口增长主要来自产品维度集约边际。②扩展边际内，从逐年增长率来看，成功进入产品的贡献率最大，其次是准退出产品和转换产品，一次和探索产品贡献率最低。③虽然扩展边际增速较小，但是扩展边际的各个类型出口增长率的绝对值均大于 0；进一步计算发现，持续企业出口各种类型的产品，具体地，2001~2011 年，持续企业平均每年出口产品数 5~8 种，其中持续产品数 1~3 种，大约 2 种成功进入和一次进入产品，不到 1 种退出产品，因此，即使扩展边际对出口增长的贡献较小，但是持续出口企业存在广泛的产品转换行为。这与 Bernard 等（2010）基于美国数据的分析结论基本一致。④受金融危机影响，持续出口企业 2009 年出口负增长 16.98%，其中产品维度的集约边际负增长 13.44%，扩展边际仅负增长 3.54%，表明持续出口企业在面对金融危机时，主要采取减少已有出口产品的策略，金融危机对扩展边际的影响相对较小，其中准退出产品和转换产品出口负增长幅度最大，分别为 -1.28% 和 -0.86%。由于扩展边际受到金融危机负向冲击相对较小，集约边际受到的负向冲击较大，表明中国出口增长可以适当地由集约边际向扩展边际转移（钱学锋，2008）。

表 5 – 4　持续企业内产品维度的出口二元边际

单位：%

时间	总增长率	集约边际	扩展边际					
		持续	净增长率	成功进入	准退出	一次	探索	转换
2001～2002 年	28.59	22.27	6.32	5.67	-0.49	0.32	0.26	0.56
2002～2003 年	30.01	28.45	1.56	-0.49	0.80	0.44	0.16	0.65
2003～2004 年	27.14	22.75	4.39	2.97	0.22	0.37	0.11	0.72
2004～2005 年	19.66	17.50	2.16	1.33	0.11	0.24	0.16	0.32
2005～2006 年	27.05	21.69	5.36	2.72	2.23	0.02	-0.06	0.45
2006～2007 年	16.30	12.00	4.30	3.84	-0.29	0.75	0.13	-0.14
2007～2008 年	22.66	24.80	-2.13	-4.21	1.09	0.31	0.10	0.59
2008～2009 年	-16.98	-13.44	-3.54	-0.53	-1.28	-0.75	-0.13	-0.86
2009～2010 年	29.81	28.13	1.69	0.36	0.72	0.28	0.08	0.24
2010～2011 年	18.01	11.85	6.16	-0.01	4.21	0.29	0.21	1.46
2011～2012 年	36.68	23.66	13.02	12.83	-0.65	0.77	1.14	-1.08
2001～2011 年	119.88	104.80	15.08	3.10	7.42	1.25	0.58	2.72
2001～2012 年	226.42	176.02	50.40	36.83	6.42	3.36	3.61	0.17

（二）持续企业—持续产品沿市场维度的出口边际分解

根据式（5－3），将持续企业—持续产品组合的出口增长在市场维度进行边际分解，结果见表 5 – 5。2012 年持续企业—持续产品出口增长率为 23.66%，显著高于 2011 年的 11.85%，其中主要来源于持续市场出口增长（20.5%），市场维度扩展边际增长率为 3.17%，因此持续市场出口是 2012 年持续企业—持续产品出口增长异常的主要来源。2001～2011 年，持续企业内持续产品的出口总增长率为 104.8%，其中持续市场增长率为 85.13%，表明持续企业—持续产品的出口增长主要来源于市场维度的集约边际；扩展边际增长率为 19.68%，其中，成功进入市场、准退出市场和转换市场的贡献率相对较大。我们进一步计算了持续企业—持续产品总体出口市场数量和各个类型的出口市场数量，结果发现持续市场数量占总体出口市场数量的 2/3 左右，其次是成功进入市场和准退出市场。综上所述，持续出口企业主要将已有产品（持续产品）出口到持续市场，且出口增速远远大于出口到其他类型的市场。受 2008 年金融危机影响，2009 年持续企业内持续产品出口出现负增长，且负增长主要来源于市场维度集约边际，扩展边际中准退出市场贡献最大。

表 5 - 5　持续企业—持续产品沿市场维度的出口增长二元边际

单位：%

时间	总增长率	集约边际		扩展边际				
		持续	净增长率	成功进入	准退出	一次	探索	转换
2001～2002 年	22.27	17.37	4.89	3.38	0.50	0.39	0.29	0.34
2002～2003 年	28.45	23.24	5.20	1.98	1.10	0.68	0.16	1.28
2003～2004 年	22.75	19.52	3.23	1.88	-0.03	0.33	0.34	0.70
2004～2005 年	17.50	14.37	3.13	2.11	0.09	0.03	0.09	0.81
2005～2006 年	21.69	16.14	5.54	2.92	3.09	0.64	0.06	-1.18
2006～2007 年	12.00	10.41	1.60	2.71	-1.94	0.03	0.10	0.69
2007～2008 年	24.80	25.38	-0.59	-3.68	1.31	0.25	0.10	1.42
2008～2009 年	-13.44	-9.83	-3.60	-0.50	-1.04	-0.52	-0.11	-1.43
2009～2010 年	28.13	25.48	2.65	1.31	0.79	0.35	0.08	0.12
2010～2011 年	11.85	3.00	8.85	-0.52	4.31	0.60	0.44	4.02
2011～2012 年	23.66	20.50	3.17	4.57	0.88	0.33	-0.20	-2.42
2001～2011 年	104.80	85.13	19.68	3.40	7.47	1.67	1.02	6.13
2001～2012 年	176.02	146.30	29.73	15.63	10.44	2.68	0.61	0.37

（三）持续企业—成功进入产品沿市场维度的出口边际分解

表 5 - 6 报告了基于式（5 - 3）测算的持续企业—成功进入产品沿市场维度的出口二元边际。2012 年持续企业—成功进入产品出口增长率为 12.83%，显著高于 2001～2011 年的逐年增长率（-4.21%～5.67%），其中，市场维度集约边际和扩展边际增长率分别为 7.44% 和 5.39%，市场维度集约边际和扩展边际共同导致 2012 年持续产品—成功进入产品出口增长异常。2001～2011 年，持续企业内成功进入产品的出口总增长率为 3.10%，其中持续市场增长率为 1.6%，扩展边际增长率为 1.5%，表明市场维度的集约边际和扩展边际对持续企业—成功进入产品出口增长的贡献基本齐平。

扩展边际内，成功进入市场贡献一半以上，然后是一次进入市场和准退出市场。我们进一步计算了持续企业—成功进入产品的总体出口市场数量和各类型出口市场数量。总体而言，2001～2011年，持续企业—成功进入产品的平均出口市场数量为2个左右，其中成功进入市场数量占将近一半，然后是持续出口市场和一次进入市场。综上，持续企业倾向于针对新产品改变出口市场，尤其是进入新的市场，且市场维度扩展边际对持续企业—成功进入产品出口增长的贡献（48.4%）要明显大于其对持续企业—持续出口产品出口增长的贡献（19.7%）。

表5-6　持续企业—成功进入产品沿市场维度的出口二元边际

单位：%

| 时间 | 总增长率 | 集约边际 | 扩展边际 | | | | | |
		持续	净增长率	成功进入	准退出	一次	探索	转换
2001～2002年	5.67	4.28	1.39	0.98	0.05	0.13	0.06	0.16
2002～2003年	-0.49	-0.70	0.21	0.12	0.00	0.02	0.05	0.02
2003～2004年	2.97	1.46	1.51	1.08	0.05	0.22	0.06	0.10
2004～2005年	1.33	1.00	0.33	0.33	-0.01	-0.06	0.00	0.07
2005～2006年	2.72	1.60	1.12	0.83	0.23	0.14	0.02	-0.09
2006～2007年	3.84	2.87	0.97	0.98	-0.12	0.01	0.02	0.08
2007～2008年	-4.21	-2.92	-1.29	-1.38	0.01	-0.01	0.00	0.09
2008～2009年	-0.53	-0.02	-0.51	-0.14	-0.05	-0.11	-0.04	-0.17
2009～2010年	0.36	-0.03	0.39	0.27	0.02	0.08	0.01	0.01
2010～2011年	-0.01	-0.16	0.15	-0.01	0.05	0.06	0.03	0.02
2011～2012年	12.83	7.44	5.39	4.85	0.12	0.41	-0.01	0.02
2001～2011年	3.10	1.60	1.50	0.84	0.17	0.27	0.13	0.08
2001～2012年	36.83	21.16	15.67	13.57	0.49	1.35	0.13	0.14

三　持续企业出口市场二元边际分解

（一）持续企业内市场维度的出口边际分解

表5-7报告了基于式（5-4）计算得到的持续企业在市场维度的出口边际。与企业层面二元边际测算结果类似，2012年持续企业内持续市场和成功进入市场出口增长率明显高于2001～2011年的逐年增长率，并导致

2001～2012 年平均增长率显著高于 2001～2011 年平均增长率，但是 2012 年异常值对出口二元边际变化趋势和对总出口增长的贡献份额没有明显影响。持续企业内市场维度出口边际具有以下特征。①2001～2011 年，持续企业出口增长迅速，其中持续市场出口增长 95.48%，其他市场出口净增长 24.4%；从逐年增长率来看，持续市场集约边际贡献份额处于 41.3%～105.9% 区间，扩展边际的贡献份额则位于 −4.1%～58.7% 区间；因此，持续企业出口增长主要来自市场维度集约边际，但是市场维度扩展边际也不容忽视。②扩展边际内，从逐年增长率来看，大部分年份成功进入市场的贡献率最大，其次是准退出市场和转换市场，一次进入市场和探索市场贡献率最低。③虽然扩展边际增速相对较小，但是扩展边际的各个类型出口增长率的绝对值均大于 0；进一步，计算发现，持续企业出口到各种类型的市场，2001～2011 年，持续企业平均出口市场个数为 4～8 个，其中持续市场个数约占 1/3，成功进入市场、一次进入市场、准退出市场等贡献其他 2/3；因此，即使扩展边际对出口增长的贡献较小，但是持续出口企业存在较为广泛的市场转换行为，这与 Eaton 等（2008）基于法国数据的分析结论基本一致。④受金融危机影响，持续出口企业 2009 年出口负增长 16.98%，其中市场维度的集约边际负增长 11.37%，扩展边际负增长 5.61%；表明持续出口企业在面对金融危机时，除减少已有市场出口额之外，还退出或进入部分出口市场，与持续出口企业产品维度扩展边际比较，持续企业调节市场进入或退出的幅度要大于对产品进入或退出的调节幅度。

表 5-7　持续企业内市场维度的出口二元边际

单位：%

时间	总增长率	集约边际	扩展边际					
		持续	净增长率	成功进入	准退出	一次	探索	转换
2001～2002 年	28.59	21.59	7.00	4.47	0.76	0.49	0.41	0.86
2002～2003 年	30.01	23.90	6.10	2.23	1.32	0.87	0.25	1.41

续表

时间	总增长率	集约边际	扩展边际						
		持续	净增长率	成功进入	准退出	一次	探索	转换
2003～2004 年	27.14	21.69	5.45	3.09	0.11	0.66	0.52	1.07
2004～2005 年	19.66	15.90	3.76	2.58	0.13	0.04	0.09	0.92
2005～2006 年	27.05	19.86	7.19	4.09	3.66	0.82	0.07	-1.46
2006～2007 年	16.30	12.80	3.49	3.93	-1.97	0.37	0.19	0.97
2007～2008 年	22.66	24.00	-1.33	-5.33	1.76	0.28	0.12	1.84
2008～2009 年	-16.98	-11.37	-5.61	-0.76	-1.55	-0.96	-0.23	-2.11
2009～2010 年	29.81	26.24	3.57	1.72	0.94	0.57	0.13	0.20
2010～2011 年	18.01	7.44	10.57	-0.50	5.20	0.88	0.59	4.40
2011～2012 年	36.68	28.01	8.67	9.83	0.93	0.81	-0.23	-2.67
2001～2011 年	119.88	95.48	24.40	4.61	9.22	2.42	1.35	6.80
2001～2012 年	226.42	177.20	49.23	30.68	12.47	4.76	0.85	0.47

（二）持续企业—持续市场沿产品维度的出口边际分解

根据式（5-5），将持续企业—持续市场的出口增长在产品维度进行边际分解，结果见表 5-8。2012 年持续企业—持续市场出口增长率为 28.01%，高于 2001～2011 年的逐年增长率（-11.37%～26.24%），其中主要来源于持续产品出口增长（20.49%），产品维度扩展边际增长率为 7.52%，因此持续产品是 2012 年持续企业—持续市场出口增长异常的主要来源；由于 2012 年出口增长异常，2001～2012 年持续企业—持续市场出口总增长率和各种产品类型出口增长均高于 2001～2011 年的对应值，但是没有明显改变各类型产品在持续企业—持续市场出口中的占比情况。2001～2011 年，持续企业内持续市场的出口总增长率为 95.48%，其中持续产品增长率为 85.13%，表明持续企业—持续市场的出口增长主要来源于产品维度的集约边际；扩展边际增长率为 10.35%，其中，准退出产品、转换产品和成功进入产品的贡献率相对较大。我们进一步计算了持续企业—持续市场上总体出口产品数量和各个类型的出口产品数量，结果发现持续产品数量占总体出口产品数量的 2/3 左右，其次是成功进入产品和一次进入产品。综上所述，持续出口企业主要在已有市场（持续市场）出口已有产品（持续产品），且出口增速远远大于其他类型的产品。受 2008 年金融危机影响，2009年持续企业内持续市场出口负增长，且负增长主要来源于产品维度集约边际，扩展边际中准退出产品贡献最大，其次是转换产品和一次进入产品。

表 5－8　持续企业—持续市场沿产品维度的出口二元边际

单位：%

时间	总增长率	集约边际	扩展边际					
		持续	净增长率	成功进入	准退出	一次	探索	转换
2001～2002 年	21.59	17.37	4.22	4.27	-0.60	0.16	0.20	0.19
2002～2003 年	23.90	23.24	0.66	-0.72	0.56	0.27	0.08	0.47
2003～2004 年	21.69	19.53	2.16	1.47	0.10	0.10	0.09	0.39
2004～2005 年	15.90	14.37	1.53	0.99	0.06	0.11	0.09	0.28
2005～2006 年	19.86	16.14	3.72	1.61	1.85	-0.01	-0.07	0.32
2006～2007 年	12.80	10.40	2.39	2.88	-0.66	0.31	0.09	-0.22
2007～2008 年	24.00	25.38	-1.38	-2.93	0.76	0.22	0.06	0.50
2008～2009 年	-11.37	-9.84	-1.54	-0.02	-0.67	-0.28	-0.05	-0.52
2009～2010 年	26.24	25.48	0.77	-0.03	0.48	0.10	0.06	0.16
2010～2011 年	7.44	3.00	4.44	-0.31	3.35	0.12	0.12	1.16
2011～2012 年	28.01	20.49	7.52	7.44	-0.51	0.28	1.18	-0.86
2001～2011 年	95.48	85.13	10.35	1.60	5.67	0.62	0.36	2.10
2001～2012 年	177.20	146.30	30.90	21.15	4.84	1.39	3.46	0.05

（三）持续企业—成功进入市场沿产品维度的出口边际分解

表 5－9 报告了基于式（5－5）测算的持续企业—成功进入市场沿产品维度的出口二元边际。2012 年持续企业—成功进入市场出口增长率为9.83%，显著高于 2001～2011 年的逐年增长率（－5.33%～4.47%），其中，产品维度集约边际和扩展边际增长率分别为 4.57% 和 5.26%，产品维度集约边际和扩展边际共同导致 2012 年持续企业—成功进入市场出口增长异常。由表 5－9 可知，2001～2011 年，持续企业内成功进入市场的出口总增长率为 4.61%，其中持续产品增长率为 3.4%，扩展边际为 1.22%，分别

贡献 73.8% 和 26.2%。扩展边际内，成功进入产品贡献一半以上，其次是一次进入产品和准退出产品。我们进一步计算了持续企业—成功进入市场内总体出口产品数量和各类型出口产品数量。总体而言，2001～2011 年，持续企业—成功进入市场内平均出口产品数量为 2 个左右，其中成功进入产品数量占将近一半，其次是持续出口产品和一次进入产品。综上，持续企业倾向于针对新市场改变出口产品，尤其是引入新的产品，且产品维度扩展边际对持续企业—成功进入市场出口增长的贡献（26.5%）要明显大于其对持续企业—持续出口市场出口增长的贡献（10.8%）。受国际金融危机影响，2009 年持续企业内持续市场出口负增长，且负增长主要来源于产品维度集约边际，扩展边际中准退出产品贡献最大，其次是转换产品和一次进入产品。

表 5 - 9　持续企业—成功进入市场沿产品维度的出口二元边际

单位：%

时间	总增长率	集约边际	扩展边际					
		持续	净增长率	成功进入	准退出	一次	探索	转换
2001～2002 年	4.47	3.38	1.09	0.98	- 0.07	0.09	0.05	0.04
2002～2003 年	2.23	1.99	0.25	0.12	0.03	0.03	0.01	0.05
2003～2004 年	3.09	1.89	1.21	1.08	0.01	0.04	0.01	0.07
2004～2005 年	2.58	2.11	0.47	0.33	0.00	0.08	0.02	0.04
2005～2006 年	4.09	2.93	1.16	0.83	0.28	0.01	0.01	0.03
2006～2007 年	3.93	2.71	1.23	0.98	- 0.03	0.21	0.04	0.04
2007～2008 年	- 5.33	- 3.67	- 1.67	- 1.38	- 0.10	- 0.10	- 0.02	- 0.07
2008～2009 年	- 0.76	- 0.51	- 0.25	- 0.14	- 0.02	- 0.08	0.00	0.00
2009～2010 年	1.72	1.31	0.42	0.27	0.05	0.06	0.01	0.02
2010～2011 年	- 0.50	- 0.52	0.02	- 0.01	0.01	0.01	0.02	- 0.01
2011～2012 年	9.83	4.57	5.26	4.85	0.07	0.32	0.00	0.03
2001～2011 年	4.61	3.40	1.22	0.84	0.10	0.16	0.06	0.05
2001～2012 年	30.68	15.63	15.05	13.57	0.28	1.00	0.07	0.13

第四节　出口二元边际分解的异质性及分析

基于前文对企业、产品和市场维度出口边际的总体分析，本节进一步考察异质性行业、企业、产品和市场间出口二元边际的差异。具体地，基于加入 WTO 和 2008 年金融危机对出口造成的正向和负向冲击的事实，本节分析不同要素密集度行业、不同所有制类型企业、不同差异化程度产品和不同收入水平市场的出口二元边际的异质性特征，及其面临正向和负向外部冲击时的出口动态。

一　行业异质性：基于要素密集度

改革开放后，中国长期依靠廉价的劳动力优势发展劳动密集型产业，有效促进出口增长。但是，劳动密集型产业附加值较低，且中国人口老龄化和劳动力成本上升导致人口红利逐渐消逝，我国的产业结构正在从劳动密集型向资本技术密集型转变。加入 WTO 和国际金融危机对我国劳动密集型行业和资本技术密集型行业的出口二元边际会产生什么影响？

本节首先匹配 HS 6 位码产品与国民经济 2 位码行业，将 HS 6 位码产品出口额加总到行业层面。借鉴祝树金和张鹏辉（2013）的研究，将 29 个制造业行业划分为 13 个劳动密集型行业和 16 个资本技术密集型行业[①]，并计算两类要素密集度行业在 2001~2002 年、2008~2009 年和 2009~2010 年的集约边际和扩展边际，如图 5-1 所示。

[①]　劳动密集型行业包括：农副食品加工业，食品制造业，饮料制造业，纺织业，纺织、服装、鞋、帽制造业，皮革、毛皮、羽毛（绒）及其制品业，木材加工及木、竹、藤、棕、草制品业，家具制造业，印刷业和记录媒介的复制，文教体育用品制造业，橡胶制品业，金属制品业，工艺品及其他制造业。资本技术密集型行业包括：石油加工、炼焦及核燃料加工业，化学原料及化学制品制造业，医药制造业，化学纤维制造业，黑色金属冶炼及压延加工业，有色金属冶炼及压延加工业，通用设备制造业，专用设备制造业，交通运输设备制造业，电气机械及器材制造业，通信设备、计算机及其他电子设备制造业，仪器仪表及文化、办公用机械制造业，烟草制品业，造纸及纸制品业，塑料制品业，非金属矿物制品业。

总体来看，各类型行业在 2001～2002 年、2008～2009 年和 2009～2010 年的扩展边际变化均明显小于集约边际；2001～2002 年，我国加入 WTO 后，劳动密集型行业和资本技术密集型行业的集约出口边际均明显上升，分别为 9.27% 和 8.96%，前者略大于后者；2008～2009 年，受金融危机影响，劳动密集型行业和资本技术密集型行业的集约出口边际均为负增长，分别为 -2.32% 和 -9.46%，后者降幅明显大于前者；2009～2010 年，受国家政策刺激等因素的影响，劳动密集型行业和资本技术密集型行业的集约出口边际大幅正增长，分别为 8.07% 和 16.33%。加入 WTO 初期，劳动密集型出口二元边际变化幅度大于资本技术密集型行业，劳动密集型行业在出口中占据主导地位；金融危机后，资本技术密集型行业出口二元边际变化幅度远远大于劳动密集型行业，资本技术密集型行业取代劳动密集型行业，在出口中占据主导地位。这就说明我国出口行业要素结构不断优化，从劳动密集型向资本技术密集型转变。

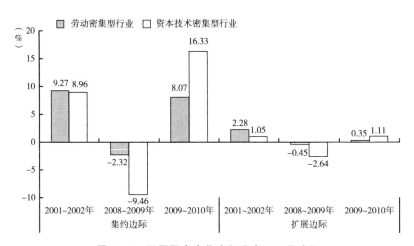

图 5-1　不同要素密集度行业出口二元边际

二　企业异质性：基于所有制类型

首先将中国海关数据库报告的企业所有制类型归纳为三类：国有企业、民营企业和外资企业，其中将集体企业纳入国有企业类别，个体工商户纳入民营企业类别，外资企业则包括外商独资企业、中外合资企业和中外合作企业。在此基础上测算国有企业、民营企业和外资企业在 2001～2002 年、2008～2009 年和 2009～2010 年出口增长的集约边际和扩展边际，如图 5－2 所示。与前面的分析结论一致，总体来看，各类型企业在 2001～2002 年、2008～2009 年和 2009～2010 年的扩展边际变化远小于集约边际；2001～2002 年，三类不同所有制企业的集约边际均上升，其中外资企业增幅最大，其次是国有企业和民营企业；2008～2009 年，三类不同所有制企业的集约边际均负增长，其中外资企业负增长幅度最大，其次是国有企业，民营企业最小；2009～2010 年，三类企业的集约边际均呈现正增长，其中外资企业增幅略高于另外两个类型的企业。2001～2002 年三类企业的扩展边际均正增长，民营企业增幅明显大于其他两种类型的企业；2008～2009 年三类企业的扩展边际均呈负增长，但降幅较低，且幅度相似，外资企业降幅仍略大于其他企业；2009～2010 年，国有企业和民营企业的扩展边际仍呈负增长，但外资企业呈现正增长。这表明外资企业出口增长对加入 WTO 和金融危机的冲击较为敏感。

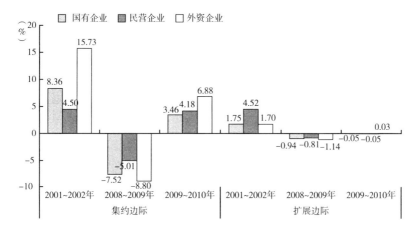

图 5－2　不同所有制类型企业出口二元边际

三　产品异质性：基于产品差异化程度

已有研究发现不同差异化程度产品的出口绩效存在差异（Manova 和 Zhang，2012；Fan 等，2015）。因此，本节研究不同差异化程度产品之间出口二元边际的异质性。

根据 Rauch（1999）的标准，将中国出口产品（HS 6 位码）划分为两大类，即异质性产品和同质性产品，分别计算这两类产品 2001~2002 年、2008~2009 年和 2009~2010 年出口增长的二元边际。由图 5－3 可知，受加入 WTO 的正向刺激作用，异质性产品和同质性产品的集约边际和扩展边际均为正增长，但是集约边际增速更大，且异质性产品的集约边际和扩展边际增幅也显著大于同质性产品。异质性产品和同质性产品在 2008~2009 年的扩展边际均明显下降，后者下降幅度较大，2009~2010 年均上升，异质性产品的上升幅度较大；两种产品的集约边际均在 2008~2009 年大幅下降，在 2009~2010 年骤升，且异质性产品的变化幅度更大。这表明加入 WTO 和金融危机主要通过影响异质性产品的集约边际和扩展边际影响了中国出口增长。

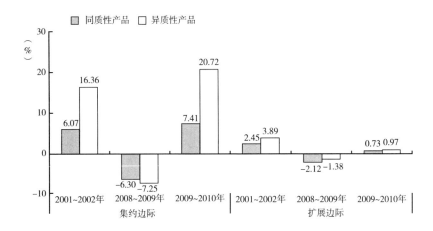

图 5－3 不同差异化程度产品出口二元边际

四 出口市场异质性：基于出口市场收入水平

根据世界银行公布的标准，按照国民收入水平把样本国家划分为高收入、中高收入、中低收入、低收入四类。图 5－4 描绘了四类不同收入水平的出口市场在 2001~2002 年、2008~2009 年和 2009~2010 年的出口二元边际。中国企业对高收入市场的出口集约边际和扩展边际的变化幅度均最大，

其中 2001～2002 年集约边际上升 16.7%，2008～2009 年下降 8.02%，
2009～2010 年上升 16.08%，而扩展边际在 2001～2002 年上升 3.75%，
2008～2009 年下降 2.93%，2009～2010 年上升 1.55%；出口到中高收入市
场的出口二元边际变化幅度位居第二；出口到中低收入市场的二元边际变化
幅度最小，且出口到低收入市场的贡献率非常低。这一结果与盛斌和吕越
（2014）基于国家—产品层面的贸易数据的结果基本一致。我国出口市场主
要依赖于高收入市场，容易受到负向外部冲击的影响，因此，我国应进一步
推进出口市场多元化战略，以对冲负向外部冲击导致的负增长。

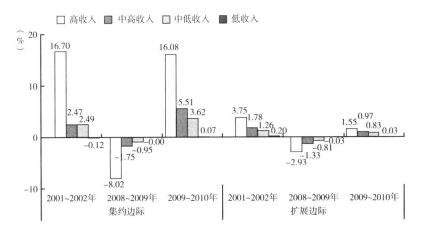

图 5-4　不同收入水平市场出口二元边际

第五节　结论与启示

本章利用中国 2000～2013 年多产品（市场）企业—产品—市场层面高
度细分的海关出口数据研究中国企业出口增长的集约边际和扩展边际（二
元边际），重点关注持续出口企业内产品、市场和产品—市场维度的出口增
长二元边际，揭示中国出口企业的产品—市场组合选择策略。研究发现，仅
考虑企业的进入和退出时，中国出口贸易的增长主要依靠集约边际实现，扩

展边际的贡献十分有限。在考虑企业内产品和市场进入、退出时，持续企业的出口增长仍然主要依靠产品维度和市场维度集约边际实现，因此，持续企业的持续产品和持续市场是中国出口增长的主要贡献来源，分别占据出口增长份额的81.1%和73.9%①。持续企业存在广泛的产品和市场转换行为，例如新增、舍弃产品或者市场等，但是对出口增长的贡献较小；只有持续企业——成功进入产品出口增长中的市场扩展边际，和持续企业——成功进入市场出口增长中的产品扩展边际贡献份额相对较大，分别占48.4%和26.5%。

此外，受金融危机影响，2009年中国出口负增长，持续企业是其主要来源；持续企业内，金融危机也主要影响出口产品、市场的集约边际；扩展边际方面，准退出、转换和一次进入产品，准退出、转换和一次进入市场负增长幅度相对较大。2010年中国出口实现正增长，企业、产品和市场维度的集约边际仍然是正增长的主要贡献来源。

最后，为探究中国出口在面临正向和负向外部冲击时的反应，本章着重分析2001～2002年、2008～2009年、2009～2010年不同类型的行业、企业、产品、出口市场的二元边际差异。结果表明，在加入WTO后，劳动密集型行业出口增速大于资本技术密集型行业，但是在国际金融危机和国家一系列经济政策的影响下，资本技术密集型行业出口负增长和正增长幅度均明显大于劳动密集型行业。在面临正向和负向外部冲击时，外资企业出口变化幅度最大，其次是国有企业和民营企业，在出口增长复苏中，外资企业增长速度最快，其次是民营企业和国有企业。异质性产品的集约边际和扩展边际的变化幅度均显著高于同质产品。高收入水平国家的市场维度的二元边际变化幅度均明显高于其他类型市场。不同类型行业、企业、产品和出口市场的出口二元边际存在较大差异，政府在制定相关出口促进政策时需要采取差别化策略，例如资本技术密集型行业、外资企业、民营企业、异质性产品和高收入水平出口市场出口活跃度最高，因此更需要在这些领域出台出口支持政策。

---

① 持续企业内持续产品对总出口的贡献份额，由持续企业出口增长贡献份额（93%）乘以持续产品在持续企业中的贡献份额（87.4%）计算得到。持续企业内持续市场对总出口的贡献份额计算方法相同。

第六章
中国多产品出口企业竞争策略识别研究*

第一节　引言

　　中国加入 WTO 到 2008 年金融危机期间，出口额增长迅速，年均增速高达 27.3%；金融危机后至 2017 年，中国出口增速明显放慢，年均增速仅为 6.4%，甚至低于这一时期的 GDP 增长速度。外部需求作为拉动经济增长的三驾马车之一，对经济增长具有重大的作用，出口增速放缓无疑会减少其对经济增长的贡献，这就要求我国加快培育出口竞争新优势并推动出口发展。本章旨在识别中国多产品出口企业采取成本竞争策略或者质量竞争策略，并对采取不同竞争策略的行业和企业，给出相应的培育出口竞争新优势和推动出口发展的措施。

　　为什么这是一个重要问题？一方面，企业采取何种竞争策略反映企业采取何种投资和生产方式，从而决定中国出口增长路径。具体地，成本竞争策略下，企业旨在降低成本和价格，以低价低质的形式参与市场竞争，体现为中国出口产品具有较低的价格和质量；质量竞争策略下，企业旨在以投资升级产品质量的方式参与市场竞争，体现为中国出口产品具有较高的价格和质

---

　　* 本章最早发表在《技术经济》2020年第2期，有删改。

量。通常来说，随着经济发展水平的提升，企业的竞争策略由成本竞争策略向质量竞争策略转变，体现为经济高质量发展的内在需求，但是企业采取何种竞争策略还与企业所在行业属性有关，例如质量差异化程度低的行业，质量升级空间小，企业则只能采取成本竞争策略（Manova 和 Zhang，2012）。因此，本章在识别企业竞争策略的基础上，还进一步考虑行业的质量差异化程度属性进行比较研究。另一方面，研究多产品出口企业的竞争策略具有更加丰富的内涵和意义。主要体现为两点，其一，多产品出口企业在出口中占据统治地位（Beranrd 等，2010；钱学锋等，2013；钟腾龙等 2018），研究多产品出口企业的竞争策略对促进出口增长具有重要意义；其二，识别多产品出口企业的竞争策略能够揭示多产品企业如何在企业内产品间调节生产和配置资源，体现企业内资源配置效应。

与本章研究最为相关的文献是，Eckel 等基于多产品企业的框架构建了界定企业采取成本竞争策略还是质量竞争策略的理论模型，并使用墨西哥数据，实证识别了国内市场和出口市场、同质性行业和异质性行业的多产品企业的竞争策略，结果发现，无论是同质性行业还是异质性行业，多产品企业在国内市场都体现为显著的质量竞争策略，但是在出口市场上，只有异质性行业内的多产品出口企业表现为显著的质量竞争策略，而同质性行业则体现为成本竞争策略（Eckel 等，2015）。本章基于该文的多产品出口企业竞争策略的识别方法，利用中国的数据识别中国多产品出口企业在出口市场上的竞争策略，并进一步阐述不同竞争策略的企业的绩效差异以及行业属性匹配程度等。

国内部分学者也有关注如何识别企业竞争策略。例如，韩会朝和于翠萍（2014）使用产品相对价格衡量产品的价格竞争力，使用需求函数法测算出口产品质量衡量产品质量竞争力，发现 2000～2011 年，中国出口产品相对单位价格呈持续下降的趋势，同时出口产品质量竞争力也在逐年上升，这说明中国的价格竞争与质量竞争并存；进一步的异质性分析发现，质量竞争只存在于高技术产品中。康振宇（2015）使用 2000～2006 年中国海关数据，实证研究中国出口中间产品质量与市场集中度的关系，结果发现中国中间产品出口企业没有采取质量竞争策略提高市场份额，而是采用价格竞争策略获得市场份额。鲁晓东（2013）基于1999～2011年样本期，通过分别构建数量、质量和多样性的指标，研究了中国和东亚其他经济体采取数量、质量和多样性竞争中的哪一种策略，结果发现中国主要采取产品数量竞争模式，但是已经呈现向质量竞争和多样性竞争的趋势。相对于以上文献，本章使用不同的方法识别企业竞争策略，而且本章主要以多产品出口企业为研究对象。

相对于已有文献，本章主要有以下几点边际贡献：第一，本章首次基于价格与销售额之间的关系识别多产品出口企业的竞争策略，并在此基础上比较采取不同竞争策略企业的绩效差异等；第二，本章进一步基于国民经济4位码行业层面识别竞争策略，并将其与行业的质量差异化程度属性进行匹配，从而能够解释该行业是否采取了合理的竞争策略，从而揭示行业目前的竞争策略是否会导致资源误置的问题。

第二节　多产品企业竞争策略识别的理论基础

一　竞争策略内涵定义

根据企业是否投资升级企业产品质量，将企业的竞争策略定义为质量竞争策略和成本竞争策略。质量竞争策略下，企业提升企业产品质量，进而提升价格，由于消费者对高质量产品具有偏好，企业仍然能获取较高的销售量和销售收入，导致价格与销售收入呈正向关系；成本竞争策略下，企业不投资升级产品质量，而是极力通过降低产品成本和价格的方式，换得较高的销售量和销售收入，导致价格与销售收入呈负向关系。

为了更加清晰地阐述这两种竞争策略的内涵，本章选取分别代表成本竞争策略和质量竞争策略的理论文献来进行分析。Melitz（2003）构建的理论模型是成本竞争策略的典型代表，Kugler和Verhoogen（2012）构建的理论模型是质量竞争策略的典型代表。

Melitz（2003）构建的理论模型假设产品之间仅具有水平差异，而不存在垂直差异。基于他的理论模型设定可以分别得到企业均衡价格和生产率的关系表达式、企业均衡销售额和生产率的关系表达式如下：

$$p(\varphi) = \frac{\sigma w}{(\sigma - 1)\varphi}, \qquad r(\varphi) = R(P\rho\varphi)^{\sigma-1} \qquad (6-1)$$

其中，φ 表示企业生产率；$p(\varphi)$ 表示生产率为 φ 的企业的均衡价格；$r(\varphi)$ 表示生产率为 φ 的企业的销售额；w 为企业劳动力工资；σ 表示企业间产品替代弹性，值大于 1，取值越大，表示产品间替代弹性越大；R 表示市场总支出 P，为市场总体价格指数。由式（6-1）可知，企业均衡价格与生产率呈反比例关系，而企业均衡销售额与生产率呈正比例关系，从而企业均衡价格和企业均衡销售额之间也呈反比例关系，亦即前文所定义的成本竞争策略。这种竞争策略下，企业主要关注点在于成本，而非产品质量，从而表现为低价格、大数量的"薄利多销"的粗放型竞争模式。

但是现实中存在企业不采取成本竞争策略的现象。例如，Kugler 和 Verhoogen（2012）发现哥伦比亚制造业企业产出单位价格与产出规模（企业规模）呈显著的正向关系。基于此，他们从企业购买高质量中间品和生产高质量产出品的视角，以及从投资升级产品质量需要支付固定成本的视角对这一现象进行了解释，并且基于理论模型可以推导出两种视角下企业均衡价格和销售额的关系表达式分别如下：

$$\frac{d\ln p}{d\ln r} = \frac{1}{\eta}\left(\frac{b}{2} - c\right), \frac{d\ln p}{d\ln r} = \alpha - \frac{1}{\sigma - 1} \qquad (6-2)$$

式（6-2）中的符号 p、r、σ 与式（6-1）的含义一致，分别表示均衡价格、均衡收入和企业间产品替代弹性；参数 α 表示企业降低成本的能力；参数 b 表示企业的产品质量差异化程度，也可以表示为消费者消费高质量产品的意愿程度；参数 c 表示中间投入品的质量。从式（6-2）可知，企业均衡价格和均衡销售额之间的关系不再像 Melitz 模型那样是确定的。当 $b > 2c$ 或者 $\alpha > \frac{1}{\sigma - 1}$ 时，企业均衡价格和均衡销售额之间则为正向关系，也就是说企业产出均衡价格越高，反而能够获得更高的销售额，这与 Melitz 模型结论恰好相反。正如 Kugler 和 Verhoogen（2012）理论模型所指出的，只有当企业投资升级产品质量时，才能导致企业均衡价格和销售额呈现正向关系，因此，本章将这一情形归为企业采取质量竞争策略。在该竞争策略下，生产率越高（或者规模越大）的企业，它们或者能够购买更高质量的中间投入品，或者能够支付从事质量升级的固定成本，从而能够实现产出品质量升级，由于消费者偏好高质量产品，高质量产品能够在市场上获得较高的均衡价格和均衡收入，从而导致价格与销售额之间呈正比例关系。

二　多产品企业竞争策略内涵界定

以上文献均是从企业的视角识别成本竞争策略和质量竞争策略，Eckel 等（2015）首次构建包含多产品企业的理论框架，采取与企业间相同的方法，从企业内产品间的视角识别了企业采取成本竞争策略抑或质量竞争策略。他们首先假设企业内生产效率更高的产品会有更高的销售额，亦即企业内产品的边际成本和销售额呈负向关系，并推导得到如下价格与边际成本的关系表达式：

$$p(i) = \frac{\bar{b} - 2\eta(1-e)}{2[\bar{b} - \eta(1-e)]}c(i) + \frac{\bar{b}}{2[\bar{b} - \eta(1-e)]}c(\delta) + t + \bar{b}eX, \quad i \in [0, \delta]$$

$$(6-3)$$

式（6-3）中，$p(i)$ 表示企业内产品 i 的价格，$c(i)$ 表示企业内产品 i 的边际成本，i 的取值范围为 0 到 δ 之间，其中 δ 表示企业总的产品种类数，X 表示企业全部产品的销售额；参数 e 反向表示产品差异化程度，取值处于 0~1 区间，当其取值为 1 时，则表示产品之间不存在任何差异，也就是产品之间完全替代；参数 η 表示企业投资升级产品质量的投资效率水平；参数 $\bar{b}$ 逆向表示市场规模；参数 t 表示固定贸易成本。

式（6-3）中 $c(i)$ 的系数符号决定了企业采取成本竞争策略还是质量竞争策略。如果系数符号为正，亦即当 $\bar{b} > 2\eta(1-e)$ 时，企业内产品之间的价格和边际成本呈正向关系，考虑到边际成本与销售额之间为负向关系，产品价格与销售额呈负相关，此时企业采取成本竞争策略；如果系数符号为负，亦即当 $2\eta(1-e) < \tilde{b} < 2\tilde{b}$ 时，企业内产品之间的价格与边际成本呈负向关系，亦即价格与销售额呈正向关系，此时企业采取质量竞争策略。结合 $c(i)$ 系数中的各个参数的经济学含义，本章对企业符合质量竞争策略下的条件表述如下：①投资升级产品质量更为有效，表现为 η 更大；②市场规模 L 更大，体现为 $\tilde{b}$ 越小；③产品差异化程度更高，体现为 e 越小。

第三节　多产品企业竞争策略识别方法

一　企业层面竞争策略识别

根据以上质量竞争和成本竞争策略的内涵，当企业内产品间价格和销售额呈正向关系时，则为质量竞争策略，反之则为成本竞争策略。基于此，我们构建如下计量模型检验中国每个多产品出口企业采取的竞争策略。

$$\ln Price_{gt} = \alpha_0 + \alpha_1 \ln Ranking_{gt} + v_g + v_t + \varepsilon_{gt} \qquad (6-4)$$

式（6-4）中，下标 g、t 分别表示产品、年份；被解释变量为出口产品价格 $Price$ 的自然对数值；对多产品出口企业内各个产品根据出口额从大到小排序，得到产品排序变量 $Ranking$，$Ranking$ 越大，表明离出口额最大的核心产品距离越远，其自然对数值为核心解释变量；v_g 控制产品个体固定效应；v_t 控制年份固定效应；ε_{gt} 是随机误差项；α_0 为常数项。根据上文竞争策略的含义界定，本章基于每个企业的样本回归计量模型（6-4），当系数 α_1 显著小于 0 时，则该企业采取质量竞争策略；当系数 α_1 显著大于 0 时，则该企业采取成本竞争策略。

二　行业层面竞争策略识别

考虑到企业层面的识别下，企业内的观测值个数可能会出现少于自由度的情形，导致无法估计系数，因此，本章进一步以国民经济 4 位码行业为单位，对每个行业内的多产品企业进行类似计量模型（6 - 4）的估计。基于此，我们构建如下计量模型检验中国每个国民经济 4 位码行业内的多产品出口企业采取的竞争策略。系数估计值能够反映出该国民经济 4 位码行业采取何种竞争策略。

$$\ln Price_{fgt} = \delta_0 + \delta_1 \ln Ranking_{fgt} + \omega_{ft} + \upsilon_{gt} + \varepsilon_{fgt} \qquad (6 - 5)$$

式（6 - 5）中，下标 f、g、t 分别表示企业、产品和年份；被解释变量为企业—产品—年份层面的出口价格自然对数值 $\ln Price$；核心解释变量是企业内产品排序变量的自然对数值 $\ln Ranking$，与式（6 - 4）的定义一致。ω_{ft} 为企业—年份固定效应，控制企业之间的绩效差异；υ_{gt} 控制产品—年份固定效应，使不同计量单位的出口价格在不同产品之间具有可比性；ε_{fgt} 是随机误差项；δ_0 为常数项。

第四节 中国多产品出口企业竞争策略识别结果分析

一 企业层面竞争策略识别结果

本章基于每一个多产品出口企业对计量模型（6 - 4）进行一次回归，其中部分企业内观测值个数少于回归变量个数，也就是自由度小于或等于 0，从而无法得到系数估计值。在本章的总样本中，共有 120522 家多产品出口企业，自由度小于或等于 0 的多产品出口企业数量为 61567 家，也就是能够估计计量模型（6 - 4）的多产品出口企业数量为 58955 家，占比为 48.9%。现在根据估计系数的符号和显著性程度将多产品出口企业的竞争策略划分为 6 类：质量竞争策略（系数为负）、强质量竞争策略（显著为负）、弱质量竞争策略（不显著为负）、成本竞争策略（系数为正）、强成本竞争策略（显著为正）、弱成本竞争策略（不显著为正）。表 6 - 1 列出了各种竞争策略的企业数和占比。

如表 6 - 1 所示，采取强质量竞争策略的企业数目（8088 家）显著大于采取强成本竞争策略的企业数目（3654 家），这也是为什么 Manova 和 Yu（2017）基于中国多产品出口企业样本，检验企业出口价格和出口金额之间的关系时发现结果显著为正的原因，亦即平均而言中国多产品出口企业采取质量竞争策略。但是，事实上，仍然有相当一部分比例的企业采取强成本竞争策略，这也是为什么本章要进一步识别多产品出口企业采取差异化竞争策略的意义所在。

但是表 6 - 1 显示的强质量竞争策略和强成本竞争策略的企业总数只占全部可以估计计量模型（6 - 4）的企业数量的 20%，这就意味着，其他 80% 的企业的竞争策略不能直接确定，这可能是由两个原因导致的。其一，企业没有明确地采取质量竞争策略或者成本竞争策略，导致产品排序估计系数不显著；其二，企业内观测值个数少，导致统计上的不显著。这两个问题在企业层面上识别竞争策略时都无法很好地解决。后文将基于国民经济 4 位码行业内的多产品出口企业的样本，基于计量模型（6 - 5）识别行业层面的竞争策略，这一情形下，将能保留全部多产品出口企业，一定程度上弥补基于企业层面识别竞争策略时样本量太少和损失大量多产品出口企业样本的缺陷。

表 6 - 1　各种竞争策略的企业数量分布

单位：家，%

项目	(1)	(2)	(3)	(4)	(5)	(6)
系数 α_1 估计结果	系数为负	显著为负	不显著为负	系数为正	显著为正	不显著为正
竞争策略类别	质量竞争策略	强质量竞争策略	弱质量竞争策略	成本竞争策略	强成本竞争策略	弱成本竞争策略
企业数	35289	8088	27201	23666	3654	20075
占比	59.86	13.72	46.14	40.14	6.20	34.05

图 6 - 1 分别绘制了强质量竞争策略企业和强成本竞争策略企业的产品排序系数 α_1 的估计值的核密度分布。强质量竞争策略下产品排序系数符号

为负，且主要分布在 −1~0 区间，均值和中位数分别是 −0.6067 和 −0.3947。以均值为例分析其经济含义，随着产品排序变量增加1%，出口产品价格下降0.61%，以一个出口5种产品的企业为例，产品排序每增加一位（亦即远离核心产品一位），产品排序增加20%，出口产品价格将随之下降12.2%。

强成本竞争策略下产品排序系数符号为正，且主要分布在 0~1 区间，均值和中位数分别是0.7271 和0.4444。以均值为例分析其经济含义，随着产品排序变量增加1%，出口产品价格上升0.73%，以一个出口5种产品的企业为例，产品排序每增加一位（亦即远离核心产品一位），产品排序增加20%，出口产品价格将随之上升14.6%。

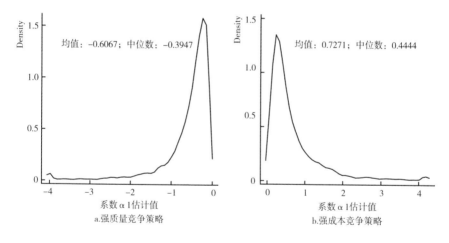

图 6 −1 企业层面强质量竞争策略和强成本竞争
策略中系数 α1 估计值的核密度分布

现在来分析分别采取强质量竞争策略和强成本竞争策略的多产品出口企业的主要绩效情况，包括固定资产净值、就业人数、平均工资、平均出口额、平均出口产品数量、平均出口目的地数量等。表6−2列出了样本期间以上指标分别在强质量竞争策略和强成本竞争策略分样本中的均值。

由表6−2可知，无论哪一个指标，强质量竞争策略都要大于强成本竞争策略，这意味着强质量竞争策略具有较高的企业规模（固定资产净值、就业人数）、较高的人均工资、较高的出口额、较大的产品范围（企业出口产品数量）和较多的出口目的地。亦即强质量竞争策略的企业绩效要优于强成本竞争策略企业。

表 6 – 2　不同竞争策略企业的主要企业绩效指标样本平均值

项目	固定资产净值（万元）	就业人数（人）	平均工资（千元）	平均出口额（百万美元）	平均出口产品数量（个）	平均出口目的地数量（个）
强质量竞争策略	8058.05	650.00	32.90	20.63	11.12	10.59
强成本竞争策略	7004.25	517.53	27.94	8.97	6.54	9.83

二　行业层面竞争策略识别结果

本章现在基于每个国民经济 4 位码行业分别估计计量模型（6 – 5）。由于本章仅考察制造业，以 2002 年国民经济行业分类为统一标准，共计 464 个 4 位码行业，因此也得到 464 个产品排序的估计系数 δ_1，结合估计系数的符号和显著性程度（10%），与前文一致，本章将行业的竞争策略也划分为 6 种情形：质量竞争策略（系数为负）、强质量竞争策略（显著为负）、弱质量竞争策略（不显著为负）、成本竞争策略（系数为正）、强成本竞争策略（显著为正）、弱成本竞争策略（不显著为正）。

表 6 – 3 列出了各种竞争策略下的 4 位码行业数量分布情况。由表 6 – 3 可知，在全部 464 个 4 位码行业中，368 个行业的产品排序估计系数为负，96 个行业的产品排序估计系数为正，这表明将近 80% 的行业采取质量竞争策略，而只有约 20% 的行业采取成本竞争策略。

进一步结合显著性程度来看，在 368 个产品排序估计系数为负的行业中，268 个行业的估计系数至少在 10% 的水平上显著，本章将这一类行业定义为采取强质量竞争策略的行业，其他 100 个行业的估计系数虽然为负但是在 10% 的水平上不显著，本章将这一类行业定义为采取弱质量竞争策略的行业。这一结果表明大部分行业采取强质量竞争策略。

在 96 个采取成本竞争策略的行业中，三分之一（34 个）的行业产品排序估计系数显著为正，本章将其称为采取强成本竞争策略的行业，其余三分之二（62 个）的行业产品排序估计系数不显著为正，亦即采取弱成本竞争策略。

综上，行业层面竞争策略识别结果进一步表明，我国大部分行业均采取质量竞争策略，且其中强质量竞争策略的行业占比较高（57.76%），这进一步证实了我国多产品出口企业平均意义上采取质量竞争策略（Manova 和 Yu，2017；祝树金等，2018）。

表 6 - 3　各种竞争策略的 4 位码行业数量分布

单位：个，%

项目	（1）	（2）	（3）	（4）	（5）	（6）
系数 δ_1 估计结果	系数为负	显著为负	不显著为负	系数为正	显著为正	不显著为正
竞争策略类别	质量竞争策略	强质量竞争策略	弱质量竞争策略	成本竞争策略	强成本竞争策略	弱成本竞争策略
国民经济四位码行业数	368	268	100	96	34	62
占比	79.31	57.76	21.55	20.69	7.33	13.36

为了进一步分析哪些类型的行业会采取对应的竞争策略，这里首先以强成本竞争策略为例进行分析，表 6 - 4 列出了采取强成本竞争策略的全部国民经济 4 位码行业代码、名称及相应的估计系数。根据估计结果，这些行业内多产品企业出口价格和出口金额呈显著的负向关系，根据理论机制，这些行业也就采取强成本竞争策略。成本竞争策略下，企业通过提高生产率、降低成本的途径，以相对较低的价格获取竞争优势。由表 6 - 4 可知，食品制造行业中有 5 个 4 位码行业采取强成本竞争策略，分别为米、面制品制造，肉、禽类罐头制造，其他调味品、发酵制品制造，冷冻饮品及食用冰制造，食品及饲料添加剂制造；化学原料及化学制品制造业中有 3 个 4 位码行业采取强成本竞争策略，分别为有机化学原料制造，合成橡胶制造，香料、香精制造。

从这些行业的质量差异化程度或者上下游属性特征来看，行业质量差异化程度相对较低，或者上游原材料行业更有可能采取成本竞争策略。

表 6－4　采取强成本竞争策略的行业代码、行业名称和价格—出口额弹性系数一览

行业代码	行业名称	系数 δ_1	行业代码	行业名称	系数 δ_1
1431	米、面制品制造	0.2233	3141	平板玻璃制造	0.0889
1451	肉、禽类罐头制造	0.0607	3147	玻璃纤维及制品制造	0.0576
1469	其他调味品、发酵制品制造	0.0713	3210	炼铁	0.2091
1492	冷冻饮品及食用冰制造	0.4290	3311	铜冶炼	0.3672
1494	食品及饲料添加剂制造	0.1137	3313	镍钴冶炼	0.0998
1510	酒精制造	0.0903	3314	锡冶炼	0.0813
1529	其他酒制造	0.5148	3423	农用及园林用金属工具制造	0.0716
1534	含乳饮料和植物蛋白饮料制造	1.3079	3551	轴承制造	0.0763
1539	茶饮料及其他软饮料制造	1.3079	3571	风机、风扇制造	0.1367
1755	绳、索、缆的制造	0.0672	3581	金属密封件制造	0.1670
2330	记录媒介的复制	0.4680	3633	饲料生产专用设备制造	0.6813
2614	有机化学原料制造	0.1079	3693	邮政专用机械及器材制造	0.6610
2652	合成橡胶制造	0.1951	3724	汽车车身、挂车的制造	0.1956
2674	香料、香精制造	0.0621	3759	航标器材及其他浮动装置的制造	0.3841
2710	化学药品原药制造	0.0706	3792	交通管理用金属标志及设施制造	0.1497
2940	再生橡胶制造	0.0860	4151	电影机械制造	0.2518
3124	轻质建筑材料制造	0.1697	4159	其他文化、办公用机械制造	0.0919

进一步，本章考察哪些行业更多地采取质量竞争策略。由于采取强质量竞争策略的 4 位码行业数较多，限于篇幅，不能将全部行业名称列出来。为此，本章从 2 位码层面来考察这一问题，具体地，计算 2 位码行业内采取强质量竞争策略的 4 位码行业数量的占比，表 6－5 汇报了相应的结果。

根据表 6－5，将近 60% 的 2 位码行业内一半以上 4 位码行业采取强质量竞争策略。其中，纺织、服装、鞋、帽制造业（100%），皮革、毛皮、羽毛（绒）及其制品业（90.91%），通信设备、计算机及其他电子设备制造业（90.48%），塑料制品业（90%）的这一比重更是在 90% 以上。这些

行业中，有 3 个为劳动密集型行业，1 个为资本技术密集型行业，但是它们有一个共同的特点就是行业差异化程度相对较高。这是因为质量差异化程度越高的行业内企业越可能采取质量竞争策略（Manova 和 Zhang，2012；Kugler 和 Verhoogen，2012；祝树金等，2019）。进一步来看全部强质量竞争策略 4 位码行业数超过 50% 的 2 位码行业，其中资本技术密集型行业和劳动密集型行业基本各占一半。

更有意思的是，剩余的强质量竞争策略 4 位码行业数低于 50% 的 2 位码行业主要由资源密集型和质量差异化程度较低的劳动密集型行业构成。这与表 6 - 4 的结论是一致的。

表 6 - 5 采取质量竞争策略的行业分布情况

单位：%

国民经济 2 位码行业代码	国民经济 2 位码行业名称	强质量竞争 4 位码行业数占比	国民经济 2 位码行业代码	国民经济 2 位码行业名称	强质量竞争 4 位码行业数占比
18	纺织、服装、鞋、帽制造业	100.00	41	仪器仪表及文化、办公用机械制造业	58.33
19	皮革、毛皮、羽毛（绒）及其制品业	90.91	22	造纸及纸制品业	50.00
40	通信设备、计算机及其他电子设备制造业	90.48	33	有色金属冶炼及压延加工业	42.86
30	塑料制品业	90.00	23	印刷业和记录媒介的复制	40.00
20	木材加工及木、竹、藤、棕、草制品业	80.00	31	非金属矿物制品业	40.00
42	工艺品及其他制造业	80.00	29	橡胶制品业	37.50
39	电气机械及器材制造业	78.57	25	石油加工、炼焦及核燃料加工业	33.33
36	专用设备制造业	73.47	28	化学纤维制造业	33.33
35	通用设备制造业	72.73	14	食品制造业	31.58
27	医药制造业	71.43	15	饮料制造业	30.77
13	农副食品加工业	64.71	34	金属制品业	29.17
37	交通运输设备制造业	64.00	32	黑色金属冶炼及压延加工业	25.00

续表

国民经济 2位码 行业代码	国民经济2位码行业名称	强质量竞 争4位码 行业数 占比	国民经济 2位码 行业代码	国民经济2位码行业名称	强质量竞 争4位码 行业数 占比
17	纺织业	61.90	26	化学原料及化学制品制造业	18.18
21	家具制造业	60.00	16	烟草制品业	0.00
24	文教体育用品制造业	58.82			

三 进一步研究：行业竞争策略与行业属性的匹配研究

进一步，本章结合行业质量差异化程度来识别行业的竞争策略，一般而言，异质性行业具有较高的质量升级空间，往往采取质量竞争策略，而同质性行业的质量升级空间相对较小，往往采取成本竞争策略。因此，本章基于价格和销售额之间关系的估计结果得到的行业竞争策略的结果可能是由该行业的属性所决定的，但也可能是行业内的企业采取了与行业属性相悖的竞争策略：异质性行业采取了成本竞争策略，而同质性行业采取了质量竞争策略，这种错误策略的选择无疑会影响企业的资源配置和绩效。

具体地，本章采用两种方法来界定异质性行业和同质性行业。首先，借鉴 Rauch（1999）的研究，将 HS 6 位码产品划分为同质性产品和异质性产品，进一步结合 HS 6 位代码与国民经济 4 位码行业代码的匹配表，如果一个国民经济 4 位码行业内全部是同质性产品，则将其称为同质性行业，如果一个行业内全部是异质性产品，则将其称为异质性行业，如果一个行业内既有同质性产品又有异质性产品，则将其称为混合型行业。其次，借鉴 Kugler 和 Verhoogen（2012）、余淼杰和张睿（2017）的做法基于行业内研发和广告支出总额占销售额的比重来衡量行业质量差异化程度，并将高于样本中位数的行业定义为异质性行业，而低于样本中位数的行业定义为同质性行业。本章结合以上两种方法来定义异质性行业和同质性行业，具体地，两种方法下都为异质性行业（同质性行业）的则确定为异质性行业（同质性行业），其他行业均为混合行业。

表6-6报告了行业质量差异化程度属性与行业竞争策略匹配结果。异质性行业共178个，其中从事质量竞争策略的为157个，成本竞争策略的为21个；同质性行业共31个，其中10个行业从事成本竞争策略，21个行业从事质量竞争策略；混合行业共计255个，其中从事质量竞争策略的多达190个，65个行业从事成本竞争策略。

表6-6　行业质量差异化程度属性与行业竞争策略匹配结果

单位：个

项目	异质性行业	同质性行业	混合行业	总计
质量竞争策略	157	21	190	368
成本竞争策略	21	10	65	96
合计	178	31	255	464

根据以上结果，异质性行业内只有11.8%的行业采取了成本竞争策略，根据异质性行业应该采取质量竞争策略的理论依据，这些行业可能存在资源误置（高旭东，2018；倪超，2019）。表6-7第1列具体列出了这些行业的代码和名称。类似地，同质性行业中有67.8%的行业采取了质量竞争策略，这些行业也可能存在资源误置，表6-7第2列汇报了相应行业代码和名称。值得一提的是，混合行业中74.5%的行业采取质量竞争策略，这也进一步证实了我国多产品出口企业总体上采取了质量竞争策略。

表6-7　异质性行业采取成本竞争策略、同质性行业采取质量竞争策略的行业

异质性行业采取成本竞争策略		同质性行业采取质量竞争策略	
行业代码	行业名称	行业代码	行业名称
1461	味精制造	1310	谷物磨制
1462	酱油、食醋及类似制品的制造	1320	饲料加工
1492	冷冻饮品及食用冰制造	1331	食用植物油加工
2671	肥皂及合成洗涤剂制造	1340	制糖
2674	香料、香精制造	1364	鱼油提取及制品的制造
2679	其他日用化学产品制造	1364	其他水产品加工

续表

异质性行业采取成本竞争策略		同质性行业采取质量竞争策略	
行业代码	行业名称	行业代码	行业名称
2930	橡胶零件制造	1393	蛋品加工
3151	卫生陶瓷制品制造	2012	木片加工
3132	建筑陶瓷制品制造	2611	无机酸制造
3141	平板玻璃制造	2612	无机碱制造
3147	玻璃纤维及制品制造	2621	氮肥制造
3571	风机、风扇制造	2622	磷肥制造
3645	照明器具生产专用设备制造	2822	涤纶纤维制造
3693	邮政专用机械及器材制造	2823	腈纶纤维制造
3694	商业、饮食、服务业专用设备制造	3111	水泥制造
4020	雷达及配套设备制造	3134	防水建筑材料制造
4112	电工仪器仪表制造	3240	铁合金冶炼
4119	供应用仪表及其他通用仪器制造	3312	铅锌冶炼
4126	教学专用仪器制造	3316	铝冶炼
4151	电影机械制造	3352	贵金属压延加工
4222	鬃毛加工、制刷及清扫工具的制造	3922	电容器及其配套设备制造

第五节 结论与启示

本章基于多产品出口企业内产品间价格与出口额的关系识别了中国多产品出口企业竞争策略。企业层面识别结果表明，13.72%的企业采取强质量竞争策略，6.2%的企业采取强成本竞争策略，质量竞争策略企业中，价格—出口额系数的平均值为 −0.61，这意味着对于一个出口 5 种产品的企业而言，产品排序每增加一位（亦即远离核心产品一位），出口产品价格随之下降12.2%；成本竞争策略企业中，价格—出口额系数的平均值为 0.73，这意味着对于一个出口 5 种产品的企业而言，产品排序每增加一位（亦即远离核心产品一位），出口产品价格随之上升 14.6%。两类竞争策略企业绩效比较发现，采取质量竞争策略的企业在企业规模、人均工资、出口规模、出口产品种类和出口目的地个数方面均具有较为明显的优势。

　　行业层面识别结果表明，57.76%的行业采取强质量竞争策略，7.33%的行业采取强成本竞争策略，上游原材料行业和行业质量差异化程度低的行业主要采取成本竞争策略，而下游行业和行业质量差异化程度高的行业则主要采取质量竞争策略，行业采取何种竞争策略与该行业的要素密集度的关系不明显。行业质量差异化程度属性与行业竞争策略匹配结果表明，大部分行业采取了合理的竞争策略，21个异质性行业采取了成本竞争策略，21个同质性行业采取了质量竞争策略。

第七章
中间品贸易自由化、成本价格传递与企业产品出口加成率[*]

第一节　引言

加成率作为经济学的重要概念，一般用价格与边际成本之比表示，衡量企业的成本加成定价能力和市场竞争能力，得到学者的广泛关注和研究。国内学者研究发现中国出口企业加成率偏低，甚至低于非出口企业（盛丹和王永进，2012；祝树金和张鹏辉，2015；刘啟仁和黄建忠，2015；黄先海等，2016a，2016b），表明中国出口企业成本定价能力较弱，在国际市场竞争中处于劣势地位。改革开放以来，中国出口贸易迅速增长，并于2013年跃居世界第一货物贸易大国，但是存在出口产品质量低、附加值低和价格低等突出问题；当前世界仍处于国际金融危机后的深度调整期，全球总需求不振、贸易保护主义抬头，国内资源和环境约束不断强化，劳动力等生产要素成本不断上升，这些都导致中国出口贸易增速明显放缓。鉴于此，2015年5月，国务院发布了《关于加快培育外贸竞争新优势的若干意见》，强调必须

---

[*] 本章部分内容曾以标题"中间品贸易自由化与多产品出口企业的产品加成率"发表于《中国工业经济》2018年第1期。

适应新形势新要求，努力巩固外贸传统优势，加快培育竞争新优势，具体需要进一步推进贸易自由化、培育外贸品牌、提高出口产品质量和优化出口产品结构等。另外，中国加入WTO以来，行业层面中间品关税大幅度削减，从2000年的15%下降至2006年的8%，这将大大降低企业的进口成本、增加中间品进口种类，有利于提高企业绩效。基于上述现实和政策背景，本章拟以加成率作为企业竞争优势的代理变量，从中间品贸易自由化中寻找提升中国企业出口产品竞争优势的可靠路径。

已有研究主要关注贸易自由化对行业或企业层面加成率的影响。在行业层面，Goldar和Aggarwal（2005）使用印度1980~1997年的行业数据，研究发现最终品关税削减降低了行业加成率。孙辉煌和兰宜生（2008）利用中国制造业行业的面板数据实证研究发现，进口自由化会提升高竞争性行业的加成率，降低低竞争性行业的加成率。企业层面，Chen等（2009）使用欧盟制造企业数据进行实证研究，发现贸易自由化短期内会产生竞争促进效应，降低企业价格和加成率，但是长期效应不明显，甚至呈现相反效应。钱学锋等（2016）首先使用中国制造业企业数据，研究最终品关税削减和进口渗透对企业加成率的影响，结果证实了贸易自由化引致的竞争促进效应，导致企业降低加成率。

此外，当前关于贸易自由化影响加成率的研究重点正从研究最终品进口自由化向中间品进口自由化转变。毛其淋和许家云（2017）使用中国2000~2007年制造业企业的生产和贸易数据，实证研究发现企业层面中间品进口关税削减引致的中间品贸易自由化显著提高了企业加成率。Brandt等（2017）利用中国1998~2007年的制造业企业数据，也发现行业层面中间品贸易自由化提高了企业加成率。另外相关研究正从行业、企业层面向产品层面不断深化。De Loecker等（2016）测算印度1989~1997年企业产品层面加成率，并研究行业层面最终品贸易自由化和中间品贸易自由化对企业产品加成率的影响效应，研究表明，最终品贸易自由化通过竞争促进效应降低了产品加成率，而中间品贸易自由化通过降低产品边际成本提高了产品加成率。借鉴De Loecker等（2016）的方法，Fan等（2017）测算中国出口企业产品层面的加成率，并研究了中间品贸易自由化对出口企业产品加成率的影响，结果表明，中间品进口关税减让也通过降低边际成本提高了中国出口企业的产品加成率。

以上文献主要研究贸易自由化对行业或者企业层面加成率的影响，较少关注对产品层面加成率的影响，虽然 Fan 等（2017）基于中国的数据研究了中间品贸易自由化对企业产品出口加成率的影响，但是该文主要从成本削减方面讨论其影响机制，而仅仅使用价格作为质量的替代变量对质量渠道做了简单的讨论。本章也借鉴 De Loecker 等（2016）的方法估算了我国企业产品出口加成率，并从成本和质量两个方面全面地研究了中间品贸易自由化对企业产品出口加成率的影响机制。此外，本章还首次基于中国的数据检验了成本价格不完全传递效应。

第二节　理论机制：成本价格不完全传递与质量升级

一　成本价格不完全传递

根据定义，加成率可以表示为产品价格与边际成本之比。一方面，以中间品关税减让为特征的中间品贸易自由化能直接降低企业边际成本，产品价格一定时，边际成本的下降将导致企业产品加成率的上升（Melitz 和 Ottaviano，2008）。Fan 等（2017）通过理论模型分析，认为中间品关税减让降低企业进口中间品的价格指数，进而降低企业产品边际成本，从而提高企业产品加成率。另一方面，中间品贸易自由化可以通过种类效应和多样性效应显著提高企业生产率（Amiti 和 Konings，2007；Halpern 等，2015；Kasahara 和 Rodrigue，2008；Topalova 和 Khandelwal，2011；余淼杰和李晋，2015），间接降低边际成本，导致企业加成率的提升（Melitz 和 Ottaviano，2008；毛其淋和许家云，2017）。但是，中间品贸易自由化在降低企业边际成本的同时，也可能降低企业产品的销售价格。而中间品贸易自由化降低边际成本和价格的幅度，决定了中间品贸易自由化对加成率的影响效应。但由于成本—价格的不完全传递效应（可变加成率的条件下），边际成本变动的幅度要高于价格的下降幅度，从而导致出口产品的加成率提高（De Loecker 等，2016）。[①]

根据定义，企业产品价格对数等于边际成本和加成率对数之和，具体见下式：

$$\ln P_{fgt} = \ln mc_{fgt} + \ln \mu_{fgt} \qquad\qquad (7-1)$$

借鉴 De Loecker 等（2016）的研究将（7-1）式重新表述为：

$$\ln P_{fgt} = \ln \mu_{fg} + \ln mc_{fgt} + (\ln \mu_{fgt} - \ln \mu_{fg}) \qquad (7-2)$$

其中，$\ln \mu_{fg}$ 是企业产品的平均加成率的对数，它不随时间而变化；（$\ln \mu_{fgt} - \ln \mu_{fg}$）表示可变加成率对不变平均加成率的偏离程度。当加成率不随时间而变化时，式（7-2）最后一项为 0，此时，边际成本与价格的变动幅度相等，成本与价格之间为完全传递效应，传递系数为 1；当加成率可变时，式（7-2）最后一项不为 0，且边际成本与加成率之间呈现负向变动关系（Melitz 和 Ottaviano，2008；De Loecker 等，2016），此时，价格的变动幅度要小于边际成本的变动幅度，成本与价格之间为不完全传递效应。成本—价格传递效应越小，说明加成率的调整幅度越大，反之则越小。因此，中间品贸易自由化对企业产品加成率的影响，依赖于成本—价格传递效应。中间品贸易自由化降低边际成本，当成本—价格的传递效应较小时，中间品贸易自由化会大幅提升加成率；而当成本—价格的传递效应较大时，中间品贸易自由化对加成率的提升作用非常有限。

二　质量效应

此外，贸易自由化也可能通过质量效应提升出口企业产品加成率。企业产品质量越高，消费者对该产品的需求价格弹性越低，产品加成率往往越高。[②]

[①]　国内已有文献未能直接测算企业（产品）边际成本，于是在理论机制和实证分析中均没有直接考察成本—价格传递效应。

[②]　这也可以通过加成率与需求价格弹性系数的关系式得到证明，根据加成率的另一定义：$\mu = (1 - |\varepsilon|^{-1})^{-1}$，其中，产品需求价格弹性 ε 越小，加成率 μ 越大。

Mayer 等（2014）认为产品加成率会因市场竞争程度的差异而变化，市场竞争越激烈，产品加成率就会越低；Antoniades（2015）在 Melitz 和 Ottaviano（2008）模型中引入产品质量参数，企业内生决定产品质量，结论表明生产率高的企业通过提高产品质量应对进口竞争，进而能够提高产品价格和加成率；许明和邓敏（2016）直接检验了产品质量与加成率之间的关系，发现二者之间存在显著的正向关系；Fan 等（2017）证实了中间品贸易自由化提升出口产品价格，从而提高产品加成率。毛其淋和许家云（2017）利用中介效应模型，也实证检验得到产品质量是中间品贸易自由化提高企业加成率的可能渠道之一的结论。

综上，本章得到以下待检研究假说：可变加成率条件下，成本—价格传递效应小于 1，意味着中间品贸易自由化导致价格的降低幅度小于边际成本的降低幅度，预期中间品贸易自由化会提高加成率；另外，中间品贸易自由化导致企业质量升级，从而提升产品价格，进一步提高产品加成率。

第三节　计量模型与变量描述

一　计量模型

根据本章的研究主题和理论机制，建立基本的计量模型来研究中间品贸易自由化对于企业产品加成率的影响效应。

$$\text{Log}(Markup_{fgt}) = \beta_0 + \beta_1 Tariff\_input_{it} + \theta X_{ift} + \delta_s + \delta_{fg} + \delta_t + \varepsilon_{fgt} \qquad (7-3)$$

其中，被解释变量是 t 年出口企业 f 产品 g 加成率的对数；核心解释变量为 $Tariff\_input_{it}$，表示 t 年行业 i 中间品进口关税；X_{ift} 表示国民经济 4 位码行业、企业层面的控制变量，具体包括赫芬达尔指数（HHI）、企业生产率（TFP）、企业资本—劳动比（KLR）、企业平均工资（$Wage$）、企业利息支出份额（$Intexp$）、企业年龄（Age）、企业的补贴程度（$Subsidy$）、外资企业（FOE）和国有企业虚拟变量（SOE）；此外，模型中还包括国民经济 2

位码行业固定效应（δ_s）、企业—产品固定效应（δ_{fg}）和年份固定效应（δ_t），分别控制与国民经济 2 位码行业、企业—产品和年份等相关的因素对企业产品加成率的影响；ε_{fgt} 为随机误差项。

二　变量描述

（一）中间品贸易自由化与多产品出口企业产品加成率之间的关系特征

在样本期间，中国加入 WTO，行业层面中间品关税大幅度削减，从 2000 年的 15% 下降至 2006 年 8%。因此，进一步观察中间品关税变动与企业产品加成率变动之间的关系。考虑到样本企业和产品过多，在图中很难清楚呈现这种关系，因此，本章描绘了 2000 ~ 2006 年均存在的全部企业—产品的加成率变化值和行业中间品关税变化值的关系散点图，并得到二者的线性拟合曲线（见图 7 - 1）。线性拟合曲线斜率为负数（ - 1.08），表明中间品关税下降提高了企业产品加成率。

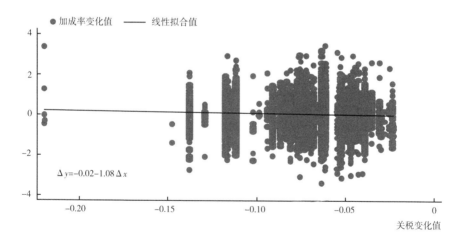

图 7 - 1　中间品关税变动与企业产品加成率变化的散点和线性拟合情况

（二）变量描述性统计表

笔者列出了本章使用的主要变量的描述性统计，见表 7 - 1。

表 7 - 1 变量描述性统计

变量	观测值个数	均值	标准差	最小值	最大值
Log(Markup)	605105	- 0.2691	0.8435	- 7.4945	2.0445
Tariff_input	605105	0.1051	0.0417	0.0234	0.3765
Log(MC)	605105	- 2.8933	1.9920	- 15.7276	13.2794
Log(Price)	605105	- 3.1624	1.9670	- 17.4350	13.4173
Quality	518027	0.5687	0.1668	0.0000	1.0000
Log(TFP)	605105	1.5049	0.1880	0.3889	2.1634
Log(KLR)	605105	3.4289	1.3537	- 6.3534	8.7220
Log(Wage)	605105	2.6806	0.6285	- 7.3715	6.9925
Interest	605105	0.0329	0.1296	- 0.1905	2.8817
Log(Age)	605105	2.0704	0.6187	0.0000	4.0604
Log(Subsidy)	605105	0.0049	0.0362	0.0000	3.8812
FOE	605105	0.6953	0.4603	0.0000	1.0000
SOE	605105	0.0612	0.2397	0.0000	1.0000
HHI	605105	0.0165	0.0343	0.0009	0.8623

第四节　基准回归与稳健性检验

一　基准回归估计

基于模型（7－3）估计中间品贸易自由化对出口企业整体产品加成率的影响效应，结果见表 7－2。第（1）列仅控制年份和企业固定效应；第（2）列控制年份—企业和行业固定效应；第（3）列控制年份、行业和企业—产品固定效应；第（4）列进一步引入企业生产率、资本劳动比、企业平均工资、行业集中度、企业所有制等控制变量。综合（1）～（4）列的回归结果发现，行业中间品关税的系数为负且在 5% 以上水平显著，并且系数估计值比较稳定，在 - 1.60 ～ - 1.00 区间。以第（4）列为例，这意味着其他条件不变时，中间品进口关税每降低 1%，多产品企业出口产品的加成率提高 1.2% 左右，中间品贸易自由化对企业产品的加成率同时具有统计和经济意义上显著的正向影响，验证了研究假说。

企业生产率的上升显著促进企业出口整体产品加成率的提升，其他控制变量的回归系数与已有文献也基本一致（Fan 等，2017；钱学锋等，2016）。

表 7 - 2　中间品贸易自由化对出口企业整体产品加成率的影响

变量	（1）	（2）	（3）	（4）
Tariff_input	- 1.0116 ***	- 1.5500 ***	- 1.1370 **	- 1.2050 ***
	（0.3564）	（0.3891）	（0.4543）	（0.2992）
Log(*TFP*)				1.8266 ***
				（0.1392）
Log(*KLR*)				0.0049
				（0.0041）
Log(*Wage*)				- 0.0301 ***
				（0.0052）
Interest				0.0057
				（0.0149）
Log(*Age*)				- 0.0574 ***
				（0.0089）
Log(*Subsidy*)				0.0483
				（0.0316）
FOE				- 0.0114
				（0.0094）
SOE				0.1003 ***
				（0.0132）
HHI				0.0221
				（0.1288）
Constant	- 0.0755	0.3368 ***	0.1674	- 1.0542 ***
	（0.0517）	（0.0886）	（0.1110）	（0.1360）
年份效应	是	是	是	是
企业效应	是	是	否	否
行业效应	否	是	是	是
企业—产品效应	否	否	是	是
观测值	605105	605105	605105	605105
R²	0.8350	0.8354	0.9527	0.9555

注：括号内为行业—年份层面的聚类稳健标准误。*** ， ** ， * 分别表示 1% 、5% 和 10% 的显著性水平。后表同。

二 内生性问题讨论与解决

考虑到关税和加成率之间可能相互影响，从而导致内生性问题，因此进一步采用工具变量方法进行回归估计。根据 Trefler（2004），对模型（7-3）取一阶差分，并用滞后一期关税作为关税差分项的工具变量（余淼杰和智琨，2016），采用两阶段最小二乘估计方法进行估计，模型（7-3）的回归结果见表 7-3 第（3）、（4）列。作为参照，表 7-3 也汇报了计量模型（7-3）的差分方程 OLS 估计结果，见列（1）、（2）。

工具变量估计结果显示，以纳入控制变量的列（4）为例，中间品进口关税系数仍为负且在 1% 的水平上显著，且系数的绝对值水平有所增加。因此，考虑到模型估计的内生性问题后，采用工具变量法对其一阶差分模型进行估计，结果依然表明，中间品关税下降导致的贸易自由化显著促进了中国出口企业产品加成率的提升。

表 7-3 工具变量回归结果

变量	OLS 估计		IV 估计	
	（1）	（2）	（3）	（4）
Tariff_input	-0.3789	-0.5775 ***	-2.1071 ***	-1.8847 **
（一阶差分）	(0.2454)	(0.2099)	(0.8007)	(0.7794)
Tariff_input × Log(*Ranking*)				
（一阶差分）				
Log(*Ranking*)				
（一阶差分）				
年份效应	是	是	是	是
控制变量	否	是	否	是
观测值	248612	248612	248550	248550
R^2	0.0003	0.0246	0.0130	0.0325
Kleibergen-Paap rk LM χ^2(1) statistic			27.30 ***	27.11 ***
Weak Instrument（F statistic）			49.39 ***	48.99 ***

注：第（3）、（4）列报告了检验工具变量的识别不足〔Kleibergen-Paap rk LM χ^2（1）statistic〕和弱识别〔Weak Instrument（F statistic）〕的统计量，均显著拒绝了识别不足和弱识别的原假设，说明本章使用的工具变量是有效的。

第五节　成本削减和质量升级的机制检验

一　成本和质量渠道的中介效应检验

由理论机制分析可知，中间品贸易自由化主要通过成本降低效应和质量升级效应提升企业整体产品加成率。本章采取中介效应模型对这两个渠道进行检验。

表7－4第（1）和（2）列报告了边际成本渠道中介效应检验回归结果。第（1）列以边际成本为被解释变量估计计量模型（7－3），中间品关税变量的回归系数在5%的水平上显著为正，说明中间品关税减让显著降低了企业出口产品生产边际成本；第（2）列报告了在计量模型（7－3）中控制边际成本的回归结果，边际成本系数显著为负，表示边际成本的下降有利于加成率的提升，中间品关税变量系数依然显著为负，但是系数的绝对值水平明显下降，由1.21下降到1.17，表明边际成本显著影响加成率，且控制边际成本后，中间品关税变动对加成率的影响程度减弱。至此，证明了边际成本是中间品贸易自由化影响出口产品加成率的一个有效渠道。

表7－4第（3）和（4）列报告了产品质量渠道中介效应检验回归结果。第（3）列以产品质量作为被解释变量估计计量模型（7－3），中间品关税变量的回归系数在1%的水平上显著为负，说明中间品关税减让显著提高了企业出口产品质量；在计量模型（7－3）中控制产品质量，回归结果见第（4）列，产品质量估计系数显著为正，表明在其他条件不变的情形下，产品质量与加成率存在显著的正向关系，中间品关税系数在5%的水平上显著为负，相对于表7－2第（4）列的回归结果，中间品关税系数的显著性水平和绝对值大小均明显下降，意味着在控制产品质量后，中间品关税变动对加成率的影响程度也明显减弱，由此证明了产品质量也是中间品贸易自由化影响出口产品加成率的另一个有效渠道。

根据加成率的定义，加成率等于价格与边际成本之比。De Loecker 等

（2016）、盛丹和刘竹青（2017）、许明和邓敏（2016）等通过价格和边际成本两个渠道检验贸易自由化、汇率和产品质量对加成率的影响效应。本章已经采用中介效应模型检验了边际成本渠道，参考这些文献的做法，进一步采用中介效应模型检验价格渠道。

表7-4第（5）和（6）列报告了产品价格渠道中介效应检验回归结果。第（5）列以产品价格作为被解释变量估计计量模型（7-3），中间品关税变量的回归系数在1%的水平上显著为负，表明中间品关税削减显著提高了企业出口产品价格；第（6）列报告了控制产品价格的计量模型（7-3）的回归结果，产品价格估计系数显著为正，表明在其他条件不变的情形下，产品价格与加成率存在显著的正向关系，中间品关税系数依然显著为负，但是绝对值系数从表7-2第（4）列的1.21下降为1.07，表明控制产品价格后，中间品关税变动对加成率的影响程度明显降低，由此证明了产品价格也是中间品贸易自由化影响出口产品加成率的又一个有效渠道。

中间品贸易自由化降低边际成本，理应降低出口价格，但是表7-4第（5）列的回归结果却显示中间品贸易自由化显著提升了出口价格。本章拟从成本—价格传递效应和质量升级导致价格上升两个方面进行解释。一方面，成本—价格传递不完全，且成本—价格传递效应很弱时，成本的下降导致价格下降的幅度很小；另一方面，根据理论机制，中间品贸易自由化导致产品质量升级，更高质量的产品能够有更高的定价。前者的检验回归结果见表7-5，后者的检验回归结果见表7-4第（7）列。在第（5）列的基础上，控制产品质量，产品质量系数显著为正，中间品关税系数绝对值明显下降，表明产品质量与价格存在显著的正向关系，且在控制产品质量后，中间品关税提升价格的幅度明显减少，从而可以说明产品质量提升是引起中间品贸易自由化对价格产生正向效应的一个渠道。

二　成本—价格不完全传递效应检验

基于（7-1）、（7-2）式构建检验成本—价格传递效应的计量模型如下：

$$\ln P_{fgt} = \alpha_{fg} + \lambda \ln mc_{fgt} + \varepsilon_{fgt} \tag{7-4}$$

表7-4　中间品贸易自由化影响企业产品出口加成率的机制检验结果（中介效应模型）

变量	Log (MC)	Log (Markup)	Quality	Log (Markup)	Log (price)	Log (Markup)	Log (price)
	(1)	(2)	(3)	(4)	(5)	(6)	(7)
Tariff_input	0.2657 **	− 1.1711 ***	− 0.0775 ***	− 1.1107 **	− 0.9393 ***	− 1.0678 ***	− 0.7689 ***
	(0.1309)	(0.2805)	(0.0181)	(0.4469)	(0.2619)	(0.2823)	(2530)
Log(MC)		− 0.1274 ***					
		(0.0068)					
Quality				0.1167 ***			3.9638 ***
				(0.0232)			(0.0911)
Log(price)						0.1460 ***	
						(0.0056)	
企业—产品效应	是	是	是	是	是	是	是
行业效应	是	是	是	是	是	是	是
年份效应	是	是	是	是	是	是	是
控制变量	是	是	是	是	是	是	是
观测值	605105	605105	518027	518027	605105	605105	518027
R^2	0.9711	0.9581	0.9386	0.9530	0.9697	0.9590	0.9809

其中，α_{fg} 是企业—产品固定效应，用以衡量企业—产品不随时间变化的平均加成率，系数 λ 则衡量成本—价格的传递效应，预期估计值处于 0～1 区间。边际成本存在测量偏误问题，导致边际成本与误差项相关联，模型估计存在内生性问题。因此，借鉴 De Leocker 等（2016），为边际成本选取合适的工具变量，采用两阶段最小二乘方法（2SLS）估计模型（7-4），回归结果见表7-5。表中第（1）列首先报告了采用 OLS 方法的估计结果，边际成本的估计系数为 0.8643，显著为正但小于 1，这是一个相对较高的成本—价格传递系数；列（2）～（5）汇报了选择不同工具变量的回归结果，所有相应结果中边际成本的估计系数都为正且在 1% 的水平上显著，但是相对于 OLS 估计结果，系数值显著降低，在 0.1 上下；De Loecker 等（2016）估计印度制造业企业成本—价格传递效应在 0.3～0.4 区间。因此，控制内生性问题后，中国多产品出口企业的成本—价格传递系数大幅下降，成本—价

效应传递存在不完全性。综上，在中间品贸易自由化影响下，中国多产品出口企业产品生产的边际成本显著下降，而由于较低的成本—价格传递效应，出口产品价格下降幅度低，且同时受到质量升级的正向影响，最后导致价格显著上升。

表 7 - 5　成本—价格传递效应检验结果

工具变量	OLS	2SLS			
		原材料	工资	中间品关税 & 工资	中间品关税 & 工资 & 原材料
	(1)	(2)	(3)	(4)	(5)
Log(MC)	0.8643 ***	0.0696 ***	0.1002 ***	0.1013 ***	0.0721 ***
	(0.0029)	(0.0066)	(0.0154)	(0.0154)	(0.0066)
企业—产品效应	是	是	是	是	是
年份效应	是	是	是	是	是
控制变量	是	是	是	是	是
观测值	605105	605105	605105	605105	605105
R^2	0.9920	0.9731	0.9745	0.9746	0.9732
Kleibergen-Paap rk LM χ^2(1) statistic		22029 ***	5689 ***	5689 ***	22121 ***
Weak Instrument (F statistic)		17591 ***	2982 ***	1491 ***	5910 ***

注：第（2）～（5）列报告了检验工具变量的识别不足［Kleibergen-Paap rk LM χ^2（1）statistic］和弱识别［Weak Instrument（F statistic）］的统计量，均显著拒绝了识别不足和弱识别的原假设，说明工具变量是有效的。

第六节　结论与启示

本章研究中间品关税削减对企业产品出口加成率的平均影响效应和机制。基于 2000～2006 年中间品关税和企业产品出口加成率的数据观察表明，样本期间中国企业出口产品加成率总体呈上升趋势；中间品关税与中国企业产品出口加成率呈负向关系。进一步，本章从成本—价格效应与质量效应两个方面阐述了中间品贸易自由化影响多产品企业加成率的机制。基于现实观察和机制分析，本章构建计量模型，使用行业层面中间品关税指标及相关企业产品面板数据，考察了中间品贸易自由化对中国多产品出口企业整体产品加成率的影响，并进行了影响机制检验。研究发现，中间品贸易自由化显著提高了企业产品出口加成率，考虑内生性问题后该结论仍然成立。进一步的作用机制检验表明，中间品贸易自由化显著降低了企业产品的边际成本，但由于成本—价格传递的不完全性，中间品贸易自由化引致边际成本的下降未能有效传递到出口产品价格，且受到产品质量升级的影响，中间品贸易自由化对企业出口产品价格的影响显著为正，从而导致企业产品加成率显著上升。

本章的研究结论对于中国推进贸易自由化和加快培育外贸竞争新优势具有重要的政策启示。

进一步推进中间品贸易自由化进程。由于中间品贸易自由化在总体上显著提升多产品出口企业产品加成率，因此继续推进和深化贸易自由化改革对于缓解和解决当前出口增速放缓、贸易条件恶化等问题具有重要意义。为此，①政府相关部门应充分利用好进口关税这一政策工具，进一步降低高新技术设备、关键零部件的进口关税，提升高技术含量和高质量中间品的进口份额，优化进口产品结构，促进国内产业结构和出口产品结构的调整和优化升级；②政府部门应进一步充分利用在上海、广州、天津、福建、辽宁、浙江、河南、湖北、重庆、四川、陕西等地设立的自由贸易试验区，大力推动贸易自由化改革，促进中间品的进口贸易自由化，从而提高出口企业的定价能力和市场竞争优势；③政府还应该积极参与多边及双边贸易谈判，主导或参与各项自由化贸易协定建设，例如，进一步发挥中国在"一带一路"倡议中的领导角色，提高中国在区域贸易协定中的地位，提高在国际贸易中的话语权，扩大中国贸易自由化利得。

降低产品生产成本，促进产品质量升级。成本降低和质量升级是中间品贸易自由化促进企业出口产品加成率提升的两个重要渠道。这意味着，如果要充分发挥中间品贸易自由化对企业出口产品加成率的促进效应，必须继续推进企业产品的成本降低和质量升级。降低产品生产成本，除推进贸易自由化外，一方面，相关部门应着力降低企业的制度性交易成本、税费负担、融资成本、电力价格、物流成本等；另一方面，企业应积极参与国家"创新驱动"战略、"互联网＋"战略等，通过自主创新、"互联网＋"等方式降低企业成本。同时，企业应加快产品质量升级。一方面，中间品贸易自由化使企业购买核心零部件和获取核心技术的机会增加，企业应抓住这一机遇，提高企业内从业人员的技术水平，提高借鉴和吸收国外先进技术的能力和水平；另一方面，企业应不断增加研发投入，积极采用国际先进质量标准，建立国际认可的产品检测和认证体系，从技术模仿向技术创新转变，掌握核心技术、研发核心产品、培育核心品牌，最终实现中国制造向中国创造转变、对外贸易由规模速度型向质量效益型转变。

第八章
中间品贸易自由化、产品排序与多产品
企业产品出口加成率调整[*]

第一节　引言

本书第七章研究了中间品贸易自由化对企业产品出口加成率的整体影响效应，并且分析和识别了两个主要的影响机制：成本削减和质量升级。本章将在多产品企业框架下研究中间品贸易自由化对企业产品出口加成率的影响效应和机制，具体考察中间品贸易自由化对企业内不同出口额排序的产品出口加成率的差异化调整的影响效应及其背后的作用机制，本研究不仅丰富了研究贸易自由化相关文献，还能够打开企业内产品间加成率调整的黑箱，揭示企业内资源再配置效应。

已有关于中间品贸易自由化影响加成率的研究主要建立在单一产品企业的假设基础之上，严重不符合国际贸易中多产品出口企业普遍存在的事实。现有研究表明，多产品出口企业在世界和中国出口贸易中占据主导地位。美国的多产品出口企业占比 58%，其出口值占比却高达 99%（Bernard 等，

---

* 本章是本书作者祝树金、钟腾龙与李仁宇合作的成果，最早以"中间品贸易自由化与多产品出口企业的产品加成率"为题发表在《中国工业经济》2018 年第 1 期，有删改。

2010）；2000~2005年，中国多产品出口企业数量占比为75%，其出口额则占出口总值的95%以上（钱学锋等，2013）。对比利时（Bernard，2014）、法国（Berthou和Fontagné，2013）和印度（Goldberg等，2010）的经验研究也有类似的发现。因此，基于单一产品企业假定得到的研究结论对贸易政策选择会产生一定的误导，还会掩盖企业出口产品调整所蕴含的贸易利得，比如对资源的优化配置。因此，以多产品出口企业作为研究对象具有重要的理论价值和现实意义。

Eckel和Neary（2010）从理论上证明全球化倾向于减少多产品企业的产品范围，且进一步指出产品范围的缩小来源于企业更集中生产核心产品，而减少或者放弃非核心产品，这是因为核心产品生产率更高，应对市场竞争的能力更强，且能给企业带来更高的收益。Bernard等（2011）构建的多产品出口企业理论模型也表明贸易自由化会导致企业缩小产品范围，这一预测也得到了美国出口数据的验证。Mayer等（2014）研究发现，随着出口目的地竞争程度的提升，多产品企业出口到相应市场的产品更集中到其具有竞争优势的核心产品。Eckel等（2015）进一步根据多产品企业是否进行核心产品质量升级，提出两种竞争策略：一是多产品企业主动提升核心产品质量，从而提升核心产品价格和销售额，价格和销售额呈正向关系，即质量竞争的核心产品策略；二是多产品企业不提升核心产品质量，而是依靠核心产品的低成本，以低价换取更大的市场销售额，价格和销售额呈负向关系，即成本竞争的核心产品策略。此外，还有文献研究汇率波动对多产品企业产品范围、产品销售额、价格和加成率的影响，结果表明，当汇率下降时，多产品企业的产品范围、销售额、价格和加成率均会提高，且随着与核心产品距离越接近，提高幅度越大（Chatterjee等，2013；Caselli等，2017；韩剑等，2017）。

已有大部分文献主要研究贸易自由化对行业或企业层面加成率的影响，较少关注对产品层面加成率的影响。由于企业不同产品的生产技术水平存在差异，或者不同产品的需求价格弹性不同，企业对不同产品索取的加成率也可能不同，企业层面加成率掩盖了产品加成率之间的异质性，也无法刻画企业内的资源配置效应。De Loecker等（2016）和Fan等（2017）的研究主要考察贸易自由化对企业产品加成率的平均影响效应，没有考察贸易自由化对企业内不同特征产品加成率的差异化影响效应，因此不能揭示多产品企业内产品之间加成率的调整和资源配置效应。同时，现有关于多产品企业内产品加成率调整的研究，尚未考察贸易自由化的影响。本章在多产品企业分析框架中研究中间品贸易自由化对企业内不同出口额排序产品出口加成率的差异化影响效应及作用机制。

第二节　中间品贸易自由化影响企业内产品加成率
差异化调整的理论机制

Melitz（2003）模型假设产品之间存在水平差异，不存在垂直差异，因而忽略了产品质量的作用。在该情形下，企业通过提高生产率，降低产品边际成本，进而降低产品价格，以提高产品销售额，导致价格与销售额之间的负向关系，即成本竞争策略。但是，现实中存在产出价格与销售额为正向关系的情形，这是 Melitz（2003）的成本竞争策略无法解释的。例如，Kugler 和 Verhoogen（2012）发现哥伦比亚制造业企业产出价格与产出规模呈现显著的正向关系。事实上，正如 Eckel 等（2015）提出的质量竞争策略所阐述的，多产品企业往往通过增加对核心产品的研发投资，提高核心产品的质量，进而提高其价格、加成率和销售额。

本书第七章已经阐述了中间品贸易自由化能够通过质量升级效应影响企业产品加成率。但对于多产品企业而言，中间品贸易自由化对其核心和非核心产品质量的提升作用可能存在差异。已有文献发现，贸易自由化影响下，生产率更高的企业更有可能进行技术升级，提升产品质量，生产率低的企业往往沿用原有技术（Bustos，2011；Bloom 等，2016）。相对于非核心产品，核心产品生产效率更高（Eckel 和 Neary，2010），核心产品技术模仿和吸收能力更强，中间品贸易自由化更有利于促使核心产品质量升级。Amiti 和 Khandelwal（2013）研究指出贸易自由化（关税削减）促进接近质量前沿的产品质量升级，而抑制远离质量前沿的产品质量升级。而正如前文分析所表明的，企业产品质量越高，消费者对该产品的需求价格弹性越低，产品加成率往往越高。多产品企业核心产品质量较高，与市场上已有产品的差异化程度更大，需求价格弹性系数较低，面临的市场竞争程度越低，从而能够获取更高的加成率。因此，中间品贸易自由化对核心产品质量升级的促进效应要高于非核心产品，从而使核心产品加成率增加幅度也要大于非核心产品。

综上，得到本章待检验的研究假说：中间品贸易自由化导致核心产品质量升级的幅度大于非核心产品，且质量上升会提高加成率，这就导致中间品贸易自由化对核心产品加成率的提升幅度大于非核心产品。

第三节　计量模型与变量描述

一　计量模型

引入产品排序变量和中间品关税的交互项，研究中间品贸易自由化对于核心产品和非核心产品加成率影响的差异性，建立以下计量模型：

$$Log(Markup_{fgt}) = \beta_0 + \beta_1 Tariff\_input_{it} + \beta_2 Tariff\_input_{it} \times Log(Ranking_{fgt}) \quad (8-1)$$
$$+ Log(Ranking_{fgt}) + \theta X_{ift} + \delta_s + \delta_{fg} + \delta_t + \varepsilon_{fgt}$$

模型（8−1）在模型（7−3）的基础上引入了行业中间品关税与产品排序变量（Ranking）的交互项，此外也分别采用变量 Non_core，Bottom，Second 等替代 Ranking 进行检验。根据理论机制，中间品关税减让会提高企业整体产品加成率，预计计量模型（8−1）中间品关税变量的估计系数 $\beta_1 < 0$；中间品贸易自由化对多产品出口企业核心产品加成率的提升效应更强，由于产品排序变量等负向表示企业的核心产品，预计模型（8−1）交互项系数 $\beta_2 > 0$。

本章考察中间品贸易自由化对多产品出口企业加成率的影响，样本限定于从事进口的多产品出口企业，其中多产品出口企业是指样本期间任意年份进行多产品出口的企业，从而剔除了样本期间一直是单产品出口企业的样本。在稳健性检验中，本章还使用样本期间一直是多产品出口的企业、单产品多产品转换的企业、每一年均为多产品出口的企业分样本进行回归，回归结果是稳健的。

二　变量描述

（一）中间品贸易自由化与多产品出口企业产品加成率之间的关系特征

在样本期间，中国加入 WTO，行业层面中间品关税大幅度削减，从 2000 年的 15% 下降至 2006 年的 8%。因此，进一步观察中间品关税变动与企业产品加成率变动之间的关系。考虑到样本企业和产品过多，在图中很难清楚呈现这种关系，因此，本章描绘了 2000 年和 2006 年之间均存在的全部企业—产品的加成率变化值和行业中间品关税变化值的关系散点图，并得到二者的线性拟合曲线（见图 8 - 1c）。线性拟合曲线斜率为负数（ - 1.08），表明中间品关税下降提高了企业产品加成率。进一步考察中间品贸易自由化对于多产品企业出口的核心产品和非核心产品加成率的影响是否存在差异。这里基于产品排序虚拟变量 *Bottom* 将样本划分为接近核心产品（*Bottom* 取值为 0）和非核心产品（*Bottom* 取值为 1）两类，然后分别描绘加成率变化值和中间品关税变化值散点图和线性拟合曲线（见图 8 - 1a 和图 8 - 1b）。与全部产品回归曲线比较，核心产品加成率变化的线性拟合曲线更为陡峭（斜率绝对值为 1.48），而非核心产品的线性拟合曲线则要更为平坦（斜率绝对值为 0.88），因此，中间品进口关税削减，对接近核心产品的内围产品的加成率的提升幅度要明显高于非核心产品。

多产品出口企业在中国出口市场中占据统治地位，在多产品出口企业内，核心产品占据统治地位。因此，针对多产品企业的研究，不仅要研究产品范围与企业绩效的关系，还要关注企业内不同产品的绩效及其影响因素。多产品出口企业核心产品加成率高于非核心产品，且在 2000~2006 年贸易自由化期间，核心产品加成率提升速度要大于非核心产品，说明多产品出口企业对不同产品索取不同的加成率，且面对外部冲击，多产品出口企业对不同产品加成率的调整也存在差异。基于单一产品企业假定的贸易理论和实证

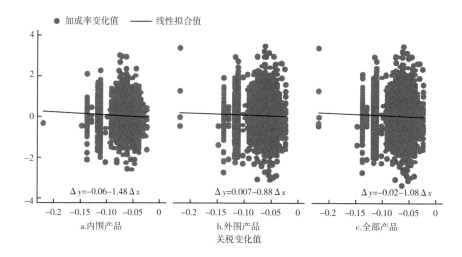

图 8 – 1　中间品关税变动与企业产品加成率变化的散点和线性拟合情况

研究无法刻画企业内不同产品的绩效，从而也不能揭示多产品出口企业的产品绩效调整行为和资源配置行为。本章则基于所观察到的特征性事实，从多产品企业视角出发，分析中间品贸易自由化影响多产品企业的产品加成率及其差异化调整的机制，并构建合理的计量模型进行实证检验。

（二）主要变量描述性统计

笔者列出了本章使用的主要变量的描述性统计，见表 8 – 1。

表 8 – 1　变量描述性统计

变量	观测值个数	均值	标准差	最小值	最大值
Log(*Markup*)	605105	– 0.2691	0.8435	– 7.4945	2.0445
Tariff_input	605105	0.1051	0.0417	0.0234	0.3765
Log(*MC*)	605105	– 2.8933	1.9920	– 15.7276	13.2794
Log(*Price*)	605105	– 3.1624	1.9670	– 17.4350	13.4173
Quality	518027	0.5687	0.1668	0.0000	1.0000
Log(*Ranking*)	605105	1.4773	1.0149	0.0000	5.8833
Non_core	605105	0.8309	0.3748	0.0000	1.0000
Bottom	605105	0.4576	0.4982	0.0000	1.0000
Second	192134	0.4675	0.4989	0.0000	1.0000
Log(*TFP*)	605105	1.5049	0.1880	0.3889	2.1634

续表

变量	观测值个数	均值	标准差	最小值	最大值
Log(*KLR*)	605105	3.4289	1.3537	-6.3534	8.7220
Log(*Wage*)	605105	2.6806	0.6285	-7.3715	6.9925
Interest	605105	0.0329	0.1296	-0.1905	2.8817
Log(*Age*)	605105	2.0704	0.6187	0.0000	4.0604
Log(*Subsidy*)	605105	0.0049	0.0362	0.0000	3.8812
FOE	605105	0.6953	0.4603	0.0000	1.0000
SOE	605105	0.0612	0.2397	0.0000	1.0000
HHI	605105	0.0165	0.0343	0.0009	0.8623

第四节　基准回归与稳健性检验

一　基准回归估计

区分企业出口的核心产品和非核心产品，基于模型（8 - 1）进行实证估计，结果见表 8 - 2。第（1）、（2）列采用产品排序变量 *Ranking* 来区分核心产品和非核心产品，列（3）、（4）采用虚拟变量 *Non_ core*，第（5）、（6）列采用虚拟变量 *Bottom*，列（7）、（8）采用虚拟变量 *Second* 分别替代产品排序变量 *Ranking*。结果表明中间品关税变量回归系数基本上在 1% 的水平上显著为负 [除列（7）外]；而其与所有产品排序变量及其替代变量交叉项的回归系数均为正且通过 10% 以上水平的统计性检验，由于产品排序变量及所有代理变量的值越大，说明相应产品离核心产品越远，因此，实证结果表明中间品贸易自由化会显著促进多产品出口企业加成率的上升，特别地，这种影响效应在核心产品和非核心产品之间存在差异，企业内离核心产品距离越远的产品加成率受到中间品贸易自由化的正向影响效应越弱，验证了研究假说的预测。

表 8 – 2　中间品贸易自由化对核心产品与非核心产品加成率影响的差异

变量	(1)	(2)	(3)	(4)	(5)	(6)	(7)	(8)
Tariff_input	-1.5083***	-1.5069***	-1.3034***	-1.4067***	-1.1514**	-1.2372***	-0.3085	-0.6571**
	(0.4731)	(0.3230)	(0.4598)	(0.3124)	(0.4542)	(0.3012)	(0.4176)	(0.2677)
Tariff_input × Log(*Ranking*)	0.2253***	0.1839***						
	(0.0662)	(0.0599)						
Log(*Ranking*)	-0.0608***	-0.0538***						
	(0.0096)	(0.0089)						
Tariff_input × *Non_core*			0.1982**	0.2386***				
			(0.0823)	(0.0700)				
Non_core			-0.0548***	-0.0577***				
			(0.0104)	(0.0089)				
Tariff_input × *Bottom*					0.0359	0.0819**		
					(0.0378)	(0.0352)		
Bottom					-0.0118**	-0.0174***		
					(0.0051)	(0.0047)		
Tariff_input × *Second*							0.1617*	0.1619**
							(0.0836)	(0.0818)
Second							-0.0576***	-0.0560***
							(0.0097)	(0.0095)
Log(*TFP*)		1.8169***		1.8263***		1.8273***		2.0184***
		(0.1404)		(0.1394)		(0.1392)		(0.0818)
Log(*KLR*)		0.0050		0.0049		0.0049		0.0045
		(0.0040)		(0.0041)		(0.0041)		(0.0030)

续表

变量	(1)	(2)	(3)	(4)	(5)	(6)	(7)	(8)
Log(Wage)		-0.0300*** (0.0052)		-0.0301*** (0.0052)		-0.0301*** (0.0052)		-0.0290*** (0.0038)
Interest		0.0059 (0.0148)		0.0057 (0.0149)		0.0058 (0.0149)		0.0181 (0.0131)
Log(Age)		-0.0570*** (0.0088)		-0.0573*** (0.0089)		-0.0575*** (0.0089)		-0.0526*** (0.0082)
Log(Subsidy)		0.0458 (0.0315)		0.0479 (0.0315)		0.0481 (0.0315)		0.0238 (0.0386)
FOE		-0.0114 (0.0094)		-0.0115 (0.0094)		-0.0115 (0.0094)		-0.0368*** (0.0075)
SOE		0.0992*** (0.0132)		0.1002*** (0.0132)		0.1003*** (0.0132)		0.1186*** (0.0120)
HHI		0.0213 (0.1291)		0.0225 (0.1288)		0.0220 (0.1289)		-0.0208 (0.0912)
Constant	0.2756** (0.1118)	-0.9544*** (0.1404)	0.2161* (0.1108)	-1.0018*** (0.1373)	0.1725 (0.1107)	-1.0468*** (0.1363)	0.1115 (0.1052)	-1.2052*** (0.1064)
企业—产品效应	是	是	是	是	是	是	是	是
行业效应	是	是	是	是	是	是	是	是
年份效应	是	是	是	是	是	是	是	是
观测值	605105	605105	605105	605105	605105	605105	192134	192134
R^2	0.9528	0.9556	0.9527	0.9555	0.9527	0.9555	0.9147	0.9199

考虑到关税和加成率之间可能相互影响，从而导致内生性问题，因此进一步采用工具变量方法进行回归估计。根据 Trefler（2004），对模型（8－1）取一阶差分，并用滞后一期关税作为关税差分项的工具变量（余淼杰和智琨，2016），采用两阶段最小二乘估计方法进行估计，模型（8－1）的回归结果见表 8－3 第（3）、（4）列。作为参照，表 8－3 也汇报了计量模型（8－1）差分方程 OLS 估计结果，见列（1）、（2）。

　　工具变量估计结果显示，以纳入控制变量的列（4）为例，中间品进口关税系数仍为负且在 1% 的水平上显著，中间品关税和产品排序变量的交互项系数仍为正且在 10% 以上水平显著，且系数的绝对值水平有所增加。因此，考虑到模型估计的内生性问题后，采用工具变量法对其一阶差分模型进行估计，结果依然表明，中间品贸易自由化对核心产品加成率的提升幅度要显著大于非核心产品。

表 8 - 3　工具变量回归结果

变量	OLS 估计		IV 估计	
	（1）	（2）	（3）	（4）
$Tariff\_input$	－ 0.6496 ***	－ 0.8371 ***	－ 2.7207 ***	－ 2.4884 ***
（一阶差分）	（0.2181）	（0.1994）	（0.9552）	（0.9236）
$Tariff\_input \times \mathrm{Log}(Ranking)$	0.2260 ***	0.2170 ***	0.4258 **	0.4189 *
（一阶差分）	（0.0790）	（0.0691）	（0.2103）	（0.2157）
$\mathrm{Log}(Ranking)$	－ 0.0497 ***	－ 0.0481 ***	－ 0.0710 ***	－ 0.0697 ***
（一阶差分）	（0.0092）	（0.0080）	（0.0227）	（0.0233）
年份效应	是	是	是	是
控制变量	否	是	否	是
观测值	248612	248612	248550	248550
R^2	0.0026	0.0268	0.0144	0.0338
Kleibergen-Paap rk LM $\chi^2(1)$ statistic			48.93 ***	48.80 ***
Weak Instrument（F statistic）			46.84 ***	46.84 ***

　　注：第（3）、（4）列报告了检验工具变量的识别不足 ［Kleibergen-Paap rk LM χ^2（1）statistic］ 和弱识别 ［Weak Instrument（F statistic）］ 的统计量，均显著拒绝了识别不足和弱识别的原假设，说明本章使用的工具变量是有效的。

二　中间品贸易自由化影响企业产品加成率的长期效应

基准回归估计主要考察了当期中间品关税和当期加成率之间的关系，反映中间品贸易自由化对加成率的短期影响。但正如 Fan 等（2017）和钱学锋等（2016）等所阐述的，贸易自由化等政策的影响效应可能存在时间持续性，因此，为进一步考察中间品贸易自由化对多产品企业出口产品加成率的长期影响效应，本节将计量模型（8-1）的当期中间品关税变量替换为该变量的滞后 1 期、滞后 2 期、滞后 3 期和滞后 4 期，表 8-4 报告了长期影响效应的估计结果。结果显示：除滞后 4 期的中间品进口关税之外，中间品关税的回归系数均为负数且在 1% 的水平上显著，这表明中间品贸易自由化对于出口企业产品加成率的促进作用具有持续效应。事实上，由于中间品进口关税削减，企业能够进口多样化和高质量的中间品，在较长时期内，会不断改善企业的生产工艺和技术，提高企业的生产率和产品质量，从而在长期内有利于企业产品加成率的提升。毛其淋和许家云（2017）基于企业层面得到类似的结论，钱学锋等（2016）考察了进口竞争对企业加成率的短期和长期影响，他们发现进口竞争短期内会显著压低企业加成率，但是长期内，企业通过加大研发投入、提高效率、降低边际成本等应对竞争，从而使进口竞争在长期内对企业加成率没有显著的影响，这也从侧面证实了长期内企业提高产品质量和加成率的结论。此外，中间品进口关税的滞后变量与产品排序变量之间交叉项的回归系数只有在滞后 3 期的回归结果 10% 的水平上显著，其他滞后期均不能通过 10% 的显著性水平的检验，表明中间品关税削减在长期内对核心产品加成率的正向效应只有在滞后 3 期时显著大于非核心产品，一定程度上存在长期影响效应，这也反映出多产品企业的核心产品竞争策略（Eckel 和 Neary，2010），中间品贸易自由化使企业倾向于提高核心产品的加成率。

三　稳健性检验

为检验以上研究结论的可靠性，本节进一步通过改变关键变量、控制行业最终品关税、改变多产品企业样本、剔除汇率变动的影响、剔除加成率极端值、贸易方式分样本等进行稳健性检验。

（一）改变关键变量的度量

改变被解释变量，即企业产品加成率的度量。前文使用的企业产品加成率是基于出口数量测度的，现在使用价格平减后的出口金额作为式（2－12）中的产出额，同样为了消除出口额的测量误差和其他不可观测的冲击干扰，对一系列变量回归，获得拟合值。然后使用与前面相同的方法得到企业产品加成率，对模型（8－1）进行回归，回归结果见表8－5第（1）列。中间品关税的系数符号为负且通过1%水平的显著性检验，中间品关税与产品排序变量交互项系数为正也通过1%水平的显著性检验，这表明研究结果不受到加成率度量的影响，结果稳健。

改变核心解释变量，即中间品进口关税的度量。前文均使用行业层面中间品关税指标，这里进一步借鉴Yu（2015）的方法构建企业层面中间品关税变量。同一行业内，产品之间进口关税存在显著差异，且不同企业进口产品种类和数量均不相同，因此，行业层面的中间品关税不能反映中间品自由化程度在企业之间的差异。利用细分的产品贸易数据，构造企业层面的中间品关税指标[①]，具体过程见第四章第四节。

使用企业层面中间品关税变量衡量中间品贸易自由化，对模型（8－1）进行估计，结果报告在表8－5第（2）列。第（3）列还报告了同时改变加成率和使用企业中间品关税变量的回归结果，新的中间品进口关税变量的系数符号依然为负在5%水平上显著，中间品进口关税与产品排序变量交互项系数为正且在1%水平上显著。因此，改变企业产品加成率和使用企业层面中间品关税后，本章主要研究结论稳健。

（二）控制行业最终品关税

Amiti和Konings（2007）在研究进口贸易自由化对企业生产率的影响时，将进口关税分解为最终品进口关税和中间品进口关税，研究发现最终品

---

① Fan等（2017）、毛其淋和许家云（2017）使用类似的方法构建企业层面中间品关税指标。

表 8 - 4　长期影响估计结果

变量	滞后 1 期		滞后 2 期		滞后 3 期		滞后 4 期	
	(1)	(2)	(3)	(4)	(5)	(6)	(7)	(8)
$Tariff\_input$	-0.8971***	-0.9169***	-1.0015***	-1.0466***	-0.9017***	-0.9533***	0.0078	-0.0907
	(0.3212)	(0.3067)	(0.3000)	(0.2969)	(0.3442)	(0.3377)	(0.4483)	(0.4341)
$Tariff\_input \times$ Log($Ranking$)	0.0832†	0.0812†	0.1100	0.1098	0.1743*	0.1682*	-0.0085	-0.0146
	(0.0657)	(0.0639)	(0.1017)	(0.0995)	(0.0956)	(0.0933)	(0.1387)	(0.1330)
Log($Ranking$)	-0.0364***	-0.0359***	-0.0400**	-0.0398**	-0.0469***	-0.0461***	-0.0201	-0.0194
	(0.0104)	(0.0101)	(0.0159)	(0.0156)	(0.0152)	(0.0148)	(0.0248)	(0.0239)
年份效应	是	是	是	是	是	是	是	是
控制变量	否	是	否	是	否	是	否	是
观测值	248612	248612	149339	149339	89610	89610	52792	52792
R^2	0.9583	0.9584	0.9617	0.9617	0.9683	0.9684	0.9789	0.9789

注：控制变量取相应的滞后期，排序变量 $Ranking$ 取当期值；† 表示 20% 的显著性水平。

表 8 - 5　改变关键变量度量和控制行业最终品关税的回归结果

变量	（1）基于出口金额计算的加成率	（2）企业中间品关税	（3）基于金额计算的加成率＋企业中间品关税	（4）基于数量计算的加成率＋控制行业最终品关税	（5）基于金额计算的加成率＋控制行业最终品关税
Tariff_input	－ 1. 3527 ***	－ 0. 3008 ***	－ 0. 2694 **	－ 1. 2087 ***	－ 1. 0584 ***
	（0. 3469）	（0. 1131）	（0. 1296）	（0. 3528）	（0. 3617）
Tariff_input × Log（*Ranking*）	0. 1624 **	0. 2159 ***	0. 1867 ***	0. 1378 **	0. 1140 *
	（0. 0677）	（0. 0582）	（0. 0665）	（0. 0604）	（0. 0692）
Log（*Ranking*）	－ 0. 0818 ***	－ 0. 0780 ***	－ 0. 1043 ***	－ 0. 0488 ***	－ 0. 0766 ***
	（0. 0095）	（0. 0072）	（0. 0092）	（0. 0089）	（0. 0097）
Tariff_output				－ 1. 6718 ***	－ 1. 6533 ***
				（0. 2543）	（0. 2306）
企业—产品效应	是	是	是	是	是
行业效应	是	是	是	是	是
年份效应	是	是	是	是	是
控制变量	是	是	是	是	是
观测值	590762	176946	169435	605105	590762
R^2	0. 9231	0. 9704	0. 9476	0. 9559	0. 9233

进口关税下降通过进口竞争效应提高存活企业生产率，而中间品进口关税下降则通过成本效应、技术溢出效应等渠道影响企业生产率。De Leocker 等（2016）、Fan 等（2015）、钱学锋等（2016）在研究进口自由化对企业加成率的影响时也区分了最终品进口关税和中间品进口关税的影响。因此，考虑到最终品关税下降导致的贸易自由化的影响效应，将行业层面最终品关税变量作为控制变量纳入计量模型（8 - 1），回归结果见表 8 - 5 第（4）和（5）列，使用两个加成率的回归结果均显示，行业中间品关税系数为负且在 1%水平上显著，同时，中间品关税与产品排序变量交互项系数仍然为正且在10%以上水平显著。这表明，控制最终品进口自由化引致的竞争效应后，中间品关税下降对核心产品加成率的促进效应依然成立，中间品贸易自由化对非核心产品与核心产品之间加成率的差异化调整效应也依然成立。

（三）改变多产品企业样本

本章以多产品出口企业为研究对象，在前面的实证中，本章把样本期间有进行多产品出口的企业均保留下来，亦即剔除了样本期间一直是单产品出口的企业。为了保证回归结果不受多产品出口企业样本选择的影响，这里进一步使用其他三类样本进行回归。分别为：样本期间一直为多产品出口企业的样本（Always）、样本期间多产品和单产品转换企业的样本（Switcher）、每一年均为多产品出口企业的样本（Net），回归结果分别见表 8 – 6 第（1）、（2）和（3）列。由回归结果可知，只有转换样本的中间品关税系数不显著，其他变量的符号和显著性程度与基准回归结果基本一致，表明多产品企业样本的选择并不会影响本章的研究结论。

表 8 – 6 多产品企业样本选择稳健性检验结果

变量	多产品出口企业类型			企业出口产品个数分样本			
	Always	Switcher	Net	p25	p50	p75	p95
	（1）	（2）	（3）	（4）	（5）	（6）	（7）
$Tariff\_input$	− 1.6413 ***	− 0.4198	− 1.5738 ***	− 1.7480 ***	− 1.9574 ***	− 2.3999 ***	− 2.7034 **
	（0.3434）	（0.5442）	（0.3383）	（0.3641）	（0.3895）	（0.5076）	（1.0671）
$Tariff\_input \times$ Log($Ranking$)	0.1385 **	0.6375 ***	0.1481 **	0.1468 **	0.1433 **	0.1515 **	0.1166
	（0.0574）	（0.2079）	（0.0581）	（0.0594）	（0.0624）	（0.0766）	（0.1150）
Log($Ranking$)	− 0.0428 ***	− 0.1902 ***	− 0.0439 ***	− 0.0436 ***	− 0.0432 ***	− 0.0436 ***	− 0.0418 **
	（0.0079）	（0.0248）	（0.0080）	（0.0082）	（0.0085）	（0.0107）	（0.0165）
企业—产品效应	是	是	是	是	是	是	是
行业效应	是	是	是	是	是	是	是
年份效应	是	是	是	是	是	是	是
控制变量	是	是	是	是	是	是	是
观测值	539473	65632	592629	550753	505552	349396	146808
R^2	0.9618	0.8950	0.9625	0.9639	0.9653	0.9700	0.9759

根据产品范围分样本进行回归估计。Bernard 等（2010）指出生产率更高的企业具有更大的产品范围；易靖韬和蒙双（2017）使用中国的数据，研究发现出口产品范围与企业生产率（或市场份额）呈倒 U 形关系。这些研究均表明产品范围与企业绩效密切相关。根据前文的统计分析，中国多产

品出口企业之间的产品范围差异较大。根据不同产品范围的分样本对模型（8-1）回归，检验不同产品范围的企业内，中间品贸易自由化对企业产品加成率影响的差异性。

表8-6第（4）～（7）列报告了产品范围分别在25分位、50分位、75分位和95分位数上的分样本回归结果。每一列中，中间品关税系数均为负且在1%的水平上显著，系数的绝对值水平随着产品范围的增加而不断增大，表明出口产品范围更大的企业中，中间品贸易自由化对核心产品加成率的提高幅度更大；除95%分位以上分样本外，中间品关税与产品排序变量交互项的系数也均为正且通过5%显著性水平检验，系数值大小没有显著差异，表明在中间品贸易自由化影响下，不同产品范围的多产品出口企业核心产品加成率调整均要大于非核心产品。

（四）其他稳健性检验

考虑到人民币汇率改革或者变动对出口企业价格和加成率调整存在重要影响，例如盛丹和刘竹青（2017）发现人民币汇率升值显著降低了出口企业的价格和加成率，本章并没有直接纳入汇率变动变量，但考虑到2005年之后人民币兑美元汇率呈现的升值趋势，因此，在时间层面上将2005年和2006年从样本期间中剔除（Fan等，2017），再次估计模型（8-1），回归结果见表8-7第（1）列，变量回归系数符号和显著性水平均没有发生实质性变化，表明本章主要研究结论并不受到汇率变动的影响。

删除具有极端加成率值的企业样本。从样本中删除企业产品加成率的极端值：位于最小和最大的2.5个百分位区间的企业样本，相应的回归结果见表8-7第（2）列，与基准回归结果高度一致。

考虑到出口贸易方式的差异会影响到中间品贸易自由化对多产品出口企业产品加成率调整的效应，将产品划分为一般贸易出口方式和加工贸易出口方式，对计量模型（8-1）进行分样本回归，结果见表8-7第（3）、（4）列。回归结果表明，中间品贸易自由化对一般贸易和加工贸易出口产品均存在显著的影响，但是对前者的提升效应更大，这一回归结果与余淼杰和袁东（2016）企业层面的研究结论是一致的。

表 8 - 7　其他稳健性检验回归结果

变量	剔除 2005/2006 年	剔除 极端值	一般贸易方式 出口产品	加工贸易方式 出口产品
	（1）	（2）	（3）	（4）
Tariff_input	- 0.9090 ***	- 1.3749 ***	- 1.0606 **	- 0.7563 **
	（0.1310）	（0.3160）	（0.4711）	（0.3147）
Tariff_input × Log（Ranking）	0.0721 **	0.1798 ***	0.2523 **	0.2538 ***
	（0.0320）	（0.0589）	（0.1266）	（0.0659）
Log（Ranking）	- 0.0363 ***	- 0.0498 ***	- 0.0791 ***	- 0.0490 ***
	（0.0048）	（0.0084）	（0.0137）	（0.0099）
企业—产品效应	是	是	是	是
行业效应	是	是	是	是
年份效应	是	是	是	是
控制变量	是	是	是	是
观测值	359388	574851	324497	280608
R^2	0.9637	0.9392	0.9687	0.9478

第五节　质量升级的机制检验

本节主要从质量升级效应渠道检验中间品贸易自由化影响多产品出口企业核心和非核心产品加成率差异化调整的机制。

一　中国多产品出口企业质量竞争策略检验

首先，通过检验中国多产品出口企业核心产品和非核心产品之间质量是否存在显著差异，[①] 来说明中国的多产品出口企业是采取质量竞争还是成本竞争的核心产品策略。

---

① 正文中产品质量测算结果是基于 HS 2 位码需求价格弹性系数得到的，附件 5 中汇报了价格弹性系数为 10，以及使用工具变量方法估计产品质量的回归结果。

借鉴 Eckel 等（2015），构建以下检验核心产品与非核心产品质量差异的计量模型：

$$Quality_{fgt} = \delta_0 + \delta_1 Ladder_{fgt} + \omega_{ft} + \upsilon_{gt} + \varepsilon_{fgt} \tag{8-2}$$

其中，下标 f、g、t 分别表示企业、产品和年份；$Quality_{fgt}$ 为出口产品质量。$Ladder_{fgt}$ 为产品阶梯变量（$Ranking$，Non_core，$Bottom$，$Second$）。ω_{ft} 为企业—年份固定效应，控制企业之间的绩效差异；并控制产品—年份固定效应 υ_{gt}，使不同计量单位产品之间具有可比性；ε_{fgt} 是随机误差项。回归结果见表 8-8。

使用不同产品阶梯变量的模型估计结果显示，产品阶梯变量估计系数均在 1% 的显著性水平上为负，以第（2）列为例，非核心产品估计系数为 -0.0853，核心产品质量高于非核心产品 8.53%。这一回归结果证明核心产品质量显著高于非核心产品，中国多产品出口企业采取质量竞争的核心产品策略。

表 8-8　多产品出口企业核心产品与非核心产品质量差异估计结果

变量	Log($Ranking$)	Non_core	$Bottom$	$Second$
	（1）	（2）	（3）	（4）
$Ladder$	-0.0785***	-0.0853***	-0.0971***	-0.0385***
	（0.0003）	（0.0004）	（0.0004）	（0.0005）
企业—年份效应	是	是	是	是
产品—年份效应	是	是	是	是
观测值	518027	518027	518027	160875
R^2	0.7267	0.6688	0.7127	0.9334

注：括号内企业—年份层面的聚类标准误。

二　中间品贸易自由化对企业内出口产品质量的差异化影响检验

现在检验中间品贸易自由化对多产品出口企业核心和非核心产品质量升级影响效应是否存在差异性，表 8-9 第（1）列报告了回归结果。结果表明，中间品关税变量的回归系数显著为负，在其他变量不变的情况下，中间品进口自由化有利于提高核心出口产品质量；而中间品关税变量与产品排序变量交互项系数为正且通过 5% 显著性水平的检验，表明中间品贸易自由化对产品质量的提升效应随着离核心产品越远而降低。

产品质量升级一方面会抬高企业产品生产边际成本，另一方面能提高产品价格。由于中间品贸易自由化导致多产品出口企业核心产品质量升级幅度大于非核心产品，本章预测中间品贸易自由化导致核心产品价格的上升幅度可能大于非核心产品，而导致核心产品边际成本降低的幅度可能小于非核心产品。分别以产品出口价格和边际成本为被解释变量，估计计量模型（8-1），回归结果见表 8-9 第（3）、（4）列。产品出口价格模型的回归结果验证了前文的预期，中间品关税系数显著为负，交互项显著为正，表明中间品贸易自由化导致核心产品价格上升幅度大于非核心产品；产品边际成本模型的回归结果与预期存在一定的偏差，中间品关税系数显著为正，这与预期一致，意味着中间品贸易自由化会显著降低核心产品边际成本，但是交互项系数不显著，且系数绝对值水平很小，这说明中间品贸易自由化对核心和非核心产品边际成本的影响不存在显著差异。综上，中间品贸易自由化导致核心产品价格上升幅度大于非核心产品，但是对边际成本不存在差异化影响，根据加成率的定义，这就证明了表 8-2 的估计结果：中间品贸易自由化对核心产品加成率的提升效应大于非核心产品，验证了研究假说。

Fan 等（2015）基于中国的数据研究发现，中间品贸易自由化会导致异质性出口产品质量升级和价格提高，同质性产品却会降低质量和价格。这是因为差异化程度更高的产品质量升级空间较大，往往会采取产品质量升级策略应对外部冲击（Manova 和 Zhang，2012）。因此，本章在计量模型（8-1）中引入中间品关税、产品排序与产品差异化程度等变量的交互项，[①] 估计结果见表 8-9 第（4）、（5）列，以自由估计方法表示产品差异化程度的交互

---

① 产品差异化程度分别采用 Rauch（1999）的自由估计方法（*Rauch_ lib*）和保守估计方法（*Rauch_ lib*）计算得到，当虚拟变量 *Rauch_ lib* 或者 *Rauch_ con* 取 1 时表示异质性产品，取 0 时则表示同质性产品。

项系数不显著为负，但是以保守估计方法表示产品差异化程度的交互项系数在 10% 的水平上显著为负，当产品为异质性产品时，随着离核心产品距离越远，中间品贸易自由化导致非核心产品加成率提升幅度的下降速度减少，表明中间品贸易自由化对异质性产品加成率的促进效应大于同质性产品，进一步证实了产品质量升级是中间品贸易自由化导致加成率提升的重要渠道。

表 8 - 9　中间品贸易自由化影响企业核心和非核心产品加成率调整的机制检验结果

被解释变量	$Quality$	$Log(Price)$	$Log(MC)$	$Log(Markup)$	$Log(Markup)$
	（1）	（2）	（3）	（4）	（5）
$Tariff\_input$	- 0. 0941 ***	- 1. 1856 ***	0. 3213 **	- 1. 5082 ***	- 1. 5105 ***
	（0. 0130）	（0. 2545）	（0. 1503）	（0. 0942）	（0. 0942）
$Tariff\_input \times Log(Ranking)$	0. 0107 **	0. 1530 *	- 0. 0309	0. 2054 ***	0. 2547 ***
	（0. 0037）	（0. 0910）	（0. 0433）	（0. 0454）	（0. 0467）
$Log(Ranking)$	- 0. 0567 ***	- 0. 1021 ***	- 0. 0484 ***	- 0. 0538 ***	- 0. 0538 ***
	（0. 0005）	（0. 0168）	（0. 0059）	（0. 0032）	（0. 0032）
$Tariff\_input \times Log(Ranking)$ $\times Rauch\_lib$				- 0. 0232	
				（0. 0395）	
$Tariff\_input \times Log(Ranking)$ $\times Rauch\_con$					- 0. 0760 *
					（0. 0414）
企业—产品效应	是	是	是	是	是
行业效应	是	是	是	是	是
年份效应	是	是	是	是	是
控制变量	是	是	是	是	是
观测值	518027	605105	605105	605105	605105
R^2	0. 9487	0. 9699	0. 9712	0. 9556	0. 9556

第六节　结论与启示

多产品出口企业在中国出口市场中占据统治地位，出口产品范围较大，而核心产品贡献了多产品出口企业 3/4 的出口额。本章研究中间品关税削减对多产品企业内不同出口额排序产品出口加成率的差异化影响效应和机制。基于 2000 ~ 2006 年中间品关税和多产品企业产品出口加成率的数据观察表明，中间品关税与中国多产品企业出口产品加成率呈负向关系，但其对核心产品加成率的提升幅度要明显高于非核心产品。进一步，本章从成本—价格效应与质量效应两个方面阐述了中间品贸易自由化影响多产品企业加成率的机制，特别是基于质量升级效应，讨论了中间品贸易自由化对于多产品企业核心产品和非核心产品加成率调整的影响差异。基于现实观察和机制分析，本章构建计量模型，使用行业层面中间品关税指标及相关企业产品面板数据，考察了中间品贸易自由化对中国多产品出口企业核心和非核心产品加成率调整的影响，并进行了影响机制检验。研究发现，中间品贸易自由化显著提高了多产品出口企业产品加成率，但其对多产品核心产品加成率的促进效应要显著大于非核心产品，并且这种促进效应及其差异性具有持续性，在长期内也是成立的；即使改变关键变量、控制行业最终品关税，或者改变样本范围后，研究结论依然稳健。进一步的作用机制检验表明，中间品贸易自由化显著降低了企业产品的边际成本，但由于成本—价格传递的不完全性，中间品贸易自由化引致边际成本的下降未能有效传递到出口产品价格，且受到产品质量升级的影响，中间品贸易自由化对企业出口产品价格的影响显著为正，从而导致企业产品加成率显著上升；由于中国多产品出口企业往往采取质量竞争的核心产品策略，且中间品贸易自由化对多产品出口企业核心产品质量升级的促进效应显著大于非核心产品，这就导致核心产品价格和加成率的提升幅度均大于非核心产品。

本章的研究结论对于中国推进贸易自由化和加快培育外贸竞争新优势具有重要的政策启示。在进一步推进中间品贸易自由化进程、降低产品生产成本和促进产品质量升级的同时，还需引导推进出口企业产品多元化与核心化协调发展的策略。

具体地，本章研究表明中间品贸易自由化显著提高了多产品出口企业产品加成率，这一效应随着产品范围的增大而变大，且对多产品核心产品加成率的促进效应要显著大于非核心产品。这一结论意味着，面对贸易自由化，一方面，对于已经拥有核心化产品的企业而言，政府部门可以引导推动其实施多元化策略。产品多元化策略是"不把鸡蛋放在同一个篮子里"，鼓励企业在核心化基础上，充分利用要素投入、生产技术和市场需求，生产并出口多种产品，更新现有产品，通过企业内扩展边际调整，积极应对激烈的国际市场竞争，规避和化解外部市场风险。另外，对于实施产品多元化的企业而言，应大力推动其产品核心化策略。核心产品是每个多产品出口企业的比较优势，在多元化的基础上，企业应该增加对核心产品的投入或培育新的核心产品；相关政府部门也应该不断规范资本市场、劳动力市场等要素市场，提高企业支配要素投入的灵活能力，为多产品出口企业核心化策略提供保障。

第九章
进口竞争、产品差异化程度与企业
产品出口加成率*

第一节 引言

中国出口贸易长期依靠低成本和低价格的竞争优势，但这随着国内外形势的变化而不断被削弱。国内方面，我国劳动力、土地、资源、原材料等要素成本上升和供应趋紧，出口产品成本上升压力增大；国际方面，全球总需求不振，贸易保护主义抬头，美欧等发达国家推行"再工业化"，其他发展中国家依靠成本优势抢占全球出口市场。这些因素导致中国出口增速明显放缓。继金融危机之后，2015年和2016年出口再次出现负增长。党的十九大报告指出要推动形成全面开放新格局，加快培育国际经济合作和竞争新优势。本章旨在从出口加成率的视角研究外贸竞争优势。加成率（Markup）定义为产品价格与边际成本之比，不仅可以衡量企业的成本加成定价能力，而且能够反映企业市场势力。另外，正如党的十九大报告所指出的，我国社会主要矛盾已经转化为"人民日益增长的美好生活需要和不平衡不充分的

---

  * 本章是本书作者祝树金、钟腾龙与李仁宇合作的成果，最早发表在《管理世界》2019年第11期，第52~71页，有删改。

发展之间的矛盾"。近些年我国"海淘"现象普遍，反映出我国存在高品质产品供给不足与消费需求上升之间的矛盾。2018 年 12 月召开的中央经济工作会议也指出，要扩大进口贸易，削减进口环节制度性成本。事实上，我国自 2001 年加入 WTO 后，大幅削减进口产品关税，余森杰（2011）计算了我国国民经济 4 位码行业（CIC4d）的进口关税水平，发现我国进口关税均值明显下降，由 2000 年的 17.99% 下降到 2006 年的 10.32%。这些举措旨在通过增加高品质产品进口，一方面满足国内市场的需求，另一方面促进国内市场竞争，推动国内企业提升产品质量。关税削减必然会导致我国国内企业面临的进口竞争程度上升，这种进口竞争是否会影响我国产品出口加成率及其国际市场势力？影响渠道和机制是什么？

一般而言，产出品进口关税下降，更多国外产出品进入国内市场，加剧同行业的国内市场竞争程度，从而导致企业降低价格和加成率，也就是所谓的"促进竞争效应"（pro‐competitive effects）（Feenstra，2010）。从直观上来看，产出品进口关税下降主要是加剧了国内市场竞争程度，对本国出口企业面临的国外市场竞争程度没有直接的影响，但是进口竞争是否会影响企业产品出口加成率呢？一般地，对于内销和出口企业而言，其会随着应对国内市场竞争程度的加剧而采取相应措施和决策，这不仅可能会影响产品内销加成率，而且也有可能影响产品出口加成率，尤其是对于既内销又出口的产品，根据 Melitz（2003）理论，进入出口市场的企业往往首先是内销企业，出口产品往往在国内也有销售。一方面，随着进口竞争加剧，市场中的生产企业会力争降低成本，进而降低价格，当成本降低幅度小于价格，加成率会下降（例如垄断性行业），当成本降低幅度大于价格，加成率会上升（例如竞争性行业）；另一方面，进口竞争会促使企业从事产品质量升级，从而达到"摆脱竞争"的目的（Amiti 和 Khandelwal，2013；Martin 和 Mejean，2014）。企业进行产品质量升级，需要增加研发投入、更新生产设备、雇用更高技术水平的劳动力、使用更高质量的中间投入品等，这些方面都可能影响整个企业的产品质量升级能力。因此，即使企业的出口产品不直接受到国内市场竞争变化的影响，进口竞争也可能导致企业产品生产成本降低、质量升级能力提高，从而影响产品出口加成率。此外，正如已有研究所表明的，对于企业不同差异化程度的产品，进口竞争可能通过不同的机制和渠道影响其加成率，例如同质性和异质性产品的最大差别在于质量升级空间的差异（Kugler 和 Verhoogen，2012；Manova 和 Zhang，2012；Eckel 等，2015），前者质量升级空间小，企业可能更多地通过降低成本和价格的方式提高产品竞争力，体现"成本降低效应"；后者质量升级空间大，企业能够通过产品质量升级应对竞争，更多地体现"质量升级效应"。因此，要合理地识别进口竞争的影响机制和效应，可以根据产品差异化程度，将产品划分为同质性和异质性产品（Rauch，1999）来识别产出品进口关税的影响效应。

本章借鉴 De Loecker 等（2016）的方法，利用中国工业企业数据库和海关数据库的匹配数据，测算多产品企业产品出口加成率，反映我国企业产品在出口市场上的加成定价能力及其市场势力；进一步考察产出关税削减导致的进口竞争对于企业产品出口加成率的影响效应；并通过将出口产品划分为异质性产品和同质性产品，识别进口竞争影响企业差异化的产品出口加成率的机制。研究发现，在控制投入品进口关税、外部关税以及其他企业和产品特征变量后，产出关税下降导致的进口竞争会显著提高企业产品出口加成率；区分产品差异化程度后，进口竞争对同质性产品出口加成率的影响不显著，但显著提升了异质性产品出口加成率；进一步机制检验发现，进口竞争对企业产品出口加成率的"价格抑制效应"不显著，但是"成本降低效应"和"质量升级效应"明显。具体地，进口竞争并不直接降低企业出口产品价格；但同时降低同质性和异质性出口产品边际成本，前者的降幅更大；进口竞争显著提升异质性出口产品质量，而对同质性出口产品质量没有显著影响；因此，进口竞争主要通过降低边际成本的渠道影响企业同质性产品出口加成率，而主要通过质量升级的渠道影响企业异质性产品出口加成率。

本章的边际贡献主要体现在以下三个方面。

第一，本章借鉴 De Loecker 等（2016）的方法，使用中国数据估算了企业—产品层面的出口加成率，这一指标直接反映企业产品在出口市场上的市场竞争力。一方面，研究进口竞争与加成率关系的文献仅以行业或者企业层面加成率为研究对象，而未能探索进口竞争对出口市场加成率的影响效应和机制渠道；另一方面，研究进口竞争与出口市场竞争力的关系的文献主要使用显性比较优势指数等宏观指标度量出口竞争力，而未能使用反映企业——产品异质性的微观指标，例如出口加成率。因此，本章研究进口竞争对企业产品出口加成率的影响效应，能准确揭示进口竞争对企业产品出口竞争力的影响，这在当前扩大进口的现实背景下具有重要意义。

第二，与产品层面加成率相对应，本章也使用产品层面（HS 6 位码层面）的进口产出关税衡量进口竞争，并且控制产品层面的进口投入品关税削减引致的成本、种类和学习等效应，以及产品层面的外部关税。一方面，相对于使用行业或者企业层面产出关税衡量进口竞争的文献，本章使用产品层面的关税，规避了将产品关税加总到行业或企业层面引致的加总偏误问题（Lu 和 Yu，2015），能反映行业或企业内不同产品之间的关税削减的差异化效应；另一方面，相对于现有不控制进口投入品关税和外部关税的文献，本章控制进口投入品关税后，更准确地识别进口产出关税净效应。

第三，本章首次从企业为了"逃离竞争"而从事质量升级的视角研究了进口竞争对加成率的影响机制，并结合产品差异化程度，识别进口竞争影响加成率的质量升级效应。相对于已有文献，本章发现进口竞争提升异质性产品质量和加成率，同质性产品则主要通过降低边际成本应对进口竞争。这一结论蕴含两个新颖的政策启示，其一，政府应该更多地降低异质性产品进口关税率，发挥其质量升级效应；其二，面临进口竞争时，企业对于异质性产品和同质性产品需要采取差异化的应对策略，前者主要为质量升级，后者则主要为降低成本。

第二节　计量模型与变量描述

一　计量模型

根据本章的研究主题和理论机制，建立计量模型来研究进口竞争对于企业产品出口加成率的影响效应及其对于异质性产品和同质性产品出口加成率的差异化影响。首先构建进口竞争影响企业产品出口加成率总体效应的计量模型如下：

$$\log(Markup_{fgt}) = \alpha_0 + \alpha_1 Tariff\_ouput_{gt} + \theta X_{f(g)t} + \delta_{fg} + \delta_t + \varepsilon_{fgt} \qquad (9-1)$$

其中，被解释变量是 t 年企业 f 出口产品 g 加成率的对数；核心解释变量为 $Tariff\_output_{gt}$，表示 t 年 HS 6 位码产品 g 的进口关税；$X_{f(g)t}$ 表示企业层面和产品层面的控制变量，企业层面控制变量包括企业全要素生产率（TFP）、企业资本—劳动比（KLR）、企业平均工资（$Wage$）、企业年龄（Age）、出口强度（$Exp\_density$）、国有企业虚拟变量（SOE）。产品层面控制变量包括产品内平均工资（$Wage\_hs6d$），由产品内企业的工资总额与企业内个数之比计算得到；产品内资本劳动比（KLR_hs6d）、产品内赫芬达尔指数（HHI_hs6d），表示为企业销售额占产品内销售总额的份额的平方和。此外，模型中还包括企业—产品固定效应（δ_{fg}）和年份固定效应（δ_t），分别控制与企业—产品组合或年份等相关因素对企业产品加成率的影响；ε_{fgt} 为随机误差项。

其次，进一步引入产品差异化程度变量和进口竞争的交互项，研究进口竞争对同质性产品和异质性产品出口加成率的差异化影响效应，建立以下计量模型：

$$\log(Markup_{fgt}) = \beta_0 + \beta_1 Tariff\_ouput_{gt} + \beta_2 Tariff\_ouput_{gt} \times Diff_g \qquad (9-2)$$
$$+ \theta X_{f(g)t} + \delta_{fg} + \delta_t + \varepsilon_{fgt}$$

其中，$Diff_g$ 是产品差异化程度变量，本章在基准回归中使用三个指标表示产品差异化程度，分别为 $Rauch\_lib$、$Rauch\_con$ 和 $Diff\_RD\_Ads$。[①] 根据现有文献通常的做法，使用自由估计方法 $Rauch\_lib$ 作为衡量产品差异化程度的主要指标。产出关税削减引致的进口竞争对同质性产品主要产生

---

① 产品差异化程度变量均不随时间变化，且计量模型控制了企业—产品固定效应，因此计量模型（9-2）中无须进一步单独控制产品差异化程度变量。

"成本降低效应"，同时降低边际成本和价格，对加成率的作用方向取决于边际成本和价格的降低幅度，因此这里不能事先确定产出关税估计系数 β_1 的符号；对异质性产品的影响主要表现为"质量升级效应"，相对于同质性产品，进口竞争提高异质性产品出口加成率，预计产出关税和产品差异化程度交互项估计系数 $\beta_2 < 0$。进口竞争对同质性产品和异质性产品的影响效应存在差异，但不能事先确定其对同质性产品的影响系数的符号，因此，也无法事先确定进口竞争对全部产品出口加成率的影响效应系数 α_1 的符号。

二 变量描述

表 9 – 1 列出了 2000 年和 2006 年企业全部出口产品、异质性出口产品和同质性出口产品的加成率中位数、均值和变动幅度。横向比较来看，无论是在样本初期还是末期，异质性产品出口加成率的中位数和均值均高于同质性产品，全部产品则位于二者之间，表明异质性产品出口加成率水平更高；从时间趋势来看，全部产品、异质性产品和同质性产品的加成率在样本期间有所上升，其中，异质性产品出口加成率上升幅度最大，中位数和均值分别增长 10.41% 和 10.79%，全部产品出口加成率上升幅度次之，同质性产品出口加成率上升幅度最低，中位数和均值仅分别增长 3.61% 和 5.46%。

表 9 – 1 企业产品出口加成率

项目	全部产品			异质性产品			同质性产品		
	2000 年	2006 年	变动（%）	2000 年	2006 年	变动（%）	2000 年	2006 年	变动（%）
中位数	0.9674	1.0588	9.45	0.978	1.0798	10.41	0.8916	0.9238	3.61
均值	1.1291	1.2429	10.08	1.1552	1.2799	10.79	0.9867	1.0406	5.46

本章列出了主要变量的描述性统计，见表 9 – 2。

表 9 - 2　主要变量的描述性统计

变量	观测值个数	均值	标准差	最小值	最大值
Log(Markup)	762608	- 0.1271	0.8573	- 3.1279	2.1741
Tariff_output_hs6d	762608	0.1347	0.0744	0.0000	1.2160
Tariff_input_hs6d	762608	0.1007	0.0390	0.0000	0.3973
Tariff_external_hs6d	762608	0.1478	0.0625	0.0137	0.9254
Log(MC)	762608	- 3.1926	1.7935	- 12.2547	13.2794
Quality	762539	0.5421	0.1566	0.0000	1.0000
Log(Price)	762608	- 3.3196	1.8917	- 13.6994	13.4173
Rauch_lib	762608	0.8839	0.3203	0.0000	1.0000
Rauch_con	762608	0.9117	0.2837	0.0000	1.0000
Diff_RD_Ads	514713	0.6167	0.4862	0.0000	1.0000
Diff_TS	661027	0.4394	0.4963	0.0000	1.0000
Log(TFP)	762608	1.4915	0.1870	0.3613	2.1634
Log(KLR)	762608	3.3040	1.3324	- 6.3534	9.7453
Log(Wage)	762608	2.6195	0.6020	- 7.3715	6.9925
Log(Age)	762608	2.0238	0.6502	0.0000	4.0604
Exp_density	762608	0.1551	0.1775	0.0000	0.9999
SOE	762608	0.0642	0.2452	0.0000	1.0000
Log(Wage_hs6d)	762608	9.1226	0.6792	1.0986	13.9420
Log(KLR_hs6d)	762608	3.9394	0.6581	- 2.3007	8.3799
HHI_hs6d	762608	0.1191	0.1584	0.0041	1.0000

第三节　基准回归与稳健性检验

一　基准回归估计

基于模型（9-1）估计进口竞争对企业产品出口加成率的平均影响效应，结果见表 9-3。第（1）列仅控制产品固定效应和年份效应；第（2）列则控制企业—产品固定效应和年份效应；第（3）列在第（2）列的基础上引入企业控制变量；第（4）列在第（3）列基础上引入产品控制变量；第（5）列进一步引入产品层面投入关税，控制中间投入品关税削减对加成率的影响；最后一列继续引入国外对本国产品征收的进口关税，控制外部关税变动对产品出口加成率的影响。

由表 9 - 3 可知，每一列的回归结果中，产出关税系数均为负且在 1% 的水平上显著。以引入全部控制变量的第（4）~（6）列为例进行具体分析。第（4）、（5）列的产出关税估计系数分别为 - 0.3766、- 0.2672，控制了投入关税后，产出关税系数绝对值明显减少，降幅高达 29%；且投入关税变量系数也在 1% 水平上显著为负，且系数绝对值较大。投入关税削减通过成本、种类、学习等渠道提升企业产品出口加成率（Amiti 和 Konings，2007；钱学锋等，2016）。因此，在识别产出关税削减引致的进口竞争的效应时，有必要控制投入关税，否则可能会产生关键变量遗漏问题。

由第（6）列结果可知，外部关税变量系数也在 1% 的水平上显著为负，但是估计系数绝对值水平最小，且产出关税和投入关税系数变化很小。这表明外部关税削减在一定程度上会显著提高企业产品出口加成率，但是其不会明显改变产出关税和投入关税对加成率的影响效应。第（6）列产出关税估计系数为 0.2632，表明产出关税削减 1%，导致企业出口产品平均加成率提高 0.2632%，2000~2006 年，产出关税下降 41.11%，因而企业出口产品平均加成率提升 10.82%。控制变量的估计结果与现有文献估计结果基本一致（钱学锋等，2016；余淼杰和袁东，2016，Fan 等，2017）。其中，企业生产率估计系数显著为正，表明生产率越高的企业，加成率也越高。

表 9 - 3　进口竞争对企业产品出口加成率的总体影响效应估计结果

变量	（1）	（2）	（3）	（4）	（5）	（6）
$Tariff\_output\_hs6d$	- 0.2268 *** (0.0384)	- 0.4114 *** (0.0282)	- 0.3860 *** (0.0610)	- 0.3766 *** (0.0608)	- 0.2672 *** (0.0632)	- 0.2632 *** (0.0629)
$Tariff\_input\_hs6d$					- 1.0625 *** (0.1298)	- 0.9776 *** (0.1319)
$Tariff\_external\_hs6d$						- 0.2034 *** (0.0527)
$\text{Log}(TFP)$			0.5927 *** (0.0219)	0.5899 *** (0.0218)	0.5899 *** (0.0217)	0.5896 *** (0.0217)

续表

变量	(1)	(2)	(3)	(4)	(5)	(6)
Log(KLR)			0.0087***	0.0082***	0.0082***	0.0082***
			(0.0016)	(0.0016)	(0.0016)	(0.0016)
Log(Wage)			-0.0413***	-0.0413***	-0.0412***	-0.0412***
			(0.0022)	(0.0022)	(0.0022)	(0.0022)
Log(Age)			-0.0370***	-0.0370***	-0.0364***	-0.0365***
			(0.0037)	(0.0037)	(0.0037)	(0.0037)
Exp_intensity			0.4277***	0.4276***	0.4347***	0.4352***
			(0.0198)	(0.0198)	(0.0197)	(0.0197)
SOE			0.0118**	0.0118**	0.0125**	0.0125**
			(0.0052)	(0.0052)	(0.0052)	(0.0052)
Log(Wage_hs6d)				0.0009	0.0025	0.0026
				(0.0032)	(0.0031)	(0.0031)
Log(KLR_hs6d)				0.0190***	0.0171***	0.0170***
				(0.0048)	(0.0047)	(0.0047)
HHI_hs6d				0.0789***	0.0644***	0.0637***
				(0.0138)	(0.0139)	(0.0139)
年份固定效应	是	是	是	是	是	是
产品固定效应	是	—	—	—	—	—
企业—产品固定效应	否	是	是	是	是	是
Observations	762608	762608	762608	762608	762608	762608
R-squared	0.1870	0.9096	0.9113	0.9113	0.9114	0.9114

注：括号内报告 hs6d 产品—年份层面的聚类稳健标准误。***，**，* 分别表示 1%、5% 和 10% 的显著性水平。后同。

进一步区分异质性和同质性出口产品，基于模型（9-2）进行实证估计，结果见表 9-4。第（1）、（2）列使用产品差异化程度变量 Rauch_lib，第（3）、（4）列使用产品差异化程度变量 Rauch_con，第（5）、（6）列使用产品研发广告密度变量（Diff_RD_Ads）作为产品差异化的代理变量，并分别报告不引入和引入控制变量的回归结果。

结果显示，引入交互项之后，产出关税变量的回归系数变为正数，第（1）~（4）列在 10% 的水平上不显著，第（5）、（6）列分别在 5% 和 10% 的水平上显著。由于该系数表示产出关税对同质性产品出口加成率的边际影响效应，这反映了进口竞争一定程度上降低同质性产品出口加成率，但是其显著性不稳健，依赖于产品差异化变量的度量。产出关税与产品差异化变量的交互项系数均为负数且在 1% 水平上显著，表明进口竞争对同质性产品和异质性产品出口加成率存在显著的差异化影响效应，且显著促进了异质性出口产品的加成率提升。以第（2）列为例，相对于同质性出口产品，进口竞争对异质性产品的影响效应显著，产出关税每下降 1%，将引起异质性产品比同质性产品出口加成率多增加约 0.37%。由于同质性产品和异质性产品质量升级空间存在明显差异（Kugler 和 Verhoogen，2012；Manova 和 Zhang，2012），因此，进口竞争对两者加成率的差异化影响，可能原因是同质性出口产品主要受到进口竞争的"成本降低效应"，同时降低价格和边际成本，从而加成率变化不显著；而相对于同质性产品，进口竞争则主要通过"质量升级效应"影响异质性产品出口加成率，也就是说进口竞争主要通过提升产品质量，进而提高产品价格和加成率。后文将具体对作用机制进行检验。

表 9 – 4　进口竞争对同质性产品和异质性产品出口加成率的差异化影响效应估计

变量	（1）	（2）	（3）	（4）	（5）	（6）
Tariff_output_hs6d	0.1125	0.0434	0.1759	0.1122	0.2440 **	0.1844 *
	(0.1214)	(0.1151)	(0.1387)	(0.1320)	(0.1119)	(0.1047)
Tariff_output_hs6d × *Rauch_lib*	− 0.5117 ***	− 0.3727 ***				
	(0.1223)	(0.1157)				
Tariff_output_hs6d × *Rauch_con*			− 0.5723 ***	− 0.4436 ***		
			(0.1399)	(0.1327)		
Tariff_output_hs6d × *Diff_RD_Ads*					− 0.5941 ***	− 0.4814 ***
					(0.1434)	(0.1315)
Tariff_input_hs6d	− 0.8515 ***	− 0.9568 ***	− 0.8662 ***	− 0.9669 ***	− 1.6119 ***	− 1.5715 ***
	(0.1392)	(0.1315)	(0.1390)	(0.1312)	(0.1989)	(0.1886)
Tariff_external_hs6d	− 0.1755 ***	− 0.1980 ***	− 0.1758 ***	− 0.1978 ***	− 0.1039 *	− 0.1244 **
	(0.0541)	(0.0525)	(0.0540)	(0.0525)	(0.0604)	(0.0585)
控制变量	否	是	否	是	否	是
年份效应	是	是	是	是	是	是

续表

变量	（1）	（2）	（3）	（4）	（5）	（6）
企业—产品效应	是	是	是	是	是	是
Observations	762608	762608	762608	762608	514713	514713
R-squared	0.9097	0.9114	0.9097	0.9114	0.9104	0.9123

注：由于企业和产品层面的控制变量的回归结果与基准回归结果一致，考虑到研究核心问题及篇幅限制，这里没有列出各控制变量的具体回归结果。后同。

考虑到关税和加成率之间可能的相互影响关系会导致以上模型估计的内生性问题，因此进一步采用工具变量方法进行回归估计。根据 Yu（2015），采用滞后 1 期产出关税变量作为工具变量，结合两阶段最小二乘估计方法分别估计模型（9 - 1）和（9 - 2），回归结果见表 9 - 5，可以发现，关键变量产出关税，及其与产品差异化程度变量交互项的回归系数符号及大小与表9 - 4 中相应结果基本一致。以纳入控制变量的列（2）和列（4）为例，整体产品层面，产出关税系数显著为负，纳入产出关税与产品差异化程度交互项之后，产出关税系数变得显著为正，而交互项系数仍为负且在 1% 的水平上显著。因此，考虑到模型估计的内生性问题后，采用工具变量法进行估计，结果依然表明，产出关税下降导致的进口竞争，在整体上显著提升了中国企业出口产品平均加成率；但区分产品差异化程度后，研究发现其主要提高了异质性产品出口加成率，而一定程度上降低了同质性产品出口加成率。

表 9 - 5　工具变量回归结果

变量	（1）	（2）	（3）	（4）
$Tariff\_output\_hs6d$	- 0.3493 ***	- 0.3176 ***	0.3549 ***	0.2944 ***
	（0.0553）	（0.0550）	（0.0795）	（0.0790）
$Tariff\_output\_hs6d \times Rauch\_lib$			- 0.9077 ***	- 0.7904 ***
			（0.0806）	（0.0802）
$Tariff\_input\_hs6d$	- 0.9043 ***	- 1.0677 ***	- 0.8374 ***	- 1.0098 ***
	（0.0805）	（0.0806）	（0.0809）	（0.0810）
$Tariff\_external\_hs6d$	- 0.1196 ***	- 0.1504 ***	- 0.0969 **	- 0.1311 ***
	（0.0400）	（0.0396）	（0.0400）	（0.0397）

续表

变量	（1）	（2）	（3）	（4）
控制变量	否	是	否	是
年份效应	是	是	是	是
企业—产品效应	是	是	是	是
Observations	707575	707575	707575	707575
R-squared	0.9152	0.9168	0.9153	0.9168
Kleibergen-Paap rk LM χ^2（1）statistic	304020***	302988***	295579***	294302***
Weak Instrument（F statistic）	251496***	249997***	119751***	118863***

注：最后两行报告了检验工具变量的识别不足［Kleibergen-Paap rk LM χ^2（1）statistic］和弱识别［Weak Instrument 的统计量（F statistic）］，均显著拒绝了识别不足和弱识别的原假设，说明这里使用的工具变量是有效的。

二　进口竞争影响企业产品出口加成率的长期效应

前文研究了当期产出关税和加成率之间的关系，反映了进口竞争对加成率的短期影响；但进口竞争通过成本降低效应和质量升级效应影响企业产品出口加成率，企业降低成本和提升产品质量可能需要一定的时间周期。因此，需要进一步研究进口竞争对企业产品出口加成率的长期影响效应。本章将计量模型（9-1）和（9-2）的当期产出关税替换为该变量的滞后1期、滞后2期、滞后3期和滞后4期，所有控制变量也均取相应的滞后期，表9-6报告了各个滞后期的估计结果。[①]

总体效应回归中，滞后1～3期的产出关税系数分别在5%、17.7%和12.6%的水平上显著为负，滞后4期变得不显著为正，这说明进口竞争对企业产品出口加成率的提升作用存在一定的滞后效应，但长期效应不明显。同样地，在差异化效应回归中，仅滞后1期产出关税及其与产品差异化虚拟变量的交互项回归系数分别显著为正和显著为负，其他滞后期中二者的回归系

---

① 限于篇幅，表9-6只报告了包括全部控制变量的回归结果，没有引入控制变量的回归结果与引入控制变量的回归结果基本一致。

表 9 – 6 长期影响效应的估计结果

变量	滞后 1 期		滞后 2 期		滞后 3 期		滞后 4 期	
	(1)	(2)	(3)	(4)	(5)	(6)	(7)	(8)
$Tariff\_output\_hs6d$	-0.1670**	0.2746**	-0.1064†	-0.0011	-0.1441‡	-0.0110	0.0484	0.0027
	(0.0710)	(0.1337)	(0.0788)	(0.1537)	(0.0941)	(0.1880)	(0.1003)	(0.2364)
$Tariff\_output\_hs6d$ $\times Rauch\_lib$		-0.5217***		-0.1229		-0.1545		0.0510
		(0.1339)		(0.1523)		(0.1880)		(0.2393)
$Tariff\_input\_hs6d$	-0.9758***	-0.9633***	-0.8205***	-0.8205***	-0.8536***	-0.8607***	-0.4463	-0.4410
	(0.1534)	(0.1528)	(0.1855)	(0.1854)	(0.2256)	(0.2258)	(0.3233)	(0.3256)
$Tariff\_external\_hs6d$	-0.1955***	-0.1925***	-0.0234	-0.0224	-0.1021	-0.1001	0.1461	0.1487
	(0.0640)	(0.0638)	(0.0708)	(0.0708)	(0.0744)	(0.0744)	(0.0976)	(0.0977)
控制变量	是	是	是	是	是	是	是	是
年份效应	是	是	是	是	是	是	是	是
企业—产品效应	是	是	是	是	是	是	是	是
Observations	323748	323748	192360	192360	112461	112461	65387	65387
R-squared	0.9181	0.9181	0.9291	0.9291	0.9393	0.9393	0.9568	0.9568

注：†和‡分别表示 17.7% 和 12.6% 的显著性水平。

数均不显著。进口竞争在中短期内降低同质性产品出口加成率，而显著提升异质性产品出口加成率，但这些作用在长期内均不明显。Fan 等（2017）和钱学锋等（2016）同样研究发现贸易自由化政策的影响效应存在时间持续性。

三 稳健性检验

本节通过改变关键变量度量、控制汇率波动、剔除极端值等对基准实证结果进行稳健性检验。

（一）改变被解释变量度量

前文使用的企业产品出口加成率是基于出口数量测度的，这里使用价格平减后的出口额作为式（2－10）中的产出额；为了消除出口额的测量误差和其他不可观测的冲击，对一系列变量回归，获得拟合值；然后使用与前面相同的方法得到企业产品出口加成率，对计量模型（9－1）和（9－2）进行回归，回归结果见表9－7第（1）和（2）列。总体效应检验中，产出关税系数显著为负，差异化效应检验中，产出关税系数不显著为负，交互项系数为负且在1%的显著性水平上显著，与基准回归结果一致，研究结果不受加成率度量方法的影响。

（二）改变产品差异化程度变量

前文使用 Rauch（1999）根据产品是否可以在交易市场交易的标准区分为同质性和异质性产品，以及 Kugler 和 Verhoogen（2012）计算的产品研发和广告密度衡量产品差异化程度，这些变量均能较好地衡量产品差异化程度，也得到人们的广泛使用。进一步，这里还使用本章测算的企业出口产品质量（Quality）衡量产品差异化程度。一般而言，产品质量越高，该产品差异化程度也越高。表9－7第（3）列报告了相应的回归结果。回归结果与基准回归基本一致。

（三）使用进口渗透率衡量进口竞争

关税和非关税壁垒削减会提升进口渗透率，因此进口渗透率能较全面地反映进口竞争程度（余淼杰，2010；钱学锋等，2016）。但由于中国工业企业数据库没有报告企业—产品产出额，于是无法计算产品层面的进口渗透率。为此，本章构建国民经济 4 位码行业（简称 CIC4d）层面的进口渗透率 Imp_ratio，由进口额与总产值之比表示，其中 CIC4d 行业进口额根据 CEPII－BACI 数据库计算得到，CIC4d 行业总产值则基于中国工业企业数据库加总得到。使用行业进口渗透率作为进口竞争的替代变量，估计模型（9－1）和（9－2），回归结果见表 9－7 第（4）和（5）列，进口渗透率越高表示进口竞争强度越大，列（4）报告了总体效应回归结果，进口渗透率系数显著为正，表明进口渗透率越高的行业内企业产品出口加成率越高。列（5）的差异化效应回归结果显示，进口渗透率单独项系数显著为负，进口竞争显著降低同质性产品出口加成率；交互项系数显著为正，进口竞争对同质性产品和异质性产品出口加成率的影响存在显著差异，交互项系数与单独项系数之和仍为正数，进口竞争显著提高异质性产品出口加成率，[①] 与基准回归结果基本一致。

表 9 - 7　改变关键变量度量回归结果

变量	（1）	（2）	（3）	（4）	（5）
$Tariff\_output\_hs6d$	－ 0. 3086 ***	0. 0789	0. 1458		
	（0. 0546）	（0. 0992）	（0. 1227）		
$Tariff\_output\_hs6d \times Rauch\_lib$		－ 0. 4733 ***			
		（0. 0980）			
$Tariff\_output\_hs6d \times Quality$			－ 0. 7587 ***		
			（0. 1963）		
$Quality$			1. 7812 ***		
			（0. 0413）		
Imp_ratio				0. 8305 **	－ 0. 9768 **
				（0. 4230）	（0. 4338）
$Imp\_ratio \times Rauch\_lib$					2. 2710 ***
					（0. 6759）

---

① 自由估计方法下异质性产品分样本估计结果显示进口渗透率估计系数在 5% 的水平上显著为正，估计结果没有报告。

续表

变量	（1）	（2）	（3）	（4）	（5）
投入关税	是	是	是	否	否
外部关税	是	是	是	否	否
控制变量	是	是	是	是	是
年份效应	是	是	是	是	是
企业—产品效应	是	是	是	是	是
Observations	778777	778777	762539	878304	878304
R-squared	0.9485	0.9485	0.9192	0.9132	0.9132

（四）剔除汇率变动的影响

汇率变动对出口企业价格变动和加成率调整存在重要影响。例如，盛丹和刘竹青（2017）发现人民币汇率升值显著降低了出口企业的价格和加成率。本章没有直接引入汇率变动变量，但是考虑到 2005 年之后人民币兑美元汇率呈现明显的升值趋势，于是将 2005 年和 2006 年从样本中剔除，再次估计计量模型（9-1）和（9-2），回归结果见表 9-8 第（1）和（2）列，变量回归系数符号和显著性水平均没有发生实质性变化，说明研究结论并不受到汇率变动的影响。

（五）删除加成率极端值

从样本中删除具有极端加成率值的样本，即剔除位于最小和最大的 2.5 个百分位区间的企业—产品样本，相应的回归结果见表 9-8 第（3）~（4）列，结论与基准回归结果高度一致。

表 9-8 控制汇率变动和剔除极端值的稳健性估计结果

变量	控制汇率的影响		剔除极端值	
	（1）	（2）	（3）	（4）
$Tariff\_out\_hs6d$	− 0. 1031 *	0. 0712	− 0. 2141 ***	0. 1325
	（0. 0623）	（0. 1242）	（0. 0588）	（0. 1137）
$Tariff\_out\_hs6d \times Rauch\_lib$		− 0. 2102 *		− 0. 4156 ***
		（0. 1228）		（0. 1147）
投入关税	是	是	是	是
外部关税	是	是	是	是

续表

变量	控制汇率的影响		剔除极端值	
	（1）	（2）	（3）	（4）
控制变量	是	是	是	是
年份效应	是	是	是	是
企业—产品效应	是	是	是	是
Observations	431605	431605	723670	723670
R-squared	0.9269	0.9269	0.8915	0.8916

第四节　异质性分析

一　基于企业所有制异质性的检验

中国不同所有制企业之间得到的政策支持存在较大差异，且部分国有企业在很大程度上需要承担保持就业和社会稳定的责任，不完全是追求利润最大化（Fan 等，2017；Brandt 等，2017）。因此，有必要对不同所有制类型的企业进行分样本回归检验，这里根据资本出资比例，将全部企业划分为外资、民营和国有企业等三类，并分别估计模型（9-1）和（9-2），回归结果见表9-9第（1）～（6）列。

总体效应估计结果显示，外资企业和民营企业分样本的产出关税系数显著为负，前者绝对值较大，国有企业分样本回归系数不显著。交互项模型估计结果显示，产出关税单独项系数在外资企业样本中显著为负，在民营和国有企业样本中均不显著为正；交互项系数在外资企业和民营企业分样本中均为负且在1%的水平上显著，在国有企业分样本中不显著为负。结果表明，总体上，进口竞争显著提高外资和民营企业产品出口加成率，对国有企业没有显著影响；对于差异化产品，进口竞争对外资企业同质性和异质性产品出口加成率均有显著的促进作用，仅影响民营企业异质性产品出口加成率，而不影响国有企业产品出口加成率。相对而言，由于国有企业享受较多的融资、补贴等政策优惠（Fan 等，2017；钱学锋等，2016），在进口竞争加剧时，往往优先通过降价方式保持其竞争优势，而不是积极降低边际成本和提升产品质量，因而进口竞争没有显著提升国有企业产品出口加成率；而外资企业和民营企业则往往采取降低成本和提升质量的方式应对进口竞争，所以进口竞争导致这两类企业产品出口加成率上升。

表 9 - 9　基于企业所有制异质性的回归结果

变量	外资企业		民营企业		国有企业	
	（1）	（2）	（3）	（4）	（5）	（6）
$Tariff\_output\_hs6d$	- 0. 7509 ***	- 0. 3375 **	- 0. 4609 ***	0. 1129	- 0. 1611	0. 1935
	（0. 1020）	（0. 1510）	（0. 1443）	（0. 1890）	（0. 3974）	（0. 5039）
$Tariff\_output\_hs6d$ $\times Rauch\_lib$		- 0. 4889 ***		- 0. 6979 ***		- 0. 4406
		（0. 1526）		（0. 2098）		（0. 4281）
$Tariff\_input\_hs6d$	- 0. 9964 ***	- 0. 9896 ***	- 0. 8269 ***	- 0. 8017 ***	0. 7014	0. 7023
	（0. 1471）	（0. 1476）	（0. 2455）	（0. 2425）	（0. 4772）	（0. 4801）
$Tariff\_external\_hs6d$	- 0. 1999 ***	- 0. 1981 ***	- 0. 1411	- 0. 1249	- 0. 1284	- 0. 1284
	（0. 0612）	（0. 0612）	（0. 1019）	（0. 1013）	（0. 1841）	（0. 1843）
控制变量	是	是	是	是	是	是
年份效应	是	是	是	是	是	是
企业—产品效应	是	是	是	是	是	是
Observations	441621	441621	272000	272000	48987	48987
R-squared	0. 9112	0. 9112	0. 9264	0. 9264	0. 9457	0. 9457

注：借鉴 Zellner（1962）的似无相关模型（SUR）和方法对分样本之间相同变量的估计系数的差异性进行检验，结果表明外资企业、民营企业和国有企业分样本两两之间相同变量的回归系数估计存在显著差异。后同。

二　基于企业进口状态异质性的检验

本章使用的样本均为出口企业，但是同时包括进口和不进口两种贸易状态，进口竞争可能会对不同进口状态的企业产生差异化影响。本章根据是否进口将企业划分为进口企业和不进口企业，分别估计计量模型（9 - 1）和（9 - 2），回归结果见表 9 - 10 第（1）～（4）列。

总体效应估计结果显示，分样本回归中产出关税系数均显著为负，且进口企业分样本估计系数绝对值小于不进口企业；交互项模型估计结果显示，产出关税单独项系数在进口企业和非进口企业分样本回归中分别不显著为负和正，而交互项在进口企业样本回归中系数不显著为负，在不进口企业样本中回归系数显著为负。这些结果表明，总体上，进口竞争对进口企业和不进口企业产品出口加成率均产生显著的正向效应，且对后者的影响效应更强。区分差异化产品后，进口竞争对进口企业和不进口企业同质性产品出口加成率的影响均不显著；而进口竞争对不进口企业异质性和同质性产品出口加成率存在显著的差异化影响效应，但是这一差异化效应在进口企业中不明显。

对以上回归结果的解释需要结合投入关税的估计系数。在进口企业分样本中，投入关税的估计系数在1%的水平上显著为负，但是在不进口企业分样本中，投入关税系数仍然为负但不显著，且前者的回归系数绝对值远大于后者。综合产出关税的回归结果可知，进口企业能够从国外进口物美价廉的中间投入品，降低企业边际成本和提升产品质量，进而提升企业产品出口加成率，因此，投入关税削减在进口企业中的作用最大，产出关税削减的作用较小；与进口企业不同，不进口企业无法直接依赖投入关税削减实现成本降低和质量升级，此时产出关税削减引致的进口竞争效应就体现得更加明显，促使企业提升异质性出口产品质量，进而提高产品出口加成率。

表 9 – 10　基于企业进口状态异质性的回归结果

变量	进口企业		不进口企业	
	（1）	（2）	（3）	（4）
$Tariff\_output\_hs6d$	− 0. 2543 ***	− 0. 0995	− 0. 3203 **	0. 3714
	（0. 0696）	（0. 1266）	（0. 1298）	（0. 2457）
$Tariff\_output\_hs6d \times Rauch\_lib$		− 0. 1885		− 0. 8494 ***
		（0. 1267）		（0. 2461）
$Tariff\_input\_hs6d$	− 1. 1136 ***	− 1. 1001 ***	− 0. 1509	− 0. 1507
	（0. 1507）	（0. 1511）	（0. 2703）	（0. 2684）
$Tariff\_external\_hs6d$	− 0. 2591 ***	− 0. 2564 ***	− 0. 0311	− 0. 0166
	（0. 0576）	（0. 0576）	（0. 1402）	（0. 1385）
控制变量	是	是	是	是
年份效应	是	是	是	是

续表

变量	进口企业		不进口企业	
	（1）	（2）	（3）	（4）
企业—产品效应	是	是	是	是
Observations	531672	531672	230936	230936
R-squared	0.9201	0.9201	0.9145	0.9146

注：第（1）、（3）列产出关税估计系数的 SUR 检验 P 值为 0.032，第（2）、（4）列产出关税单独项和交互项的 SUR 检验 P 值分别为 0.067 和 0.033，这表明进口企业和非进口企业分样本之间核心解释变量估计系数存在显著差异。

三 基于产品集中度异质性的检验

产品集中度一定程度上能够反映产品市场竞争程度，高集中度产品内企业规模分布不均，市场竞争程度较低；低集中度产品内企业规模分布相对均匀，市场竞争程度较高。类似于钱学锋等（2016），根据不同产品集中度指数的中位数，将高于中位数的产品定义为高集中度产品，而将低于中位数的产品定义为低集中度产品，分别估计模型（9－1）和（9－2），表 9－11 报告了回归结果。

总体效应估计结果显示，在高集中度和低集中度产品分样本回归中，产出关税系数分别为不显著为负和显著为负，且后者的系数绝对值相对较大；交互项模型估计结果显示，两类产品样本产出关税单独项的系数均不显著，交互项回归系数仅在低集中度产品回归中显著为负。这些结果表明，总体上，进口竞争仅对低集中度产品内企业产品出口加成率具有显著的提升效应；区分产品差异化后，进口竞争对两类产品企业同质性产品出口加成率的影响均不显著，仅对低集中度产品企业异质性和同质性产品出口加成率产生显著的差异化影响。这是因为，高集中度产品企业具有垄断定价能力，在进口竞争加剧时，优先降低国内市场垄断价格，然后才考虑改进生产效率和提升产品质量（Konings 等，2005），因此，进口竞争对这些企业产品出口加成率的影响不大；而低集中度产品企业一般是市场价格的被动接受者（Konings 等，2005），很难进一步通过降低价格应对竞争，而往往促使其降低边际成本，或者提升产品质量等方式获取竞争优势，这些均有利于提升企业产品出口加成率。

表 9 - 11 基于产品集中度异质性的回归结果

变量	高集中度		低集中度	
	（1）	（2）	（3）	（4）
Tariff_output_hs6d	- 0. 2063	- 0. 2399	- 0. 2648 ***	0. 1447
	（0. 2627）	（0. 3469）	（0. 0680）	（0. 1371）
Tariff_output_hs6d × Rauch_lib		0. 0618		- 0. 4770 ***
		（0. 3842）		（0. 1359）
Tariff_input_hs6d	- 0. 1478	- 0. 1441	- 0. 9168 ***	- 0. 8915 ***
	（0. 6919）	（0. 6926）	（0. 1403）	（0. 1398）
Tariff_external_hs6d	0. 5886	0. 5940	- 0. 1989 ***	- 0. 1926 ***
	（0. 5578）	（0. 5556）	（0. 0535）	（0. 0533）
控制变量	是	是	是	是
年份效应	是	是	是	是
企业—产品效应	是	是	是	是
Observations	46138	46138	716470	716470
R-squared	0. 9559	0. 9559	0. 9116	0. 9116

注：第（1）、（3）列产出关税估计系数的 SUR 检验 P 值为 0. 042，第（2）、（4）列产出关税单独项和交互项的 SUR 检验 P 值分别为 0. 090 和 0. 033，这表明高市场集中度行业内企业和低市场集中度行业内企业分样本之间核心解释变量估计系数存在显著差异。

四 基于产品出口贸易方式异质性的检验

考虑到出口贸易方式的差异会影响进口竞争对企业产品出口加成率的影响效应，将出口产品贸易方式划分为一般贸易出口产品和加工贸易出口产品，对计量模型（9 - 1）和（9 - 2）进行分样本回归，结果见表 9 - 12。可以发现，进口竞争对一般贸易和加工贸易出口产品平均加成率均产生显著的促进效应，但是对前者的促进效应更大，这与余淼杰和袁东（2016）企业层面的研究结论是一致的。但差异化效应检验结果存在较大不同，进口竞争对一般贸易方式下同质性产品出口加成率没有显著影响，但是显著提高了异质性产品出口加成率；进口竞争对加工贸易方式下同质性产品出口加成率具有显著的正向效应，且对异质性产品出口加成率的正向效应小于同质性产品。

表 9 - 12　基于产品出口贸易方式异质性的回归结果

变量	一般贸易出口		加工贸易出口	
	（1）	（2）	（3）	（4）
Tariff_output_hs6d	- 0. 2850 ***	0. 1025	- 0. 1732 ***	- 0. 5017 ***
	（0. 0868）	（0. 1454）	（0. 0885）	（0. 1302）
Tariff_output_hs6d × Rauch_lib		- 0. 4925 ***		0. 2703 **
		（0. 1500）		（0. 1312）
Tariff_input_hs6d	- 0. 1621	- 0. 1406	- 1. 5424 ***	- 1. 5765 ***
	（0. 1830）	（0. 1822）	（0. 1887）	（0. 1906）
Tariff_external_hs6d	- 0. 0784	- 0. 0710	- 0. 3708 ***	- 0. 3736 ***
	（0. 0842）	（0. 0840）	（0. 0761）	（0. 0761）
控制变量	是	是	是	是
年份效应	是	是	是	是
企业—产品效应	是	是	是	是
Observations	473760	473760	201553	201553
R-squared	0. 9269	0. 9269	0. 9169	0. 9169

注：第（1）、（3）列产出关税估计系数的 SUR 检验 P 值为 0.001，第（2）、（4）列产出关税单独项和交互项的 SUR 检验 P 值分别为 0.000 和 0.000，这表明一般贸易出口企业和加工贸易出口企业分样本之间核心解释变量估计系数存在显著差异。

五　基于出口产品用途异质性的检验

根据国际贸易商品的广义经济分类方法（BEC），将 HS 6 位码产品划分为中间品、消费品和资本品等三类，分别估计模型（9 - 1）和（9 - 2），表 9 - 13 报告了回归结果。

总体效应结果显示，分样本回归中的产出关税估计系数均显著为负，比较系数绝对值大小，资本品样本回归中其值最大，中间品样本次之，消费品样本最小。交互项模型估计结果显示，产出关税单独项系数在中间品和资本品样本回归中均显著为负，但是在消费品样本中显著为正；交互项系数在中间品和资本品样本回归中均不显著为负和为正，但是在消费品样本回归中显著为负。回归结果表明，总体上，进口竞争对中间品、消费品和资本品的出口加成率均产生显著的正向效应，且对资本品和中间品的影响效应大于消费品；区分同质性和异质性产品后，进口竞争显著提升同质性中间品和资本品出口加成率，显著降低同质性消费品出口加成率；此外，相对于同质性产品，进口竞争对于异质性的中间品、消费品和资本品的出口加成率都有显著的影响效应；但与中间品消费品不同，进口竞争对于异质性资本品出口加成率的促进效应要小于同质性资本品。

表 9 – 13　基于出口产品用途异质性的回归结果

变量	中间品		消费品		资本品	
	（1）	（2）	（3）	（4）	（5）	（6）
Tariff_output_hs6d	– 0. 3036 ***	– 0. 2790 *	– 0. 1732 **	0. 4282 *	– 0. 7770 ***	– 1. 2492 ***
	（0. 1013）	（0. 1518）	（0. 0791）	（0. 2322）	（0. 1973）	（0. 3602）
Tariff_output_hs6d × *Rauch_lib*		– 0. 0359		– 0. 6787 ***		0. 5219
		（0. 1554）		（0. 2267）		（0. 3336）
Tariff_input_hs6d	– 0. 1935	– 0. 1928	0. 0791	0. 0102	0. 2386	0. 1466
	（0. 2946）	（0. 2950）	（0. 1807）	（0. 1793）	（0. 8293）	（0. 8349）
Tariff_external_hs6d	– 0. 1983	– 0. 2011	– 0. 1486 ***	– 0. 1390 ***	– 0. 3984	– 0. 4697
	（0. 2927）	（0. 2929）	（0. 0535）	（0. 0531）	（0. 7012）	（0. 6955）
控制变量	是	是	是	是	是	是
年份效应	是	是	是	是	是	是
企业—产品效应	是	是	是	是	是	是
Observations	297477	297477	391239	391239	73624	73624
R-squared	0. 9156	0. 9156	0. 8939	0. 8940	0. 9290	0. 9291

注：第（1）和（3）列、第（1）和（5）列、第（3）和（5）列产出关税 SUR 检验 P 值分别为 0.030、0.020、0.047；第（2）和（4）列、第（2）和（6）列、第（4）和（6）列产出关税单独项 SUR 检验 P 值分别为 0.000、0.000、0.033；第（2）和（4）列、第（2）和（6）列、第（4）和（6）列产出税交互项 SUR 检验 P 值分别为 0.000、0.000、0.067。这表明外资企业、民营企业和国有企业分样本两两之间的系数估计存在显著差异。

第五节　价格抑制、成本降低和质量升级的机制检验

一　总体效应作用机制检验

正如本章引言指出的，进口竞争主要通过"价格抑制效应"、"成本降

低效应"和"质量升级效应"等方面影响企业产品出口加成率。本节采用中介效应模型分别从这三个渠道进行机制检验。

表9－14第（1）、（2）列报告了价格抑制效应的中介模型估计结果。第（1）列以出口价格为被解释变量估计计量模型（9－1），进口竞争对于企业产品出口价格有促进作用，但是不显著；在计量模型（9－1）中控制出口价格，回归结果见第（2）列，出口价格变量的回归系数显著为正，表明价格与加成率呈显著的正向关系；产出关税系数显著为负，且绝对值水平（0.2563）与基准回归结果（0.2632）非常接近；表9－16第（1）、（2）列的第1行进一步报告了中介渠道有效性的 Sobel 检验和 Freedman 检验结果，Sobel 和 Freedman 统计量均不显著，表明出口价格不是进口竞争影响产品出口加成率总体效应的有效渠道。

表9－14第（3）、（4）列报告了成本降低效应的中介模型估计结果。第（3）列以边际成本为被解释变量估计计量模型（9－1），产出关税变量系数在1%的水平上显著为正，说明进口竞争显著降低了企业出口产品边际成本；在计量模型（9－1）中控制边际成本，回归结果见第（4）列，边际成本系数显著为负，表明边际成本下降显著提高加成率；产出关税系数依然显著为负，但是系数绝对值水平（0.1931）明显小于基准回归（0.2632），表明控制边际成本后，进口竞争对出口加成率的影响程度减弱。表9－16第（1）、（2）列第2行的 Sobel 和 Freedman 检验统计量均显著，表明边际成本这个中介渠道是有效且显著的。因此，实证结果证实了进口竞争通过成本降低效应影响企业产品出口加成率。

表9－14第（5）、（6）列报告了质量升级效应的中介模型估计结果。第（5）列以产品质量作为被解释变量估计计量模型（9－1），产出关税系数不显著为负，说明进口竞争提高企业出口产品质量，但是不显著；在计量模型（9－1）中控制产品质量，回归结果见第（6）列，产品质量系数显著为正，表明质量上升显著提高加成率；产出关税系数显著为负，且绝对值水平（0.2357）与基准回归结果（0.2632）比较接近。表9－16第（1）、（2）列第3行的 Sobel 检验统计量不显著，Freedman 检验统计量显著。这在

一定程度上说明，对于全样本而言，进口竞争对企业出口产品质量的总体平均效应不显著，正如前文分析所表明的，进口竞争对企业同质性和异质性出口产品质量存在差异化影响效应，后面将结合产品差异化程度进一步检验进口竞争的作用机制。

表 9 - 14　进口竞争影响企业产品出口加成率总体效应的作用机制检验结果

变量	Log (Price)	Log (Markup)	Log (MC)	Log (Markup)	Quality	Log (Markup)
	（1）	（2）	（3）	（4）	（5）	（6）
Tariff_output_hs6d	- 0. 0206	- 0. 2563 ***	0. 2426 ***	- 0. 1931 ***	- 0. 0100	- 0. 2357 ***
	（0. 0667）	（0. 0562）	（0. 0671）	（0. 0564）	（0. 0132）	（0. 0689）
Log(Price)		0. 3325 ***				
		（0. 0028）				
Log(MC)				- 0. 2890 ***		
				（0. 0067）		
Quality						1. 2291 ***
						（0. 0258）
Tariff_input_hs6d	- 0. 6068 ***	- 0. 7758 ***	0. 3708 **	- 0. 8705 ***	- 0. 0850 **	- 0. 8824 ***
	（0. 1672）	（0. 1182）	（0. 1606）	（0. 1234）	（0. 0368）	（0. 1397）
Tariff_external_hs6d	- 0. 0618	- 0. 1829 ***	0. 1416 **	- 0. 1625 ***	0. 0150	- 0. 2420 ***
	（0. 0624）	（0. 0503）	（0. 3708 **）	（0. 8705 ***）	（- 0. 0850 **）	（- 0. 8824 ***）
控制变量	是	是	是	是	是	是
年份效应	是	是	是	是	是	是
企业—产品效应	是	是	是	是	是	是
Observations	762608	762608	762608	762608	674497	660973
R-squared	0. 9699	0. 9276	0. 9685	0. 9229	0. 9168	0. 9162

二　差异化效应的作用机制检验

表 9 - 15 第（1）、（2）列报告了以出口价格作为中介渠道的中介效应模型估计结果。第（1）列以出口价格为被解释变量估计计量模型（9 - 2），产出关税单独项系数显著为正，交互项系数显著为负，表明进口竞争显著降低同质性产品出口价格，且对异质性和同质性出口产品价格的影响存在显著

差异。加总产出关税单独项和交互项估计系数得到 -0.0924，这表明产出关税削减 10%，导致异质性出口产品价格提升 0.9%，但是降低同质性出口产品价格 3.7%。在计量模型（9-2）中控制出口价格，回归结果见第（2）列，价格系数显著为正，再次表明价格与加成率之间存在显著的正向关系，产出关税单独项系数由基准结果的不显著为正（0.0434）变成现在的不显著为负（-0.0835），交互项系数在 5% 的水平上显著为负，系数绝对值为 0.2101，小于基准回归结果（0.3727）。表 9-16 第（3）~（6）列的第（1）行报告了影响同质性产品出口加成率和差异化效应的价格中介变量的 Sobel 和 Freedman 检验结果，Sobel 统计量和 Freedman 统计量分别在 5% 和 1% 的显著性水平下显著，这表明价格渠道是进口竞争影响企业同质性产品出口加成率，以及导致同质性和异质性产品出口加成率的差异化效应的有效途径。

表 9-15 第（3）、（4）列报告了以边际成本作为中介渠道的中介效应模型估计结果。第（3）列以边际成本为被解释变量估计计量模型（9-2），产出关税单独项系数显著为正，交互项系数不显著为负，表明进口竞争降低同质性和异质性出口产品边际成本，且前者的降低幅度更大；在计量模型（9-2）中控制边际成本，回归结果见第（4）列，边际成本系数显著为负，再次表明边际成本与加成率之间存在显著的负向关系，产出关税单独项系数仍然不显著为正，交互项系数仍然显著为负。表 9-16 第（3）~（6）列的第（2）行报告了影响同质性产品出口加成率和差异化效应的边际成本中介变量的 Sobel 和 Freedman 检验结果，Sobel 统计量和 Freedman 统计量都至少在 5% 的水平上显著，这表明边际成本渠道是进口竞争影响企业同质性产品出口加成率，以及导致同质性和异质性产品出口加成率的差异化效应的有效途径。

表 9-15 第（5）、（6）列报告了产品质量渠道的中介效应检验结果。第（5）列以产品质量作为被解释变量估计计量模型（9-2），产出关税单独项系数不显著为正，交互项系数在 1% 的水平上显著为负，且交互项系数绝对值明显大于单独项系数，表明进口竞争不影响企业同质性出口产品，但

是显著提高异质性出口产品质量[①]。在计量模型（9－2）中控制产品质量，回归结果见第（6）列，产品质量系数显著为正，产品质量越高加成率越高；产出关税单独项系数仍然显著为正，交互项系数仍然显著为负，但是系数绝对值水平显著降低，由基准结果的 0.3727［见表9－4列（2）］下降到 0.2651。表9－16第（3）～（6）列的第3行报告了影响同质性产品出口加成率和差异化效应的产品质量中介变量的 Sobel 和 Freedman 检验结果。在对同质性产品出口加成率的影响效应中，Sobel 和 Freedman 统计量均不显著；但是在差异化效应中，Sobel 和 Freedman 统计量均显著，这表明产品质量不是进口竞争影响企业同质性产品出口加成率的有效途径，却是进口竞争影响同质性和异质性产品出口加成率的差异化效应的重要渠道，亦即进口竞争通过质量升级渠道提高异质性产品出口加成率。

表9－15　进口竞争对企业同质性和异质性产品出口加成率差异性效应的机制检验结果

变量	Log($Price$)	Log($Markup$)	Log(MC)	Log($Markup$)	$Quality$	Log($Markup$)
	（1）	（2）	（3）	（4）	（5）	（6）
$Tariff\_output\_hs6d$	0.3652***	－0.0835	0.3384***	0.1412	0.0084	0.0604
	（0.1076）	（0.1031）	（0.1147）	（0.1007）	（0.0104）	（0.2168）
$Tariff\_output\_hs6d$	－0.4576***	－0.2101**	－0.1164	－0.4064***	－0.0228**	－0.2651**
×$Rauch\_lib$	（0.1128）	（0.1040）	（0.1190）	（0.1014）	（0.0107）	（0.1273）
Log($Price$)		0.3325***				
		（0.0028）				
Log(MC)				－0.2890***		
				（0.0067）		
$Quality$						1.2291***
						（0.0258）
$Tariff\_input\_hs6d$	－0.6800***	－0.7641***	0.3773**	－0.8477***	－0.0835***	－0.8583***
	（0.1820）	（0.1182）	（0.1614）	（0.1230）	（0.0135）	（0.1396）
$Tariff\_external\_hs6d$	－0.0447	－0.1798***	0.1433**	－0.1565***	0.0153**	－0.2368***
	（0.0659）	（0.0502）	（0.0680）	（0.0461）	（0.0075）	（0.0547）

[①] 基于自由估计方法下异质性产品分样本，以产品质量作为被解释变量估计计量模型（9－2），产出关税系数在5%的水平上显著为负，亦即产出关税削减显著提升异质性出口产品质量。

续表

变量	Log(Price)	Log(Markup)	Log(MC)	Log(Markup)	Quality	Log(Markup)
	(1)	(2)	(3)	(4)	(5)	(6)
控制变量	是	是	是	是	是	是
年份效应	是	是	是	是	是	是
企业一产品效应	是	是	是	是	是	是
Observations	778777	762608	762608	762608	674497	660973
R-squared	0.9711	0.9276	0.9685	0.9229	0.9168	0.9162

表 9 – 16   Sobel 检验和 Freedman 检验结果

变量	总体效应		对同质性产品出口加成率的影响		差异化效应	
	Sobel	Freedman	Sobel	Freedman	Sobel	Freedman
	(1)	(2)	(3)	(4)	(5)	(6)
Log(Price)	- 0.31	- 0.86	3.39 **	8.76 ***	- 4.05 **	- 13.84 ***
Log(MC)	- 3.60 **	- 8.07 ***	- 2.94 **	- 5.51 ***	0.98 **	2.32 **
Quality	- 0.76	- 4.57 ***	0.81	- 0.17	- 2.13 **	- 9.25 ***

注：Sobel 检验的临界值（双侧）为 $z = 0.97$（-0.97），（$P < 0.05$，$N > = 200$）。Freedman 遵循 t 分布，因而，其临界值为 t 分布的临界值。** 表示在 5% 的水平上显著，*** 表示在 1% 的水平上显著。

第六节　考虑出口状态和差异化程度的企业层面参照检验

进口产出关税削减，更多国外企业和产品进入国内市场，加剧了国内市场竞争，降低国内企业价格和加成率，亦即"促进竞争效应"（钱学锋等，2016；余淼杰和袁东，2016；Brandt 等，2017）；本章实证研究则发现进口竞争显著提升企业产品出口加成率，且这一效应主要来源于企业内的异质性出口产品，前文也已经通过检验进口竞争影响企业产品出口加成率的机制对这一结果进行了解释。本章的被解释变量不是现有文献研究的国内企业总体加成率，而是企业产品在出口市场上的加成率；进口产出关税削减主要加剧国内市场竞争程度，而不会改变出口市场竞争程度（Melitz 和 Ottaviano，

2008）。因此，现有文献研究证实的"促进竞争效应"在出口市场上并不存在；但是，正如前文机制检验所表明的，进口产出关税削减会通过成本降低效应和质量升级效应影响企业产品出口加成率。

进一步，为了与现有使用中国数据研究进口竞争与企业总体加成率关系的论文结论进行比较，本章也使用企业层面总体加成率作为被解释变量，国民经济4位码行业产出关税为核心解释变量，实证检验进口竞争对企业加成率的影响效应；并进一步基于企业出口状态和企业所处行业差异化程度的分样本，检验进口竞争对不同出口状态和处于不同差异化程度行业内企业加成率的异质性影响效应。一方面，出口企业相对于不出口企业受到的国内竞争压力较小（Melitz和Ottaviano，2008）；另一方面，异质性行业内的企业能够通过提高产品质量应对进口竞争，同质性行业内的企业则很难通过提高产品质量应对进口竞争，而主要采取降低边际成本和价格的方式（Kugler和Verhoogen，2012；Manova和Zhang，2012）。因此，本章对于纳入行业差异化程度和出口状态的企业层面回归有以下三个预期：其一，进口产出关税削减通过"促进竞争效应"降低企业加成率，且这一效应在非出口企业中更为明显；其二，进口产出关税削减通过质量升级效应提升异质性行业内企业加成率，一定程度上抵消"促进竞争效应"，且这一效应在出口企业中更为明显；其三，进口产出关税削减降低同质性行业内企业加成率，且这一效应在非出口企业中更为明显。

表9-17报告了考虑行业差异化程度和出口状态的企业层面加成率的参照检验回归结果。其中，第（1）~（3）列报告了全部行业内全部企业、出口企业和不出口企业的回归结果；第（4）~（6）列报告了异质性行业内全部企业、出口企业和不出口企业的回归结果；第（7）~（9）列报告了同质性行业内全部企业、出口企业和不出口企业的回归结果。列（1）~（3）中产出关税系数均显著为正，这表明进口竞争显著降低了企业总体加成率，证实了"促进竞争效应"；由于出口企业受到的国内市场竞争的影响相对较弱，进口竞争对出口企业总体加成率的影响效应小于不出口企业。这证明了前文提到的第一个预期。列（4）和（6）中产出关税系数不显著

表 9 - 17　企业层面加成率的参照检验回归结果

变量	全部行业			异质性行业			同质性行业		
	全部企业	出口企业	不出口企业	全部企业	出口企业	不出口企业	全部企业	出口企业	不出口企业
	(1)	(2)	(3)	(4)	(5)	(6)	(7)	(8)	(9)
$Tariff\_output$	0.1218***	0.0833***	0.1301***	-0.0231	-0.0810**	0.0023	0.1881***	0.1661***	0.3898***
	(0.0146)	(0.0250)	(0.0145)	(0.0243)	(0.0323)	(0.0240)	(0.0244)	(0.0235)	(0.0394)
控制变量	是	是	是	是	是	是	是	是	是
企业效应	是	是	是	是	是	是	是	是	是
年份效应	是	是	是	是	是	是	是	是	是
Observations	1185355	316866	868489	832513	261576	570937	352842	55290	297552
R-squared	0.8139	0.8575	0.7990	0.8688	0.9201	0.8485	0.7755	0.8316	0.7636

注：被解释变量为企业总体加成率，借鉴 De Loecker 和 Warzynski（2012）的方法测算；核心解释变量为国民经济 4 位码行业产出关税（$Tariff\_output$），借鉴 Yu（2015）的方法计算；控制变量包括行业层面投入关税和外部关税［借鉴 Yu（2015）方法计算］、企业资本劳动比（KLR）、企业平均工资（$Wage$）、企业年龄（Age）、企业出口强度（$Exp\_intensity$）、企业所有制虚拟变量（SOE）等；异质性和同质性行业分类方法借鉴森杰和李晋（2015）。

为负，列（5）中产出关税系数显著为负，这表明进口竞争提升异质性行业内出口企业加成率，对异质性行业内全部企业加成率和不出口企业加成率的影响不显著，这符合前文的第二个预期。列（7）、（8）和（9）中产出关税系数均显著为正，但是不出口企业子样本中回归系数要明显大于出口企业，这表明进口竞争显著降低同质性行业内企业加成率，且这一效应在不出口企业中更为明显，这也与前文的第三个预期一致。

综上，在使用全部企业样本进行回归时，进口竞争显著降低企业总体加成率，与已有文献一致，存在"促进竞争效应"。但是当考虑企业所在行业差异化程度和企业出口状态时，这一影响效应存在差异。因此，在研究进口竞争对加成率的影响效应时，需要考虑该企业的出口状态和所处行业的差异化程度。本章基于产品层面的研究恰好考虑了这两个方面，关注的是产品出口加成率，而非产品总体加成率（包括内销和出口）；同时区分了同质性和异质性产品，考察进口竞争引致的质量升级效应，在这一效应下，进口竞争会提升异质性产品出口加成率。本章的研究深化和拓展了现有关于贸易自由化和企业加成率的研究。

第七节　结论与启示

本章实证研究产出关税削减导致的进口竞争影响产品出口加成率的机制和效应，尤其是将全部出口产品划分为异质性和同质性产品，识别进口竞争影响不同类型产品出口加成率的机制的差异性。研究发现，对于所有样本而言，在控制了产品和企业特征，以及年份和企业—产品组合固定效应之后，产出关税下降导致的进口竞争会显著提高企业产品出口加成率；根据产品差异化程度将所有产品区分为异质性和同质性产品后，结果表明进口竞争对企业同质性产品出口加成率的影响不明显，但是显著提高企业异质性出口产品的加成率。通过改变关键变量、样本选择、估计方法后进行多方面的稳健性检验，这些结论依然成立。进一步的机制检验表明，进口竞争对企业产品出口加成率的"价格抑制效应"不显著，而"成本降低效应"和"质量升级效应"显著，具体来说，总体上进口竞争促使企业降低出口产品生产边际成本，提高产品出口加成率；对于不同差异化程度的产品而言，进口竞争同时降低同质性和异质性产品边际成本，但是对产品质量的影响存在明显差异：进口竞争不影响同质性产品质量，而提高了异质性产品质量。此外，相对而言，进口竞争对出口中的外资企业和民营企业、不进口企业、高市场竞争程度产品的企业的产品出口加成率以及一般贸易产品和消费品的出口加成率有更强的影响效应。

本章研究结论具有以下几方面的政策含义。其一，研究发现产出关税削减导致的进口竞争没有降低产品出口加成率，而是通过"成本降低效应""质量升级效应"显著提升了产品出口加成率，从而有利于提高我国出口企业在国际市场上的成本加成定价能力和市场势力。这一结论证实了当前我国进一步扩大进口贸易的科学性和合理性：通过降低进口关税，引入进口竞争，往往会倒逼国内企业降低成本和提高质量，以提升出口竞争力。其二，本章发现关税削减对不同差异化程度的产品出口加成率的影响效应存在差异，关税削减能够同时通过成本降低和质量升级两个渠道提高企业异质性产品出口加成率，因此，政府可以对同质性和异质性产品采取差异化的关税政策，特别是更大程度地降低异质性产品的进口关税。其三，研究表明，面对进口竞争时，出口企业更多地通过提升异质性出口产品质量应对进口竞争。我国经济已由高速增长阶段转向高质量发展阶段，在这关键的转型期，应该坚持质量第一、效益优先。因此，企业应积极响应国家"创新驱动发展"战略，提高企业从业人员素质、增加研发投入和提升产品质量，真正地通过自主创新的方式生产高质量产品、打造世界品牌。其四，实证发现，由于同质性产品质量升级空间相对较小，出口企业往往通过降低其边际成本应对进口竞争。因此，我国相关政策部门应着力降低企业的制度性交易成本、税费负担、融资成本、物流成本等；而相关企业应该以提高供给体系质量为主攻方向，通过改进生产技术、完善生产环节等方式提高生产效率和降低产品生产边际成本。

第十章
进口竞争、产品排序与多产品企业
产品出口加成率调整[*]

第一节 引言

已有研究发现，出口关税削减导致进口竞争加剧，进而降低企业在国内市场上的加成率，同时消费者也因消费品价格下降而获益（例如 Krugman，1979；Feenstra，2010；De Loecker 等，2016）。这一结论被称为贸易的促进竞争效应。然而，这些研究忽略了另外两个重要问题：其一，进口竞争对国内企业在出口市场上的加成率的影响；其二，进口竞争对多产品企业内不同产品之间出口加成率的差异化影响。本章使用中国的数据来回答这些问题，从而弥补现有文献的不足。

本章借鉴 De Loecker 等（2016）的方法，利用 2000～2006 年中国企业生产数据和贸易数据的匹配数据集，估计多产品企业产品层面的加成率。这种方法既不需要对企业面临的市场结构和需求曲线做出假设，也不需要对企

* 本章是本书作者钟腾龙与刘洪愧和许明的合作成果，最早以"Import Competition and Export Markups：Evidence from Chinese Multi-Product Exporters"为题发表在 *Annals of Economics and Finance* 2019 年第 1 期，有删改。

业如何在产品之间分配要素投入做出假设，这使本章能够使用中国所有制造业行业的数据进行研究。需要说明的是，估计得到的加成率是国内企业在出口市场的加成率，本章将其称为出口加成率。基于中国加入 WTO 后进口关税大幅削减的事实，本章首次实证研究进口关税削减引致的进口竞争对多产品企业产品出口加成率的影响，研究发现，进口关税削减后，多产品出口企业会提高产品出口加成率，而对于性能更高的产品，这一效应更大。这一结果在改变企业内产品间异质性度量和控制企业与行业特征后，仍然是稳健的。

与本章相关的一部分文献是关于贸易自由化影响企业加成率的研究。Goldar 和 Aggarwal（2005）实证表明，1980 年至 1997 年印度削减产出品进口关税显著降低了印度企业的加成率。Konings 等（2005）利用保加利亚和罗马尼亚的企业层面数据发现，进口竞争会影响企业加成率，但是影响方向受企业所属行业的市场结构的影响。Chen 等（2009）利用欧盟制造业企业的数据，研究表明贸易自由化在短期内降低价格和加成率，体现促进竞争效应，但这一效应在长期内不明显。De Loecker 等（2016）提出了一种估算企业—产品层面加成率的方法，并使用该方法估算了 1989 年至 1997 年印度制造企业的产品加成率。他们发现削减产出品进口关税会降低企业产品的加成率，从而产生促进竞争效应。Fan 等（2017）首先使用 De Loecker 等（2016）的方法估计了中国制造业出口企业产品加成率，但他们的重点是研究中间品进口关税削减对本国企业产品加成率的影响。

与本章相关的另一部分文献是关于贸易自由化影响企业内部资源配置的研究。Eckel 和 Neary（2010）从理论上证明了全球化倾向于缩小多产品企业的产品范围，原因是企业生产更多的生产效率较高的核心产品，而放弃生产效率最低的产品。Bernard 等（2011）建立了另一个理论模型，同样认为贸易自由化降低了产品范围。他们进一步利用美国的数据进行实证检验，以证实他们的理论预测。Mayer 等（2014）研究发现，随着竞争加剧，企业选择向目的地出口更多核心产品。Fan 等（2016）基于中国的数据，研究了进口贸易自由化对多产品出口企业产品组合的影响，特别是对出口额分布和产品范围的影响。

本章有三个方面的贡献。首先，本章首次探讨了降低产出品进口关税对国内企业在出口市场加成率的影响。其次，本章研究了多产品出口企业产品之间的加成率调整的异质性，揭示了面临贸易自由化的企业内部资源是如何重新分配的。最后，本章证明了以质量竞争为特征的核心产品竞争策略是决定多产品出口企业内不同产品采取差异化的加成率调整策略的根源所在。

第二节　计量模型与变量描述

一　计量模型

本章建立了计量经济模型（10－1），实证研究产出关税削减引致的进口竞争对多产品出口企业产品出口加成率的平均影响效应。本章关注的是产出关税削减的促进竞争效应，这是核心解释变量。在稳健性检验中，本章还考虑了投入品关税以考虑边际成本渠道效应。本章还研究了在中国多产品出口企业内不同产品对产品关税削减的加成率调整反映是否存在异质性［计量模型（10－2）］。该模型在计量模型（10－1）的基础上引入了产出关税和产品阶梯的交互项，以及一个产品阶梯的单独项。

$$\text{Log}(Markup_{fgt}) = \beta_0 + \beta_1 Tariff\_output_{it} + \theta X_{ft} + \delta_s + \delta_{fg} + \delta_t + \varepsilon_{fgt} \quad (10-1)$$

$$\text{Log}(Markup_{fgt}) = \beta_0 + \beta_1 Tariff\_output_{it} + \beta_2 Tariff\_output_{it} \times Ladder_{fgt} \\ + Ladder_{fgt} + \theta X_{ft} + \delta_s + \delta_{fg} + \delta_t + \varepsilon_{fgt} \quad (10-2)$$

$\text{Log}(Markup_{fgt})$ 为多产品企业 f 的 HS 6 位码产品 g 在 t 年的出口加成率；核心解释变量的下标 i 表示国民经济 4 位码行业（CIC4d）。

模型（10－1）和（10－2）中还包括了企业层面的控制变量，包括企业全要素生产率（TFP）、资本—劳动比（KLR）、原材料在总产出中的产比（$Input$）、平均工资（$Wage$）、补贴占增加值的份额（$Subsidy$）、税收占增加值的份额（Tax）、企业年龄（Age）、利息占增加值的份额（$Interest$）、出口强度（*Exp_ density*），以及企业所有权指标（*SOE* 表示国有企业虚拟变量，*FOE* 表示外资企业虚拟变量）。本章还控制了时间固定效应 δ_t、国民经济 2 位码行业固定效应 δ_s 和企业—产品组合固定效应 δ_{fg}，以考虑所有与时间、部门或企业—产品组合相关的因素。由于在式（10 - 1）和（10 - 2）中，CIC4d 行业层面关税是核心解释变量，且层面相对于被解释变量的企业—产品更为宏观，因此本章将标准误聚类到行业—年份层面，以解决每个行业—年份内的误差项之间潜在序列相关问题。

二 变量描述性统计表

表 10 - 1 列出了本章主要变量的描述统计结果。

表 10 - 1 主要变量描述统计

变量	观测值个数	均值	标准差	最小值	最大值
Log（*Markup*）	658403	− 0.1635	0.7255	− 7.4945	2.0441
Tariff_output	658403	0.1384	0.0691	0.0000	0.6500
Log（*MC*）	658403	− 3.1766	1.9075	− 11.8055	13.2794
Log（*Price*）	658403	− 3.3401	1.9104	− 14.0173	13.4173
Quality	569022	0.5569	0.1655	0.0000	1.0000
Log（*Ranking*）	658403	1.2287	0.9701	0.0000	5.8464
Non_core	658403	0.7661	0.4233	0.0000	1.0000
Bottom	658403	0.4365	0.4960	0.0000	1.0000
Second	271906	0.4335	0.4956	0.0000	1.0000
Log（*TFP*）	658403	1.4777	0.1992	0.3613	2.1634
Log（*KLR*）	658403	3.3262	1.3335	− 5.8569	9.0620
Log（*Input*）	658403	− 0.3724	0.3037	− 5.1385	6.6646
Log（*Wage*）	658403	2.6136	0.6082	− 5.2030	6.9925
Log（*Subsidy*）	658403	0.0070	0.0476	0.0000	4.8675
Log（*Tax*）	658403	0.1107	0.2205	− 1.3901	3.6760
Log（*Age*）	658403	2.0157	0.6699	0.0000	4.0604
Interest	658403	0.0417	0.1445	− 0.1905	2.8817
Exp_density	658403	0.1568	0.1734	0.0001	0.9999
SOE	658403	0.0733	0.2606	0.0000	1.0000
FOE	658403	0.5144	0.4998	0.0000	1.0000

第三节　基准回归与稳健性检验

一　基准回归结果

（一）平均影响效应

首先，本章基于中国多产品出口企业样本估计计量模型（10-1），表10-2汇报了回归结果。每一列报告了包括不同固定效应和不同控制变量的回归结果。其中，第（1）~（3）列没有包括控制变量，但是引入了不同的固定效应；第（4）~（7）列逐步引入新的控制变量，但是均使用与列（3）相同的固定效应。回归结果显示，每一列的产出关税估计系数均在1%的水平上显著为负，产出关税下降1%平均提升多产品企业的产品出口加成率0.6%~0.8%。

表 10-2　进口竞争对多产品企业产品出口加成率整体效应回归结果

变量	（1）	（2）	（3）	（4）	（5）	（6）	（7）
Tariff_output	-0.8457 ***	-0.7857 ***	-0.8647 ***	-0.6742 ***	-0.6389 ***	-0.6376 ***	-0.6289 ***
	（0.0977）	（0.1046）	（0.1159）	（0.0940）	（0.0986）	（0.0983）	（0.0976）
Log(TFP)				1.1834 ***	1.1810 ***	1.1816 ***	1.2958 ***
				（0.0895）	（0.0940）	（0.0940）	（0.1015）
Log(KLR)				0.0051 *	0.0048 *	0.0048 *	0.0047
				（0.0029）	（0.0029）	（0.0029）	（0.0029）
Log(Input)				-0.2291 ***	-0.2049 ***	-0.2047 ***	-0.2022 ***
				（0.0128）	（0.0121）	（0.0120）	（0.0121）
Log(Wage)				-0.0374 ***	-0.0346 ***	-0.0346 ***	-0.0343 ***
				（0.0042）	（0.0040）	（0.0040）	（0.0039）
Log(Subsidy)					0.0213	0.0213	0.0210
					（0.0248）	（0.0247）	（0.0249）
Log(Tax)					-0.0119 *	-0.0119 *	-0.0118 *
					（0.0065）	（0.0064）	（0.0065）
Log(Age)					-0.0232 ***	-0.0232 ***	-0.0259 ***
					（0.0063）	（0.0063）	（0.0064）

变量	（1）	（2）	（3）	（4）	（5）	（6）	（7）
Interest					0.0478 ***	0.0478 ***	0.0474 ***
					（0.0119）	（0.0119）	（0.0119）
Exp_density					0.2936 ***	0.2939 ***	0.2898 ***
					（0.0452）	（0.0452）	（0.0452）
SOE							0.0558 ***
							（0.0108）
FOE							− 0.0210 ***
							（0.0065）
年份固定效应	YES	YES	YES	YES	YES	YES	YES
企业固定效应	YES	—	—	—	—	—	—
企业—产品固定效应	NO	YES	YES	YES	YES	YES	YES
行业固定效应	NO	NO	YES	YES	YES	YES	YES
观测值数量	658403	658403	658403	658403	658403	658403	658403
R-squared	0.8278	0.9568	0.9570	0.9604	0.9608	0.9608	0.9609

（二）产品间的异质性效应

为了研究更接近企业核心竞争力的产品加成率变化幅度是否更大，本章使用相同的样本进一步估计计量模型（10 - 2）。

表 10 - 3 汇报了对应的回归结果，列（1）、（2）报告了使用产品排序阶梯变量的回归结果；列（3）、（4）报告了使用非核心产品虚拟变量的回归结果；列（5）、（6）报告了使用外围产品虚拟变量的回归结果。在每一列中，产出关税估计系数均在 1% 的水平上显著为负，引入控制变量的列（2）、（4）、（6）的回归结果显示产出关税估计系数的绝对值处于 0.66 ~ 0.74 区间，随使用的产品阶梯变量不同而呈现一定差异。这一结果表明，产出关税削减引致的进口竞争显著提升了多产品企业内核心产品（内围产品）的出口加成率。

产出关税与三个阶梯变量交互项的估计系数总是在 1% 的水平上显著为正，这表明随着产品与核心产品距离越远，进口竞争对其加成率的提升作用越弱，甚至当产品排序达到门槛值后，进口竞争对产品加成率的作用由正转负。

另外需要注意的是，三个产品阶梯变量估计系数均显著为负，这表明远离核心竞争力的产品具有相对较低的加成率。

表 10 – 3　进口竞争对多产品企业不同出口额排序产品出口加成率的差异化影响结果

变量	（1）	（2）	（3）	（4）	（5）	（6）
Tariff_output	− 1. 0230 ***	− 0. 7419 ***	− 0. 9555 ***	− 0. 7082 ***	− 0. 8912 ***	− 0. 6582 ***
	（0. 1227）	（0. 1026）	（0. 1187）	（0. 0996）	（0. 1165）	（0. 0986）
Tariff_output × Log(Ranking)	0. 1596 ***	0. 1159 ***				
	（0. 0389）	（0. 0371）				
Log(Ranking)	− 0. 0531 ***	− 0. 0511 ***				
	（0. 0062）	（0. 0061）				
Tariff_output × Non_core			0. 1348 ***	0. 1186 ***		
			（0. 0394）	（0. 0360）		
Non_core			− 0. 0454 ***	− 0. 0454 ***		
			（0. 0062）	（0. 0059）		
Tariff_output × Bottom					0. 0749 ***	0. 0829 ***
					（0. 0275）	（0. 0268）
Bottom					− 0. 0240 ***	− 0. 0227 ***
					（0. 0044）	（0. 0042）
Log(TFP)		1. 2801 ***		1. 2929 ***		1. 2962 ***
		（0. 1019）		（0. 1019）		（0. 1015）
年份固定效应	YES	YES	YES	YES	YES	YES
企业—产品固定效应	YES	YES	YES	YES	YES	YES
行业固定效应	YES	YES	YES	YES	YES	YES
其他控制变量	NO	YES	NO	YES	NO	YES
观测值数量	658403	658403	658403	658403	658403	658403
R-squared	0. 9572	0. 9611	0. 9571	0. 9610	0. 9570	0. 9609

二　差分模型回归

本章在基准回归中使用固定效应估计方法，这里进一步使用差分模型估计方法进行稳健性检验。根据本章的样本期（7 年），本章分别选取 1 阶、2 阶和 3 阶差分进行估计，估计模型中包括控制变量的差分项和年份固定效应，回归结果见表 10 - 4。

采用一阶差和长阶差估计量来检验产出关税变动对加成率调整的影响，这种方法的优点是，差分消除了模型中潜在的个体异质性，解决了面板数据模型中遗漏变量问题。用此方法得到的结果与基准回归得到的结果一致。

表 10 - 4　差分模型回归结果

	1 阶差分		2 阶差分		3 阶差分	
Log(Markup)	（1）	（2）	（3）	（4）	（5）	（6）
Tariff_output	- 0.7306 ***	- 0.6577 ***	- 0.5918 ***	- 0.6450 ***	- 0.6244 ***	- 0.6650 ***
	（0.0757）	（0.0735）	（0.0660）	（0.0642）	（0.0819）	（0.0841）
Tariff_output × Log(Ranking)		0.0727 **		0.0711 ***		0.0625 *
		（0.0329）		（0.0265）		（0.0388）
Log(Ranking)		- 0.0349 ***		- 0.0276 ***		- 0.0254 ***
		（0.0048）		（0.0041）		（0.0061）
年份固定效应	YES	YES	YES	YES	YES	YES
控制变量	YES	YES	YES	YES	YES	YES
观测值数量	223719	223719	94589	94589	39935	39935
R-squared	0.0958	0.0988	0.1108	0.1125	0.1211	0.1225

三　长期效应

本小节将研究降低产出关税对出口加成率的长期影响。产出关税削减加剧了国内市场的进口竞争。作为应对，国内企业必须提高生产效率，提高产品质量才能生存。然而，企业很难在短时间内显著提高生产效率或产品质量，因此本章认为，降低产出关税会对加成率调整产生滞后影响。

长期效应估计结果见表 10 - 5。第（1）、（3）、（5）列分别报告了将产出关税变量和其他控制变量滞后 1、2、3 阶的计量模型（10 - 1）的估计结果。产出关税的系数估计值总是负数，且至少在 5% 的显著性水平下显著。这意味着进口竞争对企业出口加成率至少有 3 年的长期影响。

第（2）、（4）和（6）列报告了分别将产出关税变量和其他控制变量滞后 1、2、3 阶的计量模型（10 - 2）的估计结果，其中产品排序的对数值没有使用滞后期。产出关税的系数估计值仍然是负数，与零值有显著差异，这意味着进口竞争对企业内核心产品的加成率有长期影响。产出关税与产品排序交互项系数估计值为正，但仅在 1 年和 2 年的滞后期内显著。这意味着在第 2 年之后，降低产出关税不再导致企业内部核心产品和非核心产品加成率的差异化调整。

表 10 - 5　长期效应估计结果

变量	滞后 1 阶		滞后 2 阶		滞后 3 阶	
	(1)	(2)	(3)	(4)	(5)	(6)
$Tariff\_output$	− 0. 2839 ***	− 0. 3884 ***	− 0. 2257 **	− 0. 3800 ***	− 0. 3147 **	− 0. 3828 ***
	(0. 0968)	(0. 0962)	(0. 1041)	(0. 0995)	(0. 1383)	(0. 1368)
$Tariff\_output$		0. 1218 ***		0. 1827 ***		0. 0774
× Log($Ranking$)		(0. 0373)		(0. 0626)		(0. 0827)
Log($Ranking$)		− 0. 0441 ***		− 0. 0551 ***		− 0. 0401 ***
		(0. 0064)		(0. 0109)		(0. 0154)
年份固定效应	YES	YES	YES	YES	YES	YES
企业—产品固定效应	YES	YES	YES	YES	YES	YES
行业固定效应	YES	YES	YES	YES	YES	YES
控制变量	YES	YES	YES	YES	YES	YES
观测值数量	223719	223719	122647	122647	66835	66835
R-squared	0. 9600	0. 9601	0. 9658	0. 9660	0. 9725	0. 9726

四　稳健性检验

本小节从解决内生性问题、改变出口加成率测算方法、改变进口竞争测算方法、使用企业层面的产出关税、改变样本选择、控制出口关税、控制汇率变动、控制投入品关税、控制产品—年份组合固定效应和剔除异常值等方面对基准回归结果进行稳健性检验。

（一）内生性问题

产出关税削减与企业加成率之间可能存在相互影响的内生性问题（Amiti 和 Konings，2007）。在基准回归中，本章已经引入了 CIC2d 行业层面、企业—产品层面的固定效应，且从微观企业的视角，其反向影响关税变动的可能性较低，因此内生性已经得到了较好的控制。但是，仍然不能排除具有较大市场势力的企业能够游说政府调整进口关税的可能性。基于此，本章借鉴 Brandt 等（2017）的做法，使用 1999 年的产出关税作为每一年的产出关税的工具变量，使用两阶段最小二乘法估计计量模型（10 - 1）和（10 - 2），表 10 - 6 汇报了相应的回归结果。

为了检验工具变量的有效性，本章对工具变量进行了两个联合检验，得到两个关键统计量。第一个统计量是基于 LM 检验得到的，用于检验工具变量的识别不足问题，对应的统计量为 Kleibergen-Paap rk LM χ^2（1）statistic，拒绝原假设则说明工具变量与内生变量是统计相关的。第二个统计量是 Wald 检验得到的，用于检验工具变量是否为弱工具变量，对应的统计量为 Weak Instrument（F statistic），拒绝原假设则说明工具变量不是弱工具变量。表 10 - 6 最后两行的统计量结果均拒绝原假设，表明本章选取的工具变量是有效的。

表 10 - 6 报告的工具变量回归结果与基准回归结果基本一致，这表明在考虑了产出关税内生性问题后，回归结果依然稳健。

表 10 - 6 工具变量估计结果

变量	（1）	（2）	（3）	（4）
Tariff_output	- 0. 8602 ***	- 0. 6329 ***	- 0. 8962 ***	- 0. 6533 ***
	（0. 1173）	（0. 1282）	（0. 0395）	（0. 0379）
Tariff_output × Log(Ranking)			0. 0318 *	0. 0231 *
			（0. 0171）	（0. 0133）
Log(Ranking)			- 0. 0344 ***	- 0. 0375 ***
			（0. 0027）	（0. 0026）
年份固定效应	YES	YES	YES	YES
企业—产品固定效应	YES	YES	YES	YES
行业固定效应	YES	YES	YES	YES
控制变量	NO	YES	NO	YES
观测值数量	658041	658041	658041	658041
R-squared	0. 9570	0. 9609	0. 9572	0. 9611
Kleibergen-Paap rk LM χ^2 (1) statistic	241. 4†	243. 3†	244676†	245042†
Weak Instrument (F statistic)	931. 4†	946. 7†	78668†	78852†

注：† 表示在 0.1% 水平上显著。

（二）其他测算企业—产品加成率和进口竞争的方法

本小节使用另一种方法估计企业产品出口加成率，并检验本章的基准回归结果对新度量方法的敏感性。基准回归中企业产品出口加成率是使用行业层面出厂价格指数平减的企业产品出口额作为产出变量来估计的。然而，使用行业层面价格指数进行平减无法反映行业内企业之间的价格差异，从而可能产生遗漏变量偏差。为了解决这个遗漏变量问题，本章使用企业产品层面的出口数量作为产出变量重新测算企业产品出口加成率。表 10 - 7 第（1）列报告了使用基于出口产品数量的新估算的企业产品加成率的计量模型（10 - 2）的估计结果，这与本章的基准结论一致。

由于数据限制，本章不能使用 De Loecker 等（2016）在测算企业产品加成率时企业内产品之间要素分配系数之和等于1的这个条件。为此，本章借鉴 Kee 和 Tang（2015）的做法，由于本章基于出口收入或者出口数量估算出口加成率，假设企业内产品间要素分配系数之和等于企业的出口强度，这其中蕴含的假设是企业分配给生产用于出口的产品要素份额刚好等于出口收入占企业总收入的份额，这一假设无疑较为严格，但是是当前数据条件下最佳的处理方式。为了检验这一假设是否会影响本章的研究结论，本章进一步选取纯出口企业作为分样本对计量模型（10 - 2）进行回归，该子样本的观测值个数占比约为18%。在该子样本中，企业内产品间的要素分配系数之和等于1，回归结果与基准回归结果一致。

产出进口关税削减不能反映非关税壁垒变化情况，而非关税壁垒削减也能加剧进口竞争，为此，本章借鉴 Dhyne 等（2017）的方法，使用进口渗透率（Imp_ ratio）作为衡量进口竞争的另一个代理变量。进口渗透率由行业内进口总额占该行业的总产出的份额表示。表 10 - 7 第（3）、（4）列报告了回归结果，其中第（3）列的被解释变量为基于企业产品出口额作为产出变量估算的出口加成率，第（4）列的被解释变量则为基于企业产品出口数量作为产出变量估算的出口加成率。由于进口渗透率正向表示进口竞争程度，进口渗透率估计系数显著为正，而进口渗透率与产品排序的交互项估计系数显著为负，这与基准回归结果是一致的。

表 10 – 7　改变关键变量和使用纯出口企业样本的稳健性检验结果

变量	基于出口数量测算的加成率	纯出口企业	进口渗透率		企业层面关税	
	（1）	（2）	（3）	（4）	（5）	（6）
Tariff_output	– 0. 7719 ***	– 0. 6149 ***			– 0. 7803 ***	– 0. 8301 ***
	（0. 1024）	（0. 1489）			（0. 0533）	（0. 0642）
Tariff_output × Log（Ranking）	0. 1002 ***	0. 1142 *			0. 2236 ***	0. 2103 ***
	（0. 0388）	（0. 0620）			（0. 0377）	（0. 0404）
Imp_ratio			5. 1524 *	15. 4908 ***		
			（2. 6506）	（3. 4675）		
Imp_ratio × Log（Ranking）			– 1. 6269 *	– 11. 5926 ***		
			（0. 9115）	（2. 0521）		
Log（Ranking）	– 0. 0650 ***	– 0. 0483 ***	– 0. 0338 ***	– 0. 0467 ***	– 0. 0575 ***	– 0. 0741 ***
	（0. 0062）	（0. 0103）	（0. 0027）	（0. 0017）	（0. 0063）	（0. 0071）
年份固定效应	YES	YES	YES	YES	YES	YES
企业—产品固定效应	YES	YES	YES	YES	YES	YES
行业固定效应	YES	YES	YES	YES	YES	YES
控制变量	YES	YES	YES	YES	YES	YES
观测值数量	646783	118512	658403	646783	658403	646783
R-squared	0. 9275	0. 9679	0. 8826	0. 7068	0. 9571	0. 9248

（三）企业层面的关税

在本章基准回归中，本章使用 CIC4d 行业层面的产出关税来表示进口竞争。这样做的原因是，限于没有企业产品层面的产出数据的限制，本章无法精确计算企业产品的产出关税，但是使用行业层面关税也存在缺点：掩盖了行业内（即使细分定义的行业）不同企业面临产出关税削减的差异性。为了克服这一缺陷，本章借鉴 Yu（2015），基于企业产品层面的出口收入来计算企业层面的产出关税，该方法也存在缺陷，且不能适用于纯内销企业，但是是目前数据条件下构建企业层面的产出关税的最优方法。表 10 – 8 第（5）、（6）列报告了回归结果。其中第（3）列的被解释变量为基于企业产品出口额作为产出变量估算的出口加成率，第（4）列的被解释变量则为基于企业产品出口数量作为产出变量估算的出口加成率。回归结果与基准回归结果一致。

（四）考虑出口关税、汇率、异常值、贸易方式、投入关税和更为严格的固定效应的影响

为了控制出口市场中企业面临的出口关税影响，本章首先遵循 Yu（2015）建立了出口关税指数（$Tariff\_export$），作为控制变量引入计量模型（10-2）。表 10-8 中的第（1）列报告了回归结果，结果表明控制出口关税后，本章的主要回归结果没有改变。

其次，本章需要进一步检验主要回归结果不是由于人民币汇率变动所导致的。具体地，考虑到 2005 年后人民币汇率发生了较大的变化，本章剔除2005 年和 2006 年的观测值，也就是基于 2000~2004 年的样本重新估计计量模型（10-2），表 10-8 第（2）列报告了回归结果，仍然与基准回归结果一致，这表明本章的主要结论不受人民币汇率变动的影响。

此外，本章进一步消除关于异常值的潜在影响的疑虑。表 10-8 第（3）列报告了剔除了企业产品出口加成率上下 2.5 个百分位的异常值的回归结果，同样，主要回归结论不变。

Amiti 和 Konings（2007）指出，投入品进口关税削减能够通过降低进口成本等渠道产生与促进竞争效应完全不同的效应，因此，有必要在计量模型中控制投入品关税（$Tariff\_input$）。表 10-8 第（4）列汇报了估计结果。在控制了投入品关税后，产出关税估计系数、产出关税与产品排序交互项估计系数仍然与基准回归结果基本一致，这表明，在控制了投入品关税后，进口竞争对多产品出口企业产品出口加成率的影响效应不变。

在基准模型中，本章已经控制了产品个体固定效应，也就是控制了随产品变化但是不随时间变化的产品个体因素的影响，这里进一步控制产品—年份组合固定效应，用以控制既随产品个体变化又随时间变化的因素。表 10-8 第（5）列的回归结果与基准回归结果一致。

在中国，加工贸易方式进口免收进口关税，因此本章预测部分或者全部从事加工贸易进口的企业的出口产品加成率调整受到进口竞争的影响效应相对较小。基于此，本章将全部样本划分为纯一般贸易企业和加工贸易企

业，前者定义为仅从事一般贸易的企业，后者定义为全部或者部分从事加工贸易的企业，并分别估计计量模型（10-2），表10-8第（6）、（7）列报告了回归结果。回归结果显示，一般贸易企业分样本的产出关税系数绝对值明显大于加工贸易企业分样本产出关税系数绝对值，且加工贸易企业分样本中产出关税与产品排序交互项系数不显著。这意味着，进口竞争对加工贸易企业内核心产品加成率的提升效应小于一般贸易企业；面对进口竞争，加工贸易企业内不同出口额排序产品之间的加成率调整不存在显著差异。

表 10-8　其他稳健性检验结果

变量	（1）	（2）	（3）	（4）	（5）	（6）	（7）
Tariff_output	-0.7879 ***	-0.5771 ***	-0.6650 ***	-0.6916 ***	-0.7219 ***	-0.7087 ***	-0.4079 ***
	(0.1094)	(0.1002)	(0.0972)	(0.1005)	(0.0666)	(0.1099)	(0.0619)
Tariff_output × Log(Ranking)	0.1053 ***	0.1028 *	0.1131 ***	0.1202 ***	0.1617 ***	0.1172 **	0.0169
	(0.0352)	(0.0533)	(0.0310)	(0.0388)	(0.0344)	(0.0469)	(0.0243)
Log(Ranking)	-0.0495 ***	-0.0448 ***	-0.0485 ***	-0.0518 ***	-0.0562 ***	-0.0539 ***	-0.0121 ***
	(0.0058)	(0.0096)	(0.0053)	(0.0061)	(0.0050)	(0.0069)	(0.0044)
Tariff_export	0.1291						
	(0.1033)						
Tariff_input				-0.3128 ***			
				(0.0894)			
年份固定效应	YES	YES	YES	YES	YES	YES	YES
企业—产品固定效应	YES	YES	YES	YES	YES	YES	YES
行业固定效应	YES	YES	YES	YES	YES	YES	YES
控制变量	YES	YES	YES	YES	YES	YES	YES
产品—年份固定效应	NO	NO	NO	NO	YES	NO	NO
观测值数量	641462	366648	625483	658403	658403	541231	117172
R-squared	0.9616	0.9717	0.9436	0.9611	0.9731	0.9624	0.8832

第四节　价格抑制、成本降低和质量升级的机制检验

一　价格与边际成本渠道

加成率是指价格与边际成本的比例，因此，本章使用价格和边际成本的估计值来检验加成率变动背后的机制。本章分别使用价格和边际成本作为因变量重新估计计量模型（10－1）和（10－2）。

本章首先分析表 10－9 第（1）列和第（2）列中报告的以价格为被解释变量的回归结果。第（1）列产出关税估计系数不显著，说明出口价格对产出关税削减不敏感。然而，在第（2）列中，产出关税的系数估计值显著为负，产出关税与产品排序交互项系数显著为正。以上结果表明，进口竞争对多产品企业产品出口价格的总体平均影响不显著，但对多产品出口企业内不同产品的出口价格有显著的异质性影响，具体地，进口竞争提高了核心产品的出口价格，该效应对于远离企业核心竞争力的产品来说较低；当产品远离企业的核心竞争力时，该影响效应甚至变为负向。本章根据第（2）列的系数估计值计算出产品排序的阈值为 5.5［exp（0.2417/0.1419）］。也就是说，进口竞争对排名高于 5.5 的产品的出口价格有负面影响；对于排名低于5.5 的产品的出口价格有正向影响。

现在，本章进一步重点讨论表 10－9 第（3）和第（4）列中报告的以边际成本为被解释变量的回归结果。两列的产出关税系数均为正，且与零有显著差异，但交互项的系数不显著。这意味着，产出关税削减导致成本大幅下降，但这种影响在企业内部不同产品之间没有显著差异。

本章注意到，表 10－9 列（1）和列（3）的产出关税系数的绝对值之和等于表 10－2 第（7）列产出关税系数的绝对值；表 10－3 列（2）和列（4）的产出关税系数和交互项系数的绝对值之和等于表 10－3 第（1）列的产出关税绝对值和交互项系数绝对值。产出关税削减提高了企业产品出口加成率的主要来源是降低了边际成本，而对多产品企业内核心和非核心

产品加成率的异质性影响效应则主要来源于对核心和非核心产品出口价格的异质性影响。

表 10 - 9　价格和边际成本渠道检验

变量	Log(Price)	Log(Price)	Log(MC)	Log(MC)	Log(Quality)
	(1)	(2)	(3)	(4)	(5)
Tariff_output	- 0. 1048	- 0. 2417 **	0. 5241 ***	0. 5001 ***	- 0. 0436 **
	(0. 1135)	(0. 1205)	(0. 1308)	(0. 1306)	(0. 0187)
Tariff_output × Log(Ranking)		0. 1419 **		0. 0260	0. 0306 ***
		(0. 0659)		(0. 0659)	(0. 0077)
Log(Ranking)		- 0. 0909 ***		- 0. 0398 ***	- 0. 0539 ***
		(0. 0134)		(0. 0123)	(0. 0015)
年份固定效应	YES	YES	YES	YES	YES
企业—产品固定效应	YES	YES	YES	YES	YES
行业固定效应	YES	YES	YES	YES	YES
控制变量	YES	YES	YES	YES	YES
观测值数量	658403	658403	658403	658403	569022
R-squared	0. 9716	0. 9718	0. 9735	0. 9735	0. 9502

二　讨论

如表 10 - 9 第 （1） 列所示，为什么降低产出关税对总体出口价格没有显著影响？Melitz 和 Ottaviano （2008） 指出，产出关税削减加剧了国内市场的竞争，但是并不直接影响国内企业的出口市场竞争程度。因此，出口价格也不应该受到进口竞争的直接影响。同时，进口竞争提高了接近企业核心竞争力的产品的价格，但降低了远离企业核心竞争力的产品的价格，这两种效应相互抵消，导致整体效果不明显。

如表 10 - 9 第 （3） 列所示，为什么降低产出关税会导致边际成本下降？已有文献发现，进口竞争提高了企业的生产率 （如 Yu，2015；Brandt 等，2017），同时边际成本随着生产率的提高而下降 （Melitz，2003）。因此，产出关税削减通过提高国内企业的生产率，对边际成本产生间接的负向影响。

本章现在讨论为什么进口竞争对不同出口额排序产品的加成率有不同的影响。在 Melitz（2003）模型中，效率更高的企业边际成本更低，这使他们可以为自己的产品设定更低的价格。企业通过降低边际成本和价格来应对进口竞争。Antoniades（2015）在 Melitz（2003）模型中引入了内生质量选择和内生加成率。他发现，企业也可以通过提高产品的质量差异化程度来应对进口竞争，这使企业能够为更高质量的产品设定更高的价格。如果企业决定投资于提高质量，他们可以通过生产更高质量的产品来避免进口竞争（Aghion 等，2005）。这样做的企业可以设置更高的价格，因为消费者更喜欢高质量的产品，愿意在他们身上花更多的钱（Fan 等，2015；Fan 等，2018）。Eckel 等（2015）在多产品企业的框架下研究了这个问题。在自由制造模式下（flexible manufacturing），企业的核心竞争力具有较低的成本。因此，企业要么选择在不提高质量的情况下生产更多的此类产品，要么投资于提高质量，因为核心产品的利润率更高。这两个选择导致了两种完全不同的核心竞争力模式，前一种模式被称为"基于成本优势的竞争模式"，与企业的核心产品以较低的价格出售以吸引消费者购买更多的情况相对应。因此，一个企业产品的价格与销售额成反比。后一种模式被称为"基于质量优势的竞争模式"，它对应的情况是，主导效应来自企业投资于提高其核心产品的质量。因此，这些产品的价格更高，所以一个企业的产品的价格与它的销售情况是正相关的。

如果多产品出口企业符合以质量为基础的竞争力模式，本章可以解释为什么企业在面临进口竞争时提高接近其核心竞争力的产品价格。在以质量为基础的竞争格局中，多产品企业选择提高核心产品的质量。接近企业核心竞争力的产品比远离企业核心竞争力的产品质量更高。已有文献发现，企业倾向于提高具有较高初始质量的产品的质量（Amiti 和 Khandelwal，2013）。因此，企业内接近核心竞争力的产品的质量、价格和加成率的提升幅度更大，因为这些产品初始质量水平更高。Wang 和 Xie（2018）从中观层面上发现了贸易开放将促使资源转移到快速增长的行业的证据。

在 Eckel 等（2015）的基础上，本章构建了以下模型来检验中国多产品出口企业的核心竞争力模式。

$$\ln P_{fgt} = \delta_0 + \delta_1 \log(Ranking_{fgt}) + \omega_{ft} + \upsilon_{gt} + \varepsilon_{fgt} \qquad (10-3)$$

因变量为企业 f 产品 g 在 t 时刻的单位价值的对数；核心解释变量为产品排序变量，含义与计量模型（10-2）相同；ω_{ft} 为企业—年份固定效应，υ_{gt} 为产品—年份固定效应，ε_{fgt} 为随机误差项。回归结果见表 10-10。产品排序的系数估计值显著为负，这意味着企业内产品出口价格与出口销售额呈正相关关系，这就证明了中国的多产品出口企业采取以质量优势为基础的核心竞争力模式。

此外，本章以产品质量为因变量重新估计计量模型（10-3），结果见表 10-10 第（2）列。产品排序系数显著为负，这表明，更接近企业核心竞争力的产品比那些离核心竞争力较远的产品质量更高，这表明中国的多产品出口企业投资升级核心产品质量。

最后，本章用产品质量作为因变量重新估计计量模型（10-2），结果见表 10-9 第（5）列。产出关税和交互项的系数分别显著为负和显著为正。这符合本章的预测，即企业通过提高更接近其核心产品且具有更高初始质量的产品的质量来应对进口竞争；进而导致这些更接近核心产品的价格和加成率上升幅度较大，体现为企业内产品间的加成率异质性调整和企业内产品间的资源再配置效应。

表 10-10　中国多产品出口企业竞争策略

变量	Log(Price)	Quality
	(1)	(2)
Log(Ranking)	-0.0875***	-0.0753***
	(0.0023)	(0.0003)
企业—年份固定效应	YES	YES
产品—年份固定效应	YES	YES
观测值数量	658403	569022
R-squared	0.8310	0.7543

第五节 结论与启示

本章揭示了面临进口竞争的多产品出口企业的出口加成率调整策略。本章的研究结果有力地表明,降低产出品进口关税可以大大增强企业在出口市场的市场势力,特别是对于更接近企业核心竞争力的产品。本章阐述了两个典型事实:一是关于我国多产品出口企业的特点,核心产品主导出口市场;另一个是2000年至2006年的加成率动态,核心产品的加成率上升幅度大于非核心产品。基于这些典型事实,本章设计了两个计量经济学模型。使用中国多产品出口企业样本数据的估计结果表明,进口竞争总体上提升了多产品出口企业产品出口加成率,且这一效应主要体现在离核心竞争力较近的产品。进一步,本章检验了潜在的影响机制,中国多产品出口企业采取质量竞争策略,导致企业在面临进口竞争时,选择投资升级核心产品质量、价格和加成率,因此,多产品企业对企业内不同排序产品的质量调整是导致企业内不同排序产品出口加成率调整的原因所在。

本章研究结论具有以下几方面的政策含义。其一,研究结论发现进口竞争显著提升了我国多产品企业产品出口加成率,这启示我们可以进一步扩大进口,发挥进口竞争的出口加成率提升作用。其二,研究结论表明进口竞争对企业内产品出口加成率的提升效应主要来源于企业内出口额排序靠前的产品,也就是企业内的优势产品。这启示我们要将更多的要素配置到企业更具优势的产品上。其三,研究结论表明进口竞争主要通过促进企业提升核心产品质量的渠道来提升核心产品的出口加成率,这启示企业要加大对核心产品的质量升级投资。

第十一章
贸易自由化、加成率离散度
与企业内资源配置效率

第一节　引言

保罗·克鲁格曼曾说："生产率不等于一切，但长期看它几乎意味着一切"。如何提高社会总体生产率水平是国家决策者的重要目标和学术研究的关键问题。从要素投入的视角看，生产率的提升来源可以归结为生产要素使用效率和配置效率的改善。随着劳动生产率和资本产出率的增长空间的缩小，继续依靠生产要素使用效率以求提高总体生产率变得步履维艰，亟须向依靠提升资源配置效率这一路径转变（杨汝岱，2015；靳来群等，2015）。中国近年来不断激化的部分产能过剩与关键技术依赖进口的矛盾、消费者对高质量产品的需求与国内有效供给不足的矛盾、生态环境保护与经济增长之间的矛盾等均是资源配置效率较低的集中体现。习近平总书记曾经指出，我国要从"需求侧管理"向"供给侧管理"倾斜，重点解决结构性问题，注重激发经济增长动力，主要通过优化要素配置和调整生产结构来提高供给体系质量和效率，进而推动经济增长。

国内外大量文献研究表明，资源配置效率改善有利于提升总体生产率和促进经济增长。例如，Baily 等（1992）指出生产要素从低生产率企业向高

生产率企业转移，解释美国 20 世纪 80 年代生产率提升的一半。Hsieh 和
Klenow（2009）使用 1998～2005 年中国制造业企业的数据研究发现，如果
中国的资源得到有效配置，制造业生产率可以再提高 86.6%～115%。聂辉
华和贾瑞雪（2011）发现中国制造业企业的全要素生产率（TFP）离散度非
常高，制造业内部的资源重置效应近似于 0，这表明制造业行业内存在较为
严重的资源错配问题。龚关和胡关亮（2013）分别研究资本和劳动配置效
率改善对 TFP 的促进作用，他们发现，1998～2007 年，资本和劳动配置效
率的改善分别促进 TFP 提高了 10.1% 和 7.3%。

如何提高资源配置效率？国内学者从各个视角对这一问题进行了广泛的
研究，例如降低企业税负和企业间税负离散度（蒋为，2016；刘啟仁和黄
建忠，2018），降低地方国企依赖程度（李艳和杨汝岱，2018），完善交通
基础设施建设（张天华等，2017），加强环境规制（韩超等，2017），提高
最低工资标准（刘贯春等，2017），增加对外直接投资（白俊红和刘宇英，
2018），人民币汇率升值等（刘竹青和盛丹，2017；毛日昇等，2017）。Lu
和 Yu（2015）研究了最终品贸易自由化对中国制造业行业内企业间加成率
离散度的影响，结果发现贸易自由化显著降低了行业内加成率离散度，亦即
提升资源配置效率；此外，杜艳等（2016）、耿伟和廖显春（2017）实证研
究了最终品贸易自由化对中国制造业行业内生产率离散度和资源配置效率的
影响，得到与 Lu 和 Yu（2015）类似的结论。

已有文献为本章的研究奠定了坚实基础，但依然存在以下有待完善之
处。其一，关于贸易自由化影响资源配置效率的研究不够，主要体现在已有
文献仅研究最终品贸易自由化的效应，而没有考虑中间品贸易自由化的作
用，本章将同时考察最终品和中间品贸易自由化对资源配置效率的影响效
应；其二，现有文献主要基于行业层面测算企业间名义生产率（TFPR）、加
成率（Markup）、要素产出弹性的离散度，衡量资源配置效率，但是较少有
文献揭示企业内的资源配置效率，更没有文献采用加成率离散度、名义生产
率离散度等指标衡量企业内产品间的资源配置效率，这主要是因为较难测算
企业内各个产品的加成率或生产率。事实上，多产品企业在生产和出口中均

占据统治地位（Bernard 等，2010；钱学锋等，2013；钟腾龙等，2018），这些企业需要在产品之间分配要素投入，事实上这是继行业间、企业间资源配置之后的又一重要的提升总体生产效率的渠道（Eckel 和 Neary，2010；Bernard 等，2011；Mayer 等，2014；Eckel 等，2015；祝树金等，2018）。本章借鉴 De Loecker 等（2016）的方法，估算了企业内各个出口产品的加成率，进而测算企业内加成率离散度以衡量企业内资源配置效率，从而将贸易自由化影响资源配置效率的研究从行业层面深入企业层面。

为什么企业内产品间加成率离散度能反映企业内资源配置效率呢？加成率（markup）表示为价格与边际成本之比，是衡量企业产品是否具有垄断定价能力的重要指标。直观上而言，企业产品之间加成率相等时，资源配置效率最优，这是因为每一组企业产品之间的价格比与边际成本比相等，价格能够反映有效边际成本（Robinson，1934；Lipsey 和 Lancaster，1956）；进一步，试想某一企业内，产品 A 与产品 B 的价格比大于边际成本比，产品 A 的加成率高于产品 B，根据 Peters（2013），加成率与要素边际产出呈正比，亦即产品 A 的要素边际产出大于产品 B 的要素边际产出，根据要素边际报酬递减规律，那么分配更多的要素生产产品 A，而减少分配给产品 B 的要素投入，直到产品 A 和产品 B 的要素边际产出相等，同时也实现产品 A 和产品 B 加成率相等，从而达到资源配置最优。

由于中国工业企业数据库（简称工企数据库）没有报告多产品生产企业内每一个产品的销售额，为了估算企业—产品层面加成率，就需要将工企数据库与报告了企业—产品层面的出口金额和数量的中国海关数据库匹配，从而测算得到中国既生产又出口的多产品企业的出口产品加成率。但是，出口产品加成率仅能反映产品在出口市场上的成本加成水平，而不能反映该产品在内销市场的成本加成水平，因此，基于出口产品加成率测算的企业内加成率离散度也只能反映多产品企业在出口市场上的资源配置效率，而不能反映其在国内外市场上的总体配置效率。为了一定程度上克服这一局限，本章在匹配了既生产又出口的多产品企业后，进一步仅保留既从事内销又出口的企业，亦即出口额占企业销售总额的份额（出口强度）在 0 和 1 之间的企业。

相对于 Lu 和 Yu（2015）等文献，本章借鉴 Yu（2015）的研究，构建了企业层面的最终品关税和中间品关税指标，以揭示行业内不同企业面对的贸易自由化程度的差异；同时基于 Peters（2013）的研究，构建理论模型证明了企业内产品间加成率离散度如何影响企业内资源配置效率，并假设企业间资源配置不变时，其也决定了社会总体生产效率。在此基础上，本章从企业内产品扩展边际和集约边际调整的视角分别阐述了中间品贸易自由化和最终品贸易自由化对多产品出口企业内产品间加成率离散度的影响机制。进一步，本章构建了包含企业最终品关税和中间品关税作为核心解释变量的计量模型，基准回归结果及一系列稳健性回归结果均显示最终品贸易自由化和中间品贸易自由化显著降低了企业内产品间加成率离散度，亦即显著促进了企业内资源配置效率的改善。同时，贸易自由化对企业内资源配置效率的影响程度与行业市场集中度、行业要素密集度、企业所有制、企业生产率和出口产品用途类型等因素相关。最后，本章对贸易自由化影响企业内加成率离散度的作用机制进行了实证检验。

相对于已有文献，本章的主要贡献包括：从两个方面拓展了贸易自由化影响资源配置效率的文献，一是将企业最终品关税和中间品关税纳入同一个计量模型，考察二者影响资源配置效率的净效应，二是将资源配置效率的研究从行业间、行业内拓展到了企业内，揭示了多产品企业的资源配置行为，以及在面对贸易自由化时如何进行资源配置。此外，本章不仅实证分析了贸易自由化对企业内资源配置效率的影响效应，还详细讨论了其中可能存在的机制，有利于打开这一黑箱，并为后续的理论研究奠定实证基础。

第二节　理论机制

一　加成率离散度与资源配置效率关系推导

本节借鉴 Peters（2013）的方法构建理论模型，推导企业内产品间加成率离散度与资源配置效率之间的关系。假设企业间资源配置不发生改变，重点考察企业内资源配置行为；同时，假设企业采取伯川德竞争策略。因此，市场均衡条件下，生产率最高的企业占领整个市场，且最优定价为生产率次高（跟随者）的企业的边际成本。基于此，均衡状态下的企业 f 产品 i 市场的加成率表达式为①：

$$\mu_i \equiv \frac{p_i}{w/\varphi_i} = \frac{w/\varphi_i^F}{w/\varphi_i} = \frac{\varphi_i}{\varphi_i^F} \qquad (11-1)$$

其中，w 为均衡工资，对于所有企业是相同的；w/φ_i^F 为生产率次高企业的边际成本。由式（11-1）可知，市场均衡加成率为生产率最高企业相对于生产率次高企业的生产率之比。

企业 f 可以生产多种产品，假设劳动 l 是唯一的投入要素，那么企业 f 产品 i 的生产函数可以表示为：$y_i = \varphi_i l_i$ ；在均衡状态下产品 i 的市场上，生产率最高的企业以均衡价格 p_i 提供产出量 y_{fi} ，正好满足市场总需求 Y（也表示企业销售收入），使用公式表达为：$p_i y_{fi} = Y$ 。因此，结合式（11-1）和生产函数表达式，可以推导出企业生产产品 i 所需的劳动投入的表达式：

$$l_i = \frac{1}{\varphi_i} y_i = \frac{1}{\varphi_i} \frac{Y}{p_i} = \mu_i^{-1} \frac{Y}{w} \qquad (11-2)$$

进一步，根据利润的定义，结合式（11-1）和（11-2），可以推导得到企业产品 i 的利润表达式如下：

$$\pi_i = p_i y_i - w l_i = (1 - \mu_i^{-1}) Y \qquad (11-3)$$

由式（11-2）和（11-3）可知，企业产品 i 的劳动投入和利润均受到其加成率的影响，而与生产率无关。本章允许企业可以生产多种产品，设 N_f 表示企业所有产品的集合，企业 f 的总的劳动投入可以表示为：

$$l_f = \sum_{i \in N_f} l_i = \sum_{i \in N_f} \mu_i^{-1} \frac{Y}{w} = \frac{Y}{w} n_f \mu_f^{-1} \qquad (11-4)$$

---

① 在式（11-3）中，为了保证公式尽量简洁，隐去了表示企业的下标 f，在后面的公式中，进行了类似的处理。

其中 $\mu_f = \left(\dfrac{1}{n_f}\sum_{i \in N_f}\mu_i^{-1}\right)^{-1}$，表示企业层面的加成率；$n_f$ 为企业 f 的产品种类数。基于企业层面的劳动投入，可以进一步得到企业之间的加总劳动投入表达式：

$$L = \int_f l_f df = \frac{Y}{w}\int_f \sum_{i \in N_f}\mu_i^{-1} df = \frac{Y}{w}\int_0^1 \mu_i^{-1} di \qquad (11-5)$$

市场均衡工资的表达式为：

$$w = \exp\left(\int_0^1 \ln\varphi_i^F di\right) = \exp\left(\int_0^1 \ln\frac{\varphi_i}{\mu_i}di\right) = Q \times \exp\left(\int_0^1 \ln\mu_i^{-1}di\right) \qquad (11-6)$$

其中，$\ln Q = \displaystyle\int_0^1 \ln\varphi_i di$；根据式（11 - 5）和（11 - 6），总产出可以表示

为 $Y = QML$，其中 $M = \dfrac{\exp\left(\displaystyle\int_0^1 \ln\mu_i^{-1}di\right)}{\displaystyle\int_0^1 \mu_i^{-1}di} = \dfrac{\exp[E(\ln\mu_i^{-1})]}{E(\mu_i^{-1})}$。显然地，$M$ 是总体

生产效率的扰动项，而 M 的取值又是由企业产品 i 加成率所决定的。具体地，当企业产品 i 没有垄断定价能力，亦即均等于 1 时，M 取值为 1，实现了社会最优产出 $Y = QL$；其他情形下，M 小于或者等于 1，且只有当企业内各个产品 i 的加成率相等时，M 才等于 1。因此，加成率内生可变的条件下，只有当企业内产品间加成率相等时，才能实现社会最优产出，否则，随着加成率离散度的上升，企业内资源配置效率下降，从而导致社会实际总产出低于最优总产出。所以，我们能够使用企业内加成率离散度表示企业内资源配置效率。

需要指出的是，企业内全部产品的加成率相同幅度的增加或减少，不会改变 M 的取值，从而也不会改变企业内资源配置效率、社会总体生产效率和社会总产出。

但是，加成率水平值的变动会影响要素边际产出，从而使其与要素价格不相等。具体地，本章模型设定下的劳动边际产出（MPL）为 Y/L，根据

式 (11 - 5) 和式 (11 - 6)，得到 $\dfrac{Y}{wL} = \dfrac{Q\dfrac{\exp[E(\ln\mu_i^{-1})]}{E(\mu_i^{-1})}}{Q\exp\left(\int_0^1 \ln\mu_i^{-1} di\right)} = [E(\mu_i^{-1})]^{-1}$，

进而得到劳动边际产出与劳动要素价格（工资）的关系表达式：

$$MPL_i = \frac{Y}{L} = w \times [E(\mu_i^{-1})]^{-1} \tag{11 - 7}$$

由式 (11 - 7) 可知，当企业产品加成率不等于 1 时，劳动边际产出与劳动要素价格也不相等。当加成率大于 1 时，劳动边际产出大于社会最优的劳动要素价格，且随着加成率的进一步提升，劳动边际产出随之增大，根据要素边际报酬递减规律，加成率相对较高的产品的劳动要素投入低于社会最优水平；与之对应，加成率相对较低的产品的劳动要素投入高于社会最优水平，从而造成劳动要素错配。因此，增加高加成率产品的要素投入和减少低加成率产品的要素投入能够缩小企业内产品间的劳动边际产出和加成率离散度，进而提高企业内资源配置效率。

二 贸易自由化影响企业内加成率离散度的机制分析

与理论模型中假设企业间不存在资源再配置一致，这里主要阐述贸易自由化如何影响企业内资源再配置，进而如何影响企业内产品间加成率离散度。这里主要从企业内产品扩展边际（产品进入和退出）和集约边际（已有产品之间的出口额分布变化）调整两方面阐述贸易自由化对企业内加成率离散度的影响机制。

最终品贸易自由化的影响机制。最终品进口关税削减，更多国外产品进入国内市场，加剧国内市场竞争（Feenstra，2010）。为了应对市场竞争，企业倾向于舍弃企业内生产效率相对较低产品，从而缩小出口产品范围（Qiu 和 Yu，2014），同时，企业会将更多的资源配置到企业内生产效率相对较高的产品，从而企业内产品销售额分布会更加集中于其竞争力更强的核心产品（Mayer 等，2014）。Melitz 和 Ottaviano（2008）构建的理论模型指出，企业

生产率越高的企业能够获取更高的加成率，此外，Eckel 等（2015）构建了多产品企业理论模型，研究发现，多产品企业的核心产品具有更高的价格和加成率。基于这些文献，可以认为企业内生产效率相对较高的产品往往也具有相对较高的加成率。在面对进口竞争时，企业一方面舍弃生产率相对较低的产品，从而也舍弃掉了那些加成率相对较低的产品，在其他条件不变的情形下，这有利于缩小企业内产品间加成率离散度；另一方面，企业将更多资源配置到生产效率（加成率）更高的产品，根据前面的理论分析，这会降低这些产品的要素边际产出和加成率，在其他条件不变时，有利于缩小企业内加成率离散度。综上所述，最终品贸易自由化引致的进口竞争使本国企业通过扩展边际和集约边际调整缩小企业内产品间加成率离散度，进而提高企业内资源配置效率。

中间品贸易自由化的影响机制。中间品关税削减降低了企业的进口成本，使企业能够进口更高质量的中间投入品（Bas 和 Strauss - Kahn，2015）。Fan 等（2015）使用中国的数据，实证研究发现中间品贸易自由化仅显著提升质量差异化程度高的行业内企业出口产品质量，其原因主要有两点：一是质量差异化程度高的行业的质量提升空间相对较大，在面临中间品关税削减导致成本降低时，会选择进一步升级产品质量；二是这些企业本来具有相对较高的质量，吸收和利用相对较高质量中间品的能力较强，从而有利于质量进一步提升。对于多产品出口企业而言，Manova 和 Yu（2017）基于 2002～2006 年中国海关数据，发现中国多产品企业内核心出口产品具有更高的质量、价格和出口额，这表明中国多产品出口企业采取 Eckel 等（2015）提出的"质量竞争策略"。因此我们认为，随着中间品关税削减带来的更多高质量中间品，多产品出口企业倾向于更多地生产企业内核心产品，并提升核心产品质量，同时减少非核心产品的生产。[1] 基于此机制分析，中间品贸易自

---

[1] Chevassus-lozza 等（2013）构建了异质性企业理论模型，给出了这一论点在企业层面的文献依据，他们研究指出中间品关税削减增加高生产率企业的出口，但是这是以减少低生产率企业出口额为代价的（集约边际），并且在扩展边际上还会降低低生产率企业的出口概率。

由化与最终品贸易自由化类似，会减少多产品出口企业的产品种类（扩展边际），将更多资源配置到生产效率相对较高的产品（集约边际）上，从而缩小企业内产品间加成率离散度。

最后，需要特别说明的是，最终品关税削减主要加剧国内市场竞争，而不直接改变本国企业在出口市场上面临的竞争程度，那么最终品贸易自由化如何影响到企业的出口行为和出口加成率呢？首先，本章研究的对象为既内销又出口的企业；而最终品贸易自由化通过加剧国内市场竞争进而影响既内销又出口企业调节生产策略，这些企业层面的调整不仅会影响内销产品的调整，也会影响出口产品的调整；其次，根据 Melitz（2003），企业或者产品进入出口市场之前，往往已经在内销市场，那么企业对内销产品的绩效调整也会传导到出口产品上。但是，最终品贸易自由化对多产品出口企业内加成率离散度的影响幅度会受到出口强度的影响，如果出口强度相对较低，这意味着这些企业受到进口竞争的影响相对较大，从而其出口加成率离散度的变动幅度相对较大。类似地，中间品贸易自由化对多产品出口企业内加成率离散度的影响幅度也会受到企业的进口强度的影响，[①] 这主要是因为，如果一个企业对进口中间品的依赖程度相对较高，该企业从中间品关税削减中的收益程度也会较高，从而中间品贸易自由化对中间品进口强度相对较高的企业的影响幅度更大。

第三节　计量模型与变量描述

一　计量模型构建

为了识别关税削减表示的贸易自由化对企业内加成率离散度表示的资源配置效率的因果关系，本章构建计量模型进行实证研究。具体地，本章构建

---

① 本章构建了企业层面的中间品贸易自由化指标，因此样本企业均为从事中间品进口的企业，从而无须在进口和不进口企业之间进行比较分析。

了三个基准计量模型，首先分别考察最终品关税（$Tariff\_output_{ft}$）削减和中间品关税（$Tariff\_input_{ft}$）削减的影响效应，分别为计量模型（11－8）和（11－9），在此基础上，将最终品关税和中间品纳入同一个计量模型[计量模型（11－10）]，这样能够更加准确地识别二者对企业内加成率离散度的边际影响效应（Amiti 和 Konings，2007；Yu，2015；Fan 等，2017）。其中计量模型（11－10）是本章重点关注的。

$$Theil\_Markup_{ft} = \gamma_0 + \gamma_1 Tariff\_output_{ft} + \theta X_{ft} + \delta_f + \delta_t + \varepsilon_{ft} \qquad (11-8)$$

$$Theil\_Markup_{ft} = \gamma_0 + \gamma_1 Tariff\_input_{ft} + \theta X_{ft} + \delta_f + \delta_t + \varepsilon_{ft} \qquad (11-9)$$

$$Theil\_Markup_{ft} = \gamma_0 + \gamma_1 Tariff\_output_{ft} + \gamma_2 Tariff\_input_{ft} + \theta X_{ft} + \delta_f + \delta_t + \varepsilon_{ft}$$
$$(11-10)$$

模型（11－8）～（11－10）中，被解释变量 $Theil\_Markup_{ft}$ 为企业 f 年份 t 的加成率分布泰尔指数。X_{ft} 表示企业控制变量，包括企业全要素生产率（TFP）、企业资本劳动比（KLR）、中间品投入占总产出的比重（$Input$）、平均工资（$Wage$）、补贴强度（$Subsidy$）、税收负担（Tax）、企业年龄（Age）、利息支出（$Interest$）、国有企业虚拟变量（SOE）、外资企业虚拟变量（FOE）、企业在出口市场面临的关税（简称"出口关税"）（FET）和企业层面的实际有效汇率（RER）。δ_f 和 δ_t 分别为企业和年份固定效应，控制不随时间变化的企业个体特征和仅随时间变化的特征的影响。ε_{ft} 为随机误差项。其中，企业全要素生产率（TFP）是在测算得到企业层面要素产出弹性系数后，使用索洛残差法计算得到；补贴强度（$Subsidy$）由补贴收入与增加值之比计算得到；税收负担（Tax）由企业缴纳税收额与增加值之比表示；利息支出（$Interest$）采用利息支出与增加值之比来衡量。企业层面的出口关税计算表达式为 $FET_{ft} = \sum_{k \in E_{ft}} \left(\dfrac{X_{f0}^k}{\sum_{k \in E_{ft}} X_{f0}^k} \sum_c \dfrac{X_{fk0}^c}{\sum_c X_{fk0}^c} \tau_{kt}^c \right)$，其中，$X_{fk0}^c$ 指企业 f 在初始年份向国家 c 出口的产品 k 的金额，τ_{kt}^c 表示国家 c 进口产品 k 时征收的从价税，其他符号与前文一致。本章借鉴 Dai 和 Xu（2017）的方法，构建企业层面的实际有效汇率变量。

二 加成率离散度测算

本章进一步以多产品出口企业（出口 2 种及以上产品）为对象，测算企业内产品间的加成率分布离散度，衡量企业内资源配置效率。需要说明的是，在测算企业内产品间加成率时，只能使用出口产品加成率，其仅能反映企业在出口市场加成率，因此基于出口产品加成率测算的加成率离散度也仅能反映企业在出口市场的资源配置效率。

借鉴 Lu 和 Yu（2015）、刘啟仁和黄建忠（2018）等文献，本章主要使用泰尔指数衡量企业内产品间加成率分布离散程度。测算公式如下：

$$Theil\_Markup_{ft} = \frac{1}{n_{fgt}} \sum_{g=1}^{n_{fgt}} \frac{\mu_{fgt}}{\bar{\mu}_{ft}} \log\left(\frac{\mu_{fgt}}{\bar{\mu}_{ft}}\right) \qquad (11-11)$$

式（11-11）中，$Theil\_Markup$ 表示衡量企业内产品之间加成率不平衡分布程度的泰尔指数，泰尔指数越大，表明企业内加成率离散度越高，产品之间加成率分布越不均匀，资源错配越严重。n_{fgt} 表示企业内 HS 6 位码产品个数，μ_{fgt} 为企业 f 的 HS 6 位码出口产品 g 在 t 时期的加成率，$\bar{\mu}_{ft}$ 表示企业 f 在 t 时期的平均加成率。本章测算的是企业出口产品加成率，因此，$Theil\_Markup$ 衡量企业内出口产品之间的加成率不平衡分布程度，反映企业在出口产品之间的资源错配水平。

三 关税和企业内加成率离散度演变趋势的统计描述

前文归纳了多产品出口企业的相关典型事实，这里进一步阐述样本期间企业层面面临的关税和企业内加成率离散度的演变趋势。图 11-1 绘制了 2000~2006 年，企业最终品关税、中间品关税和加成率离散度年度简单平均值，三条曲线均呈现明显的下降趋势。具体地，企业面临的最终品关税由 2000 年的 0.1934 下降到 2006 年的 0.1159，降幅高达 40%；企业面临的中间品关税由 2000 年的 0.154 下降到 2006 年的 0.0741，降幅高达 52%；为了去除企业内加成率离散度的演变趋势受到时间和个体差异的影响，本章首先对泰尔指数做了均值化处理，均值化处理后的泰尔指数年度均值在样本期间呈明显的下降趋势。

综上所述，2000～2006年，企业内产品加成率分布泰尔指数、最终品关税和中间品关税均呈现明显的不断下降趋势，初步可见关税减让与加成率分布泰尔指数呈现正相关关系。

综上，2000～2006年，最终品关税、中间品关税和企业内加成率分布离散度均呈明显的下降趋势，初步可见关税削减表示的贸易自由化与加成率分布离散度呈正向关系，亦即有利于改善企业内资源配置效率。

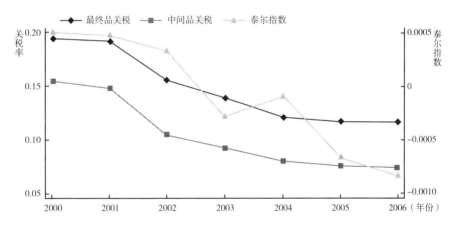

图 11 - 1　关税和加成率分布离散度的演变趋势（2000～2006）

表 11 - 1 为本章使用的主要变量的描述性统计。

表 11 - 1　主要变量描述性统计

变量	观测值个数	均值	标准差	最小值	最大值
$Theil\_Markup$	142006	0.0199	0.0573	0.0000	1.5644
$Tariff\_output$	142006	0.1361	0.0830	0.0000	1.2160
$Tariff\_input$	71353	0.0949	0.0688	0.0000	1.1903
$\text{Log}(TFP)$	142006	1.4577	0.2041	0.3613	2.1634
$\text{Log}(KLR)$	142006	3.4122	1.3578	-6.3534	8.7220
$\text{Log}(Input)$	142006	-0.3687	0.3115	-5.1385	6.6646
$\text{Log}(Wage)$	142006	2.5904	0.6111	-7.3715	6.9925

续表

变量	观测值个数	均值	标准差	最小值	最大值
Log(Subsidy)	142006	0.0065	0.0492	0.0000	4.8675
Log(Tax)	142006	0.1148	0.2235	– 1.3901	3.6760
Log(Age)	142006	1.9994	0.6695	0.0000	4.0604
Interest	142006	0.0430	0.1533	– 0.1905	2.8817
Log(Num_prod)	142006	1.4723	0.7093	0.6931	5.8833
HHI	142006	0.6143	0.2515	0.0000	1.0000
SOE	142006	0.0676	0.2511	0.0000	1.0000
FOE	142006	0.5445	0.4980	0.0000	1.0000
FET_ft	139261	0.1638	0.3456	0.0000	40.9555
Log(RER_ft)	141025	4.4458	0.6036	– 7.1039	13.1831

第四节　基准回归与稳健性检验

一　基准回归

表 11 – 2 报告了计量模型（11 – 8）～（11 – 10）的基准回归估计结果，检验贸易自由化对多产品出口企业内加成率离散度的影响效应。具体地，表 11 – 2 第（1）～（4）列为模型（11 – 8）的估计结果，其中第（1）和（2）列的估计样本为工企数据库和海关数据库匹配成功的多产品出口企业，第（3）和（4）列的估计样本为从事进口的多产品出口企业；第（5）和（6）列汇报了模型（11 – 9）的估计结果；最后两列汇报了模型（11 – 10）的估计结果。针对每一个计量模型，均报告了没有引入控制变量和引入控制变量的估计结果，引入控制变量一定程度上降低了估计系数的水平值，但是对显著性程度没有明显影响。

现在以引入控制变量的估计结果为例做具体分析。由表 11 – 2 第（2）和（4）列可知，全部多产品出口企业和从事进口的多产品出口企业样本中最终品关税估计系数分别为 0.0307 和 0.0459，且均在 1% 的水平上显著，这表明最终品关税削减显著降低多产品出口企业内产品间加成率离散度，且这一效应在从事进口的多产品出口企业分样本中更加突出。根据表9-4第（6）列，企业层面中间品进口关税估计系数在1%的水平上显著为正，表明企业面对的中间品进口关税削减也有利于降低企业内加成率离散度。

进一步，本章将最终品关税和中间品关税放入同一个模型，这里需要说明两点问题：其一，相对于仅包含最终品关税或者中间品关税的计量模型，将二者放入同一个模型可以起到相互控制的作用，从而能够估计最终品关税和中间品关税削减对加成率离散度的净效应；其二，将二者放入一个模型，需要检查是否会产生多重共线性问题，本章计算发现二者的简单相关系数为0.3942，不会产生严重的多重共线性问题。

表11-2第（8）列报告了同时放入最终品关税和中间品关税的计量模型（11-10）的估计结果。估计结果显示最终品关税和中间品关税系数分别为0.0441和0.0227，且均在1%的水平上显著。这表明最终品关税和中间品关税削减对加成率离散度影响的净效应仍然表现为显著降低企业内加成率离散度，亦即有利于提高企业内资源配置效率。Lu 和 Yu（2015）在行业层面实证研究发现最终品贸易自由化有利于降低行业内企业间加成率离散度，本章进一步在企业层面深化了这一研究。

表 11-2　贸易自由化影响企业内加成率分布的基准回归结果

变量	（1）	（2）	（3）	（4）	（5）	（6）	（7）	（8）
Tariff_output	0.0340 ***	0.0307 ***	0.0485 ***	0.0459 ***			0.0465 ***	0.0441 ***
	（0.0041）	（0.0040）	（0.0078）	（0.0077）			（0.0078）	（0.0077）
Tariff_input					0.0270 ***	0.0253 ***	0.0242 ***	0.0227 ***
					（0.0050）	（0.0050）	（0.0050）	（0.0050）
Log(TFP)		-0.0000		-0.0023		-0.0018		-0.0018
		（0.0028）		（0.0049）		（0.0049）		（0.0049）
Log(KLR)		-0.0006 **		-0.0005		-0.0005		-0.0005
		（0.0003）		（0.0005）		（0.0005）		（0.0005）
Log(Input)		0.0083 ***		0.0098 ***		0.0099 ***		0.0098 ***
		（0.0007）		（0.0012）		（0.0012）		（0.0012）

续表

变量	（1）	（2）	（3）	（4）	（5）	（6）	（7）	（8）
Log（Wage）		0.0012 ***		0.0009		0.0009		0.0009
		（0.0004）		（0.0006）		（0.0006）		（0.0006）
Log（Subsidy）		－ 0.0016		－ 0.0130 **		－ 0.0133 **		－ 0.0129 **
		（0.0024）		（0.0063）		（0.0063）		（0.0063）
Log（Tax）		－ 0.0013 *		－ 0.0022 *		－ 0.0022 *		－ 0.0022 *
		（0.0007）		（0.0012）		（0.0012）		（0.0012）
Log（Age）		0.0023 ***		0.0040 ***		0.0040 ***		0.0039 ***
		（0.0007）		（0.0015）		（0.0015）		（0.0015）
Interest		－ 0.0014		－ 0.0015		－ 0.0016		－ 0.0015
		（0.0019）		（0.0039）		（0.0039）		（0.0039）
SOE		－ 0.0019 *		－ 0.0032		－ 0.0032		－ 0.0031
		（0.0010）		（0.0022）		（0.0022）		（0.0022）
FOE		0.0018 ***		0.0033 ***		0.0033 ***		0.0033 ***
		（0.0007）		（0.0013）		（0.0013）		（0.0013）
FET_ft		0.0015 **		0.0020		0.0017		0.0020
		（0.0007）		（0.0015）		（0.0015）		（0.0015）
Log（RER_ft）		0.0025 ***		0.0035 ***		0.0036 ***		0.0034 ***
		（0.0005）		（0.0010）		（0.0010）		（0.0010）
企业效应	是	是	是	是	是	是	是	是
年份效应	是	是	是	是	是	是	是	是
Observations	142006	139020	71353	70026	71353	70026	71353	70026
R-squared	0.7234	0.7292	0.7424	0.7464	0.7422	0.7462	0.7425	0.7465

注：括号内为稳健标准误。*** 、** 、* 分别表示1%、5%和10%的显著性水平，后同。

二　稳健性检验

（一）差分方程估计

　　基准回归采用固定效应估计方法消除不随时间变化的个体差异，本章进一步采用一阶差分模型消除不随时间变化的个体差异，作为稳健性估计。回归结果见表11-3第（1）～（2）列。① 第（1）列没有引入控制变量，第

---

① 考虑到计量模型（11-10）同时纳入了最终品关税和中间品关税，能够准确估计二者的净效应，且不存在严重的多重共线性问题，后文主要报告计量模型（11-10）的估计结果。

（2）列引入了控制变量，企业层面最终品关税和中间品关税估计系数均在1%的水平上显著为正。与基准回归结果一致。

（二）工具变量估计

考虑到关税变化与加成率分布之间可能相互影响，从而导致内生性问题，因此进一步基于一阶差分模型采用工具变量方法进行回归估计。根据Trefler（2004）的方法，使用滞后1期关税作为关税一阶差分项的工具变量，并采用两阶段最小二乘法进行估计，回归结果见表11-3第（3）和（4）列，最终品关税和中间品关税系数仍然在1%的水平上显著为正，且最终品关税系数绝对值水平显著提升，这表明基准结果在控制内生性问题后仍然成立。

表 11-3　差分方程和工具变量回归结果

变量	（1）	（2）	（3）	（4）
D. *Tariff_output*	0.0509 ***	0.0487 ***	0.1319 ***	0.1278 ***
	（0.0088）	（0.0088）	（0.0330）	（0.0339）
D. *Tariff_input*	0.0162 ***	0.0139 ***	0.0219 *	0.0211 *
	（0.0050）	（0.0050）	（0.0127）	（0.0127）
控制变量	否	是	否	是
企业效应	是	是	是	是
年份效应	是	是	是	是
Observations	36899	36177	36899	36177
R-squared	0.0034	0.0074	0.0005	0.0046
Kleibergen-Paap rk LM χ^2 (1) statistic			739.1 ***	706.7 ***
Weak Instrument（F statistic）			476.1 ***	455.1 ***

注：最后两行报告了检验工具变量的识别不足［Kleibergen-Paap rk LM χ^2（1）statistic］和弱识别［Weak Instrument（F statistic）］的统计量，均显著拒绝了识别不足和弱识别的原假设，说明这里使用的工具变量是有效的。

（三）考虑行业内企业间资源配置

基准回归结果表示企业层面面临的贸易自由化对企业内产品间加成率离散度的影响效应，从而没有考虑到贸易自由化对行业内企业间加成率离散度的影响。为了考虑行业内企业间资源配置，并准确识别贸易自由化对企业内资源配置效率的净效应，本章首先借鉴 Yu（2015）的方法构建了国民经济

4 位码行业层面的最终品关税（*Tariff_ output_ ind*）和中间品关税（*Tariff_ output_ ind*），并计算表示国民经济 4 位码行业内企业之间加成率离散度的泰尔指数（*Theil_ Markup_ ind*）；然后使用行业层面的关税指标替代计量模型（11 – 10）中企业层面的相应的关税变量，并进一步引入行业内企业间加成率离散度，控制行业内企业间资源配置效应，从而能够识别在考虑行业内企业间资源配置的情形下的贸易自由化对企业内资源配置效率的净效应。

表 11 – 4 报告了回归结果。第（1）和（2）列的区别在于是否引入了其他控制变量，两列的回归结果基本一致。以引入所有变量的第（2）列为例进行分析，在控制行业内企业间加成率离散度时，行业最终品关税和行业中间品关税的估计系数依然显著为正，这表明，在行业内企业间资源配置效率一定时，行业面临的贸易自由化显著提升了该行业的企业内资源配置效率。

表 11 – 4   控制行业内企业间加成率离散度和剔除极端值的回归结果

变量	控制行业内企业间加成率离散度		剔除极端值	
	（1）	（2）	（3）	（4）
Tariff_output_ind	0.0213 **	0.0199 **	0.0169 ***	0.0168 ***
	(0.0092)	(0.0088)	(0.0037)	(0.0036)
Tariff_input_ind	0.0510 **	0.0525 **	0.0108 ***	0.0096 ***
	(0.0205)	(0.0205)	(0.0027)	(0.0027)
Theil_Markup_ind	– 6.1470	– 5.8167		
	(4.3877)	(4.5581)		
其他控制变量	否	是	否	是
企业效应	是	是	是	是
年份效应	是	是	是	是
Observations	140939	137994	67314	66067
R-squared	0.7238	0.7296	0.7589	0.7636

（四）剔除极端值的稳健性检验

从样本中删除企业内加成率离散度极端值，即剔除位于最小和最大的

2.5 个百分位区间的企业样本，相应的回归结果见表 11 - 4 第（3）和（4）列，结论与基准回归结果基本一致。

（五）改变加成率离散度计算方法

为了避免回归结果受到加成率离散度计算方法的影响，本章还采用边际系数和相对平均离差计算企业内产品间加成率离散度，前文已经介绍了具体计算方法。表 11 - 5 第（1）～（2）列报告了加成率分布变异系数（*CV_Markup*）的估计结果，第（3）～（4）列报告了加成率分布相对平均离差（*RMD_ Markup*）的估计结果。无论是否引入控制变量，企业层面最终品关税和中间品关税估计系数均在 1% 的水平上显著为正，且最终品关税系数显著大于中间品关税系数，表明最终品贸易自由化比中间品贸易自由化对加成率离散度的影响效应更大。这均与基准回归结果一致，表明本章的回归结果并不随加成率离散度计算方法的改变而改变。

（六）使用进口渗透率表示贸易自由化

贸易自由化不仅表现为关税水平的削减，还包括非关税壁垒的削减。由于非关税壁垒不易度量，本章借鉴钱学锋等（2016）的方法，采用进口渗透率衡量进口贸易自由化程度。具体地，本章构建 CIC4d 行业层面的进口渗透率变量（*Imp_ share_ ind*），表示行业进口总额占该行业的总产值的份额。进口渗透率越高，表明该行业的进口贸易自由化程度越高，从而越有利于降低企业内加成率离散度，本章预期进口渗透率的估计系数为负。表 11 - 5 第（5）和（6）列汇报了以进口渗透率为贸易自由化指标的回归结果，进口渗透率系数在 1% 的水平上显著为负，与本章的预期一致，再一次验证了贸易自由化与加成率离散度的负向关系和与企业内资源配置效率的正向关系。

表 11 - 5　改变关键变动度量方法的稳健性估计结果

被解释变量	*CV_Markup*		*RMD_Markup*		*Theil_Markup*	
	（1）	（2）	（3）	（4）	（5）	（6）
Tariff_output	0. 1274 ***	0. 1200 ***	0. 1007 ***	0. 0953 ***		
	(0. 0228)	(0. 0227)	(0. 0167)	(0. 0165)		

续表

被解释变量	CV_Markup		RMD_Markup		Theil_Markup	
	（1）	（2）	（3）	（4）	（5）	（6）
Tariff_input	0.0910***	0.0865***	0.0646***	0.0613***		
	(0.0161)	(0.0160)	(0.0115)	(0.0114)		
Imp_share_ind					−0.0883**	−0.0822**
					(0.0379)	(0.0378)
控制变量	否	是	否	是	否	是
企业效应	是	是	是	是	是	是
年份效应	是	是	是	是	是	是
Observations	71353	71353	71353	71353	142006	142006
R-squared	0.7997	0.8020	0.8085	0.8108	0.7231	0.7240

注：第（5）～（6）列核心解释变量为行业层面关税和行业层面的进口渗透率，因此，括号中的标准误为聚类在国民经济4位码行业的稳健标准误。

第五节　异质性分析

以上基准回归和稳健性回归结果表明企业面临的最终品和中间品进口关税削减均显著降低企业内加成率离散度，亦即有利于改善企业内资源配置效率。本节进一步结合行业异质性、企业异质性和产品异质性，考察企业面临的贸易自由化对不同行业、不同企业和不同产品的加成率离散度的影响是否存在差异，以及分析背后的原因。

一　基于行业异质性的检验

（一）行业市场集中度

本章基于企业销售额在行业中的份额，测算 CIC4d 行业赫芬达尔指数（HHI）。HHI 越高表示行业市场集中度越高，亦即市场竞争程度越低；HHI 越低表示行业市场集中度越低，亦即市场竞争程度越高。借鉴钱学锋等（2016）的做法，将高于行业市场集中度中位数的行业定义为高市场集中度行业，而将低于中位数的行业定义为低市场集中度行业，分别估计计量模型

(11 - 10)，回归结果见表 11 - 6 第（1）和（2）列。

回归结果显示，在高市场集中度行业和低市场集中度行业分样本中，最终品关税系数和中间品关税系数均显著为正，这表明，无论是在高市场集中度行业还是低市场集中度行业，企业面临贸易自由化都会导致企业降低产品间加成率离散度，亦即改善企业内资源配置效率。值得一提的是，企业最终品关税系数大小在高市场集中度和低市场集中度分样本中存在显著的差异，分别为 0.0919 和 0.0345。这是因为，高市场集中度行业市场竞争程度较低，企业往往具有较高的垄断加成定价能力，在面临进口竞争时，垄断企业有足够的空间调整加成率，低市场集中度行业内的企业作为市场价格的被动接受者（Konings 等，2005），加成定价能力较弱，无法短期内大幅度调整加成率，从而进口竞争对高市场集中度行业内的企业加成率的影响幅度大于低市场集中度行业。

（二）行业要素密集度

要素密集度作为反映行业异质性的另一个重要因素，理应得到本章的关注。借鉴祝树金和张鹏辉（2013）的做法，将 29 个国民经济 2 位码制造业行业划分为 13 个劳动密集型行业和 16 个资本技术密集型行业[①]，并分别估计计量模型（11 - 10），回归结果见表 11 - 6 第（3）和（4）列。

劳动密集型行业分样本中，最终品关税和中间品关税的估计系数均不显著为正，而在资本技术密集型行业分样本中，最终品关税和中间品关税的估计系数在 1% 的水平上显著为正，表明贸易自由化降低劳动密集型行业企业内加成率离散度，但不显著；贸易自由化显著降低资本技术密集型行业企业

---

① 劳动密集型行业包括：农副食品加工业，食品制造业，饮料制造业，纺织业，纺织、服装、鞋、帽制造业，皮革、毛皮、羽毛（绒）及其制品业，木材加工及木、竹、藤、棕、草制品业，家具制造业，印刷业和记录媒介的复制，文教体育用品制造业，橡胶制品业，金属制品业，工艺品及其他制造业；资本技术密集型行业包括：石油加工、炼焦及核燃料加工业，化学原料及化学制品制造业，医药制造业，化学纤维制造业，黑色金属冶炼及压延加工业，有色金属冶炼及压延加工业，通用设备制造业，专用设备制造业，交通运输设备制造业，电气机械及器材制造业，通信设备、计算机及其他电子设备制造业，仪器仪表及文化、办公用机械制造业，烟草制品业，造纸及纸制品业，塑料制品业，非金属矿物制品业。

内加成率离散度，这是因为，相对于劳动密集型行业，资本技术密集型行业受到贸易自由化的影响更加明显（钱学锋等，2016）。

表 11 - 6　基于行业异质性的回归结果

变量	高市场集中度	低市场集中度	劳动密集型	资本技术密集型
	（1）	（2）	（3）	（4）
Tariff_output	0.0919 ***	0.0345 ***	0.0074	0.0817 ***
	（0.0315）	（0.0074）	（0.0063）	（0.0158）
Tariff_input	0.0463 **	0.0180 ***	0.0060	0.0488 ***
	（0.0223）	（0.0049）	（0.0040）	（0.0155）
控制变量	是	是	是	是
企业效应	是	是	是	是
年份效应	是	是	是	是
Observations	13368	56658	32947	37079
R-squared	0.7960	0.7524	0.7680	0.7377

二　基于企业异质性的检验

（一）企业所有制

中国不同所有制企业之间得到的政策支持存在较大差异（Fan 等，2017；Brandt 等，2017），有必要对不同所有制类型的企业进行分样本回归检验。本章根据实收资本出资比例，将全部企业划分为外资、民营和国有企业等三类，并分别估计模型（11 - 10），回归结果见表 11 - 7 第（1）～（3）列。外资企业、民营企业和国有企业分样本中，最终品关税系数均显著为正，其中外资企业和民营企业样本回归系数大小相近，但是明显低于国有企业样本。这表明企业面临的最终品贸易自由化显著降低三类企业加成率离散度，且对国有企业的效应显著大于其他两类企业，这是因为国有企业具有较高的垄断加成定价能力，在面临来自最终品关税削减引致的进口竞争时，能够通过较大幅度地降低加成率的措施进行应对，从而对国有企业加成率离散度的影响效应相对较大。

再来看中间品关税变量的估计系数。中间品关税系数在三类分样本中均为正，但是只有在外资企业分样本中显著，系数值大小依外资企业、民营企业和国有企业的顺序下降，这表明中间品贸易自由化对外资企业加成率离散度的影响最为显著，其次是民营企业，对国有企业基本不产生影响（系数值远小于其他两个分样本）。这是因为，对于不能通过降低价格应对进口竞争的外资企业和民营企业，它们充分利用中间品贸易自由化带来更高质量和更多种类的进口中间投入品（Amiti 和 Konings，2007；Bas 和 Strauss - Kahn，2015），进而影响产品边际成本、价格和加成率。对于国有企业，这类企业一方面具有较高的垄断加成定价能力，能够通过调整价格应对进口竞争，另一方面，这类企业得到国家的优惠补贴较多，掌握较为丰富的投入品、资本等要素（钱学锋等，2016），中间品贸易自由化对企业影响不大，这就导致中间品贸易自由化并不影响国有企业加成率分布离散度。

（二）企业生产率

本章进一步考察不同生产率水平的企业受到贸易自由化的影响的差异性。首先计算全样本的企业生产率中位数，将高于该中位数的企业定义为高生产率企业，而将低于该中位数的企业定义为低生产率企业。表 11 - 7 第（4）和（5）列分别报告了高生产率企业和低生产率企业分样本下计量模型（11 - 10）的估计结果。先看企业层面最终品关税估计系数，其在高生产率和低生产率分样本中分别不显著为正和在 1% 的水平上显著为正，后者的系数大小显著大于后者。这表明最终品贸易自由化均一定程度上降低高生产率和低生产率企业内加成率离散度，但是对低生产率企业的影响效应更突出，这是因为最终品关税削减主要带来进口竞争效应，低生产率企业更容易受到进口竞争的影响，可能通过舍弃低效率的产品等渠道缩小企业内加成率离散度。

再看中间品关税的估计系数，其在高生产率和低生产率分样本中分别为显著为正和不显著为正，且后者的估计系数非常小。这表明，中间品贸易自由化仅显著降低高生产率企业内加成率离散度，而对低生产率企业不产生显著影响。这是因为，中间品贸易自由化后，企业并不进口更低价格和更低质量的中间投入品，而倾向于进口更高价格和质量的中间投入品（Bas 和 Strauss - Kahn，2015），只有高生产率企业才能有效使用这些高质量的中间品，进而对企业内产品加成率离散度产生影响。

表 11 - 7　基于企业异质性的回归结果

变量	外资企业	民营企业	国有企业	高生产率企业	低生产率企业
	（1）	（2）	（3）	（4）	（5）
Tariff_output	0.0394 ***	0.0470 *	0.1101 *	0.0207	0.0565 ***
	（0.0083）	（0.0252）	（0.0617）	（0.0127）	（0.0129）
Tariff_input	0.0281 ***	0.0122	0.0011	0.0309 ***	0.0053
	（0.0063）	（0.0120）	（0.0245）	（0.0078）	（0.0087）
控制变量	是	是	是	是	是
企业效应	是	是	是	是	是
年份效应	是	是	是	是	是
Observations	50691	15668	3667	36686	33340
R-squared	0.7433	0.8166	0.7831	0.8179	0.7546

三　基于产品异质性的检验

根据国际贸易商品的广义经济分类方法（BEC），HS 6 位码产品根据用途不同划分为中间品、消费品和资本品这三类。本章进一步计算企业内这三类产品的加成率分布离散度泰尔指数，并分别估计计量模型（11 - 10），表11 - 8 第（1）～（3）列报告了相应的回归结果。在三类产品分样本中，最终品关税估计系数均显著为正，且系数值大小在资本品、中间品和消费品间依次递减；中间品关税系数在中间品分样本中显著为正，但是在消费品和资本品分样本中不显著为正。这表明，最终品贸易自由化显著降低企业内中间品、消费品和资本品的加成率离散度，且对资本品的影响效应最大，其次是中间品，最后是消费品；中间品贸易自由化主要降低企业内中间品加成率离散度，对消费品和资本品的影响较弱。

贸易自由化会降低企业内不同类型产品内加成率离散度，那么是否还会降低不同类型产品之间加成率离散度呢？本章从两方面对此进行实证检验。一方面，根据企业是否出口不同类型的产品，将全部样本企业划分为出口混合用途产品的企业（亦即出口不止一种类型产品的企业）和出口单纯用途产品的企业（亦即仅出口一种类型产品的企业），回归结果见表 11 - 8 第

（4）和（5）列。在两列中，最终品关税和中间品关税系数均显著为正；另一方面，首先计算企业内不同类型产品加成率的平均值，然后基于这三类产品平均加成率测算企业内产品类型间的加成率分布泰尔指数，并估计计量模型（11 - 10），本章称其为组间估计，表 11 - 8 第（6）列汇报了回归结果。最终品关税系数不显著为正，中间品关税在 5% 的水平上显著为正。综合以上两种估计结果，最终品贸易自由化和中间品贸易自由化不仅有利于降低企业内同一用途类型产品间加成率离散度，也有利于降低企业内不同用途类型产品间加成率离散度，进而总体上会降低企业内产品间加成率离散度。

表 11 - 8　基于出口产品类型异质性的回归结果

变量	中间品	消费品	资本品	出口混合用途产品的企业	出口单纯用途产品的企业	组间估计
	（1）	（2）	（3）	（4）	（5）	（6）
$Tariff\_output$	0.0265 ***	0.0187 ***	0.0456 **	0.0511 ***	0.0136 **	0.0157
	（0.0080）	（0.0044）	（0.0200）	（0.0148）	（0.0064）	（0.0113）
$Tariff\_input$	0.0155 ***	0.0052	0.0244	0.0326 ***	0.0069 *	0.0154 *
	（0.0053）	（0.0034）	（0.0205）	（0.0114）	（0.0042）	（0.0089）
控制变量	是	是	是	是	是	是
企业效应	是	是	是	是	是	是
年份效应	是	是	是	是	是	是
Observations	51704	41649	20231	35277	34749	35277
R-squared	0.7059	0.6861	0.6267	0.7966	0.7772	0.7700

第六节　机制检验与讨论

一　机制检验

本章最后对第四节阐述的贸易自由化影响多产品企业内产品间加成率离散度的机制进行实证检验。由于前文主要从扩展边际和集约边际视角阐释作用机制，因此，这里分别基于企业内进入和退出的出口产品计算扩展边际维度上的加成率离散度，而基于企业内持续存在的出口产品计算集约边际维度上的加成率离散度，在此基础上考察贸易自由化对扩展边际和集约边际维度上加成率分布离散度的影响效应，预计贸易自由化会同时降低这两个维度上的加成率离散度。具体地，本章首先剔除在样本期内仅存在一年的企业，然后识别样本期内存在至少2年的企业在样本期内持续存在的产品，剩余的产品即为新进入/退出的产品，最后根据识别出来的持续存在产品和新进入/退出产品分别测算加成率离散度，并以其为被解释变量估计计量模型（11-10），回归结果见表11-9。

表11-9第（1）和（2）列汇报了贸易自由化影响扩展边际加成率离散度的回归结果，第（3）和（4）列为贸易自由化影响集约边际加成率离散度的回归结果。最终品关税和中间品关税系数在每一列的估计结果中均显著为正，表明最终品和中间品贸易自由化均显著降低了我国多产品出口企业内持续存在和新进入/退出产品的加成率分布泰尔指数，符合预期。比较集约边际和扩展边际的回归系数可知，最终品贸易自由化对新进入/退出产品（扩展边际）的加成率离散度的影响效应明显大于对持续存在产品的影响。中间品贸易自由化则对二者的影响效应没有显著差异。

表11-9 贸易自由化影响集约边际和扩展边际加成率离散度的回归结果

变量	扩展边际加成率离散度		集约边际加成率离散度	
	（1）	（2）	（3）	（4）
$Tariff\_output$	0.0517***	0.0510***	0.0283***	0.0262***
	（0.0113）	（0.0114）	（0.0056）	（0.0056）
$Tariff\_input$	0.0145*	0.0145*	0.0139***	0.0123***
	（0.0076）	（0.0076）	（0.0036）	（0.0036）
控制变量	否	是	否	是
企业效应	是	是	是	是
年份效应	是	是	是	是
Observations	50875	49967	61638	60685
R-squared	0.6342	0.6356	0.7929	0.7967

进一步，本章从产品转换及其导致的产品范围变动（扩展边际）和产品出口额分布（集约边际）等三个方面实证检验贸易自由化影响企业内产品加成率离散度的作用机制。

（一）产品转换

本章实证研究贸易自由化对多产品出口企业内产品转换率的影响。具体地，为了构建企业产品转换指标，本章借鉴 Wang（2015）和钟腾龙等（2018）的做法，识别出样本中持续存在的企业，持续存在的企业是指在前一年和当年存在，且在后一年仍然存在的企业；进一步识别每一个持续存在企业内的产品转换类型，分别为：成功进入产品、准退出产品、一次进入产品、探索进入产品和转换进入产品[①]；最后计算各个类型产品数量占企业产品总数的份额，分别记为成功进入率、准退出率、一次进入率、探索进入率和转换进入率，并作为被解释变量估计计量模型（11 - 10），表 11 - 10 报告了这一回归结果。

由表 11 - 10 可知，企业最终品关税估计系数均为负数，且只有在一次进入率为被解释变量的估计模型中不显著。这表明最终品贸易自由化显著促进持续企业内产品转换，其中，对准退出率的提升效应最大，其后分别是成功进入率、探索进入率和转换进入率。最终品关税削减引致的竞争效应一方面使企业淘汰生产效率较低的产品，另一方面促使企业引入新型产品和反复试验之前出口过的产品。准退出产品往往是企业生产效率较低的产品（Bernard 等，2011），这些企业往往具有较低的加成率水平，增加准退出率有利于缩小企业内加成率离散度；同时，成功进入的新产品比一次进入产品和探索进入产品的生产能力更高，加成率水平也较高，这些产品的进入并不会在很大程度上拉大企业内产品加成率离散度。

---

①　t 年为成功进入产品是指 $t-1$ 年不出口，但在 t 年和 $t+1$ 年均出口的产品；t 年为准退出产品是指 $t-1$ 年和 t 年出口，但在 $t+1$ 年及之后永远退出出口市场的产品；一次进入产品指仅在当年（t 年）出口，在其他年份均不出口的产品，即进入市场失败的产品；探索进入产品指在样本期内未能连续出口 2 年或以上，但非连续出口总年数大于或等于 2 年的产品；转换进入的产品是指在样本期内实现上述类型之间转换的产品。

再来看企业中间品关税估计系数，其在以成功进入率、准退出率和探索进入率为被解释变量的估计模型中分别在 1%、5% 和 10% 的水平上显著为负，在以一次进入率和转换进入率为被解释变量的估计模型中不显著。估计系数的绝对值均小于最终品关税系数的绝对值。这表明，相对于最终品贸易自由化，中间品贸易自由化对持续企业内产品转换的正向促进效应要小。与最终品贸易自由化一致的是，中间品贸易自由化对准退出率的提升效应最大，其次是成功进入率和探索进入率。中间品贸易自由化促使企业增加产品退出和引入性能水平较高的产品，有利于缩小企业内产品间加成率离散度。

表 11 – 10 贸易自由化影响产品转换率的回归结果

变量	成功进入率	准退出率	一次进入率	探索进入率	转换进入率
	（1）	（2）	（3）	（4）	（5）
$Tariff\_output$	− 0.6054 ***	− 0.6407 ***	− 0.0188	− 0.3123 ***	− 0.1979 **
	（0.0827）	（0.1132）	（0.0382）	（0.0371）	（0.0821）
$Tariff\_input$	− 0.2145 ***	− 0.2243 **	− 0.0292	− 0.0398 *	0.0039
	（0.0635）	（0.0969）	（0.0282）	（0.0249）	（0.0630）
控制变量	是	是	是	是	是
企业效应	是	是	是	是	是
年份效应	是	是	是	是	是
Observations	21050	12838	24616	8591	15656
R-squared	0.7277	0.8022	0.6999	0.8178	0.9151

（二）产品范围

已有文献研究发现贸易自由化倾向于降低企业出口产品范围（Bernard 等，2011；易靖韬和蒙双，2018）。一般来说产品范围越大，企业内产品间加成率离散度也会越大。因此，本章预测贸易自由化通过降低企业出口产品范围缩小企业内加成率离散度。为了验证这一预测，本章拟以产品范围作为中介变量，采用中介效应模型进行实证检验。产品范围定义为企业出口的 HS 6 位产品的个数。

表 11 – 11 第（1）列报告了以产品范围对数值作为被解释变量对计量

模型（11-10）的估计结果。企业最终品关税系数和中间品关税系数均在
1%的水平上显著为正，且最终品关税系数明显大于中间品关税的系数。这
表明，最终品和中间品贸易自由化均显著降低企业产品范围，且最终品贸易
自由化对产品范围的影响效应较大，最终品关税削减1%，导致产品范围减
少2.56%，而中间品关税削减1%，仅导致产品范围减少0.19%，前者是后
者的10倍以上。这与易靖韬和蒙双（2018）的研究结论是一致的。

表11-11第（2）列报告了控制了产品范围对数值的计量模型（11-
10）的回归结果。这一结果显示，产品范围对数值的估计系数显著为正，
表明产品范围与加成率离散度的确具有显著的正向关系；在控制了产品范围
后，最终品关税的系数在10%的水平上显著为负，中间品关税的系数仍然
显著为正。与表11-2第（8）列的基准回归结果比较，最终品关税系数发
生了巨大的变化，这表明产品范围是最终品贸易自由化影响企业内加成率离
散度的一个重要渠道；而中间品关税系数的显著性没有本质变化，但是系数
值明显下降，从基准回归结果的0.0227下降到的0.0186，这表明中间品贸易
自由化也显著通过降低企业产品范围降低企业内加成率离散度。[①]

表11-11　产品范围和产品分布渠道的中介效应回归结果

变量	产品范围		产品分布			
	Log (Num_prod)	Theil_Markup	HHI_firm	Theil_Markup	Core_share	Theil_Markup
	（1）	（2）	（3）	（4）	（5）	（6）
Tariff_output	2.5668***	-0.0147*	-0.9119***	0.0385***	-0.7589***	0.0404***
	(0.0729)	(0.0080)	(0.0297)	(0.0081)	(0.0264)	(0.0081)
Tariff_input	0.1807***	0.0186***	-0.0122	0.0226***	-0.0183	0.0226***
	(0.0524)	(0.0050)	(0.0207)	(0.0050)	(0.0189)	(0.0050)
Log(Num_prod)		0.0229***				
		(0.0010)				

[①] 针对产品范围作为中介效应时的 Sobel 检验统计量均至少在5%的水平上显著，这表明产品
范围是贸易自由化影响企业内产品加成率离散度的有效中介变量。

续表

变量	产品范围		产品分布			
	Log (Num_prod)	Theil_Markup	HHI_firm	Theil_Markup	Core_share	Theil_Markup
	（1）	（2）	（3）	（4）	（5）	（6）
HHI_firm				−0.0061***		
				(0.0021)		
Core_share						−0.0049**
						(0.0022)
控制变量	是	是	是	是	是	是
企业效应	是	是	是	是	是	是
年份效应	是	是	是	是	是	是
Observations	70026	70026	70026	70026	70026	70026
R-squared	0.8688	0.7542	0.8181	0.7466	0.7960	0.7466

（三）产品分布

最后，本章考察贸易自由化如何通过影响企业内产品出口额分布进而影响企业内加成率离散度。根据祝树金等（2018）对中国多产品出口企业的典型事实的观察，出口额排名第一的核心产品占企业内全部出口份额的75%左右，这说明多产品出口企业内存在明显的核心产品。那么贸易自由化如何影响核心产品份额呢？本章首先构建衡量2个企业内出口额分布的变量：基于产品出口份额测算的赫芬达尔指数（HHI_firm）、企业内出口额最高的产品（核心产品）占企业总出口的份额（Core_share）。分别以这两个变量作为中介变量进行中介效应检验。

表11−11第（3）和（5）列汇报了分别以 HHI_firm 和 Core_Share 为被解释变量的计量模型（11−10）的回归结果。最终品关税系数显著为负，中间品关税系数不显著为负，表明最终品贸易自由化显著提升了赫芬达尔指数和核心产品份额，亦即最终品贸易自由化使企业出口额更加集中分布于本来出口额相对较高的产品；中间品贸易自由化的影响效应不显著。

表11−11第（4）和（6）列报告了分别控制 HHI_firm 和 Core_Share 的计量模型（11−10）的回归结果。赫芬达尔指数和核心产品份额变量估

计系数均显著为负，这表明赫芬达尔指数、核心产品份额越高，加成率离散度越低；最终品关税系数和中间品关税系数仍然在 1% 的水平上显著为正，与表 11-2 列（8）比较，中间品关税系数基本没有变化，这是因为中间品贸易自由化对赫芬达尔指数和核心产品份额的影响不显著，亦即产品出口额分布不是中间品贸易自由化影响企业内加成率离散度的有效渠道；最终品关税系数值略微下降，从 0.041 分别下降为 0.0385 和 0.0404，这表明最终品贸易自由化一定程度上通过提升企业内出口额集中度来降低加成率离散度，进而提升企业内资源配置效率。[①]

二　进一步讨论

（一）价格离散度和边际成本离散度

加成率的定义表示为价格与边际成本之比，贸易自由化通过影响价格和边际成本，进而影响加成率，那么贸易自由化也会通过影响价格离散度和边际成本离散度，进而影响加成率离散度。基于企业—产品出口价格和边际成本数据，本章分别测算企业内产品间出口价格分布泰尔指数（*Theil_ Price*）和边际成本分布泰尔指数（*Theil_ MC*），并以其为被解释变量，估计计量模型（11-10），检验最终品和中间品贸易自由化对企业内价格离散度和边际成本离散度的影响效应，揭示贸易自由化影响企业内加成率离散度的作用机制。回归结果见表 11-12。

首先分析最终品关税的回归结果。根据表 11-12 列（1）和（2），以价格分布离散度为被解释变量时，无论是否引入控制变量，最终品关税系数均显著为正，表明其他条件不变时，最终品关税下降显著降低企业内价格分布离散度。表 11-12 第（3）和（4）列报告了以边际成本离散度为被解释

---

① *HHI_ firm* 和 *Core_ Share* 作为中介效应时的 Sobel 检验统计量在最终品贸易自由化影响企业内产品加成率离散度的模型中在 5% 的水平上显著，但是在中间品贸易自由化影响企业内产品加成率离散度的模型中不显著，这表明产品分布变量是最终品贸易自由化影响企业内产品加成率离散度的有效中介渠道，但是不是中间品贸易自由化影响企业内产品加成率离散度的有效渠道。

变量的计量模型（11 – 10）的回归结果，最终品关税系数在 1% 的水平上显著为正，表明最终品关税削减显著降低企业内边际成本分布离散度。因此，最终品贸易自由化同时通过降低企业价格和边际成本离散度降低企业价格离散度，且对价格离散度的影响幅度更大。

现在阐述中间品关税的回归结果。表 11 – 12 第（1）和（2）列显示，以价格分布离散度为被解释变量时，无论是否引入控制变量，中间品关税系数均在 5% 的水平上显著为正，表明在其他条件不变时，中间品关税下降有利于降低企业内出口价格离散度。表 11 – 12 第（3）和（4）列报告了以边际成本离散度为被解释变量的估计结果，中间品关税系数的显著性水平和绝对值大小均有所下降，分别在 17.5% 和 16.8% 的水平上显著为正。这表明中间品贸易自由化也同时降低企业内价格和边际成本离散度，且对价格离散度的影响更为突出。

表 11 – 12　贸易自由化影响企业内价格分布和边际成本分布的回归结果

变量	Theil_Price		Theil_MC	
	（1）	（2）	（3）	（4）
Tariff_output	0.4551***	0.4549***	0.3550***	0.3575***
	（0.0505）	（0.0504）	（0.0361）	（0.0450）
Tariff_input	0.0758**	0.0742**	0.0426†	0.0431‡
	（0.0353）	（0.0353）	（0.0314）	（0.0313）
控制变量	否	是	否	是
企业效应	是	是	是	是
年份效应	是	是	是	是
Observations	71353	71353	71353	71353
R-squared	0.7347	0.7349	0.7245	0.7249

注：† 表示 17.5% 的显著性水平，‡ 表示 16.8% 的显著性水平。

（二）对不同加成率分位水平上产品加成率的差异化影响

为了进一步研究贸易自由化对企业内产品加成率离散度的影响机制，本章考察企业内不同分位数上产品加成率受到贸易自由化的影响差异。如果贸易自由化对低加成率分位数产品的加成率的提升作用更大（或者降低作用更小），对高加成率分位数产品的加成率的影响提升作用更小（或者降低作用更大），则会降低企业内产品间加成率离散度。

具体地，借鉴 Lu 和 Yu（2015），设定 5、25、50、75 和 95 等加成率分位数水平。以这些变量为被解释变量估计计量模型（11 - 10），回归结果见表 11 - 13。由列（1）~（5）可知，最终品关税系数均为负数，除 95 分位数系数不显著之外，其他分位数系数均在 1% 的水平上显著，且系数绝对值大小随着分位数水平的增大而下降。这表明，企业面临的最终品关税削减对低加成率产品加成率的提升作用大于高加成率产品，尤其对最高的 95 分位数产品加成率的提升作用变得不显著，意味着最终品贸易自由化导致低加成率的产品加成率上升幅度更大，高加成率产品加成率上升幅度更小，从而缩小企业内产品间加成率离散度。

表 11 - 13 每一列中间品关税估计系数均在 1% 的水平上显著为负，这表明中间品贸易自由化显著提升企业出口产品加成率（Fan 等，2017；祝树金等，2018）。再比较每一列的中间品关税估计系数的绝对值可以发现，中间品关税估计系数的绝对值水平随着加成率分位数的上升呈现递减的趋势，这表明中间品贸易自由化对低加成率产品的加成率的提升幅度大于高加成率产品，从而缩小企业内加成率离散度。

表 11 - 13　贸易自由化影响企业内不同分位数加成率的回归结果

变量	p5_mkp	p25_mkp	p50_mkp	p75_mkp	p95_mkp
	(1)	(2)	(3)	(4)	(5)
Tariff_output	− 0. 3747 ***	− 0. 2360 ***	− 0. 2503 ***	− 0. 2511 ***	− 0. 0272
	(0. 0307)	(0. 0289)	(0. 0286)	(0. 0327)	(0. 0463)
Tariff_input	− 0. 2358 ***	− 0. 2341 ***	− 0. 2022 ***	− 0. 1781 ***	− 0. 1143 ***
	(0. 0251)	(0. 0243)	(0. 0236)	(0. 0259)	(0. 0354)
控制变量	是	是	是	是	是
企业效应	是	是	是	是	是
年份效应	是	是	是	是	是
Observations	71353	71353	71353	71353	71353
R-squared	0. 9063	0. 9117	0. 9091	0. 8760	0. 7810

（三）区分出口强度的稳健性检验

本章第二节的机制分析阐明出口强度会影响最终品贸易自由化对多产品出口企业内加成率离散度的影响效应。为了验证这一预期，本章根据企业出口强度中位数将全部样本划分为较低出口强度和较高出口强度企业样本，并分别估计计量模型（11－10）。其中，出口强度表示为企业出口额与销售额的比值，取值范围为 0 到 1 区间，由于本章选取既内销又出口企业作为样本，因此出口强度不取端点值。

表 11－14 报告了相应的回归结果。其中第（1）和（2）列报告了较低出口强度分样本的回归结果，第（3）和（4）列报告了较高出口强度分样本回归结果。以引入全部控制变量的第（2）列和第（4）列为例进行分析，与预期一致，较低出口强度分样本中的最终品关税估计系数（0.0704）明显大于较高出口强度分样本的最终品关税估计系数（0.0272）。这是因为，较低出口强度的企业受到的进口竞争的影响相对更大，从而最终品关税削减对这类企业的出口加成率离散度的影响效应也相对较大。中间品关税回归系数在两个分样本中没有本质差异，进一步证实了基准回归的稳健性。

表 11－14　区分出口强度的稳健性检验结果

变量	较低出口强度		较高出口强度	
	（1）	（2）	（3）	（4）
Tariff_output	0.0759 ***	0.0704 ***	0.0309 ***	0.0272 ***
	（0.0177）	（0.0176）	（0.0064）	（0.0063）
Tariff_input	0.0172 *	0.0160 *	0.0243 ***	0.0226 ***
	（0.0099）	（0.0100）	（0.0056）	（0.0056）
控制变量	否	是	否	是
企业效应	是	是	是	是
年份效应	是	是	是	是
Observations	33154	32587	38199	37439
R-squared	0.7671	0.7705	0.8308	0.8336

（四）区分中间品进口强度的稳健性检验

本章第二节的机制分析也阐述了中间品进口强度会影响中间品贸易自由化对多产品出口企业内加成率离散度的影响效应大小。为了验证这一预期，本章根据企业中间品进口强度中位数将全部样本划分为较低中间品进口强度分样本和较高中间品进口强度分样本，并分别估计计量模型（11 - 10）。其中，中间品进口强度表示为企业中间品进口额与总体中间品投入额的比值，取值范围为 0 到 1 之间，部分企业的中间品进口强度为 1。

表 11 - 15 报告了相应的回归结果。其中第（1）和（2）列报告了较低中间品进口强度分样本的回归结果，第（3）和（4）列报告了较高中间品进口强度的分样本回归结果。以引入全部控制变量的第（2）列和第（4）列为例进行分析，与预期一致，较低中间品进口强度分样本中的中间品关税估计系数（0.0188）明显小于较高中间品进口强度分样本的中间品关税估计系数（0.0270）。这是因为，较低中间品进口强度的企业受到的中间品贸易自由化的影响相对较小，从而中间品关税削减对这类企业的出口加成率离散度的影响效应也相对较小。最终品关税回归系数在两个分样本中没有本质差异，这进一步证实了基准回归的稳健性。

表 11 - 15　区分中间品进口强度的稳健性检验结果

变量	低中间品进口强度		高中间品进口强度	
	（1）	（2）	（3）	（4）
Tariff_output	0.0437 ***	0.0394 ***	0.0452 ***	0.0429 ***
	（0.0126）	（0.0123）	（0.0121）	（0.0122）
Tariff_input	0.0206 ***	0.0188 ***	0.0291 ***	0.0270 ***
	（0.0072）	（0.0072）	（0.0098）	（0.0097）
控制变量	否	是	否	是
企业效应	是	是	是	是
年份效应	是	是	是	是
Observations	35547	34894	35806	35132
R-squared	0.7983	0.8003	0.7592	0.7636

第七节　结论与启示

资源配置效率是决定社会总体生产率水平的重要因素，在当前要素使用效率发展速度放缓的背景下，提升资源配置效率成为提高总体生产率的重要途径。考虑到已有文献主要关注企业间资源配置以及多产品企业在生产和出口中占据统治地位的理论和现实背景，以多产品企业内产品间资源配置为研究对象，首先，本章借鉴 Peters（2013）的研究，从理论层面证明了企业内产品间加成率离散度决定了企业内资源配置效率，并且在企业间资源配置不发生改变时，其也决定了社会总体生产效率；其次，本章从企业内产品扩展边际和集约边际调整的视角分别阐述了中间品贸易自由化和最终品贸易自由化对多产品出口企业内产品间加成率离散度的影响机制；进一步，构建了以企业最终品关税和中间品关税作为核心解释变量，而以企业内加成率离散度作为被解释变量的计量模型，实证研究贸易自由化对企业内资源配置效率的影响效应和机制。

基准回归结果及一系列稳健性回归结果均显示最终品贸易自由化和中间品贸易自由化显著降低了企业内产品间加成率离散度，亦即显著促进了企业内资源配置效率的改善。其中，最终品贸易自由化对出口强度相对较低的企业内资源配置效率的影响幅度更大；中间品贸易自由化对中间品进口强度相对较高的企业内资源配置效率的影响幅度更大。

异质性分析结果显示，贸易自由化对市场集中度高的行业、资本技术密集型行业的企业内资源配置效率的影响更大；贸易自由化对外资企业和民营企业的影响更突出；最终品贸易自由化对低生产率企业的影响较大，但是中间品贸易自由化仅影响高生产率企业资源配置效率；根据用途可以将产品区分为中间品、消费品和资本品三类，最终品贸易自由化显著降低企业内各类用途产品组内和组间加成率离散度，中间品贸易自由化则对资本品组内加成率离散度的影响不显著。

机制检验结果表明，贸易自由化同时降低企业内持续产品加成率离散度

（集约边际）和新进入／退出产品加成率离散度（扩展边际），对后者的影响效应相对较大；最终品和中间品贸易自由化均显著促进企业产品转换，尤其是提高产品退出率和产品成功进入率，且最终品贸易自由化的影响效应更大；最终品和中间品贸易自由化均降低了企业出口产品范围，但是最终品贸易自由化的影响效应明显大于中间品贸易自由化，且在控制了产品范围后，最终品贸易自由化对企业内加成率离散度的影响变得显著为负，表明降低产品范围是最终品贸易自由化影响企业内加成率离散度的一个重要渠道；最终品贸易自由化一定程度上通过增大企业内出口额分布不平衡程度降低加成率离散度，中间品贸易自由化对产品出口额分布的影响不显著。

本章研究结论具有以下政策含义。其一，最终品关税和中间品关税削减引致的贸易自由化均有利于降低企业内加成率离散度，进而改善资源配置效率。因此，我国应该进一步推进贸易自由化进程，包括削减最终品关税和中间品关税，加大最终品和中间品的进口力度。其二，对于不同行业、企业或者产品而言，最终品贸易自由化和中间品贸易自由化的影响效应存在差异，这就需要企业准确利用贸易自由化政策改善资源配置效率。例如，最终品关税削减对高生产率的企业影响较小，但是中间品关税削减对高生产率企业的影响很大，因此，高生产率企业应该充分利用削减中间品关税这一贸易政策，加大进口更高质量、更多种类的中间品，提升企业资源配置效率。其三，本章揭示了贸易自由化降低多产品企业加成率离散度的诸多渠道，这提示企业结合贸易自由化进程，主动通过调整产品范围、淘汰落后性能产品、调整出口分布等措施改善资源配置效率。

参考文献

［1］ 白俊红、刘宇英，2018，《对外直接投资能否改善中国的资源错配》，《中国工业经济》第 1 期。

［2］ 包群，2015，《国内贸易壁垒与出口生产率悖论的形成》，《世界经济》第 5 期。

［3］ 陈波、荆然，2013，《金融危机、融资成本与我国出口贸易变动》，《经济研究》第 2 期。

［4］ 陈勇兵、陈宇媚、周世民，2012，《贸易成本、企业出口动态与出口增长的二元边际——基于中国出口企业微观数据：2000～2005》，《经济学（季刊）》第 4 期。

［5］ 戴觅、余淼杰、Madhura Maitra，2014，《中国出口企业生产率之谜：加工贸易的作用》，《经济学（季刊）》第 2 期。

［6］ 杜艳、周茂、李雨浓，2016，《贸易自由化能否提高中国制造业企业资源再配置效率——基于中国加入 WTO 的倍差法分析》，《国际贸易问题》第 9 期。

［7］ 樊海潮、李瑶、郭光远，2015，《信贷约束对生产率与出口价格关系的影响》，《世界经济》第 12 期。

［8］ 樊海潮、张丽娜，2019，《贸易自由化、成本加成与企业内资源配置》，《财经研究》第 5 期。

［9］ 耿伟、廖显春，2017，《贸易自由化、市场化改革与企业间资源配

置——基于生产率分布离散度的视角》，《国际贸易问题》第 4 期。

[10] 龚关、胡关亮，2013，《中国制造业资源配置效率与全要素生产率》，《经济研究》第 4 期。

[11] 韩超、张伟广、冯展斌，2017，《环境规制如何"去"资源错配——基于中国首次约束性污染控制的分析》，《中国工业经济》第 4 期。

[12] 韩会朝、于翠萍，2014，《价格竞争还是质量竞争——中国出口产品竞争力的实证研究》，《产经评论》第 6 期。

[13] 韩剑、郑秋玲、邵军，2017，《多产品企业、汇率变动与出口价格传递》，《管理世界》第 8 期。

[14] 黄先海、诸竹君、宋学印，2016a，《中国出口企业阶段性低加成率陷阱》，《世界经济》第 3 期。

[15] 黄先海、诸竹君、宋学印，2016b，《中国中间品进口企业"低加成率之谜"》，《管理世界》第 7 期。

[16] 蒋为，2016，《增值税扭曲、生产率分布与资源误置》，《世界经济》第 5 期。

[17] 靳来群、林金忠、丁诗诗，2015，《行政垄断对所有制差异所致资源错配的影响》，《中国工业经济》第 4 期。

[18] 康振宇，2015，《中国出口中间产品市场集中度：质量竞争还是价格竞争?》，《世界经济研究》第 2 期。

[19] 亢梅玲、田子凤，2016，《贸易自由化、产品转换与多产品出口企业》，《国际贸易问题》第 8 期。

[20] 李春顶，2010，《中国出口企业是否存在"生产率悖论"：基于中国制造业企业数据的检验》，《世界经济》第 7 期。

[21] 李坤望，2008，《改革开放三十年来中国对外贸易发展评述》，《经济社会体制比较》第 4 期。

[22] 李秀芳、施炳展，2012，《出口企业竞争强度是中国出口低价格的主要因素吗?》，《世界经济研究》第 2 期。

[23] 李艳、杨汝岱，2018，《地方国企依赖、资源配置效率改善与供给侧

改革》，《经济研究》第 2 期。

［24］李卓、赵军，2015，《价格加成、生产率与企业进出口状态》，《经济评论》第 3 期。

［25］刘贯春、陈登科、丰超，2017，《最低工资标准的资源错配效应及其作用机制分析》，《中国工业经济》第 7 期。

［26］刘啟仁、黄建忠，2015，《异质出口倾向、学习效应与"低加成率陷阱"》，《经济研究》第 12 期。

［27］刘啟仁、黄建忠，2018，《企业税负如何影响资源配置效率》，《世界经济》第 1 期。

［28］刘竹青、盛丹，2017，《人民币汇率、成本加成率分布与我国制造业的资源配置》，《金融研究》第 7 期。

［29］鲁晓东，2013，《中国与东亚其他经济体出口竞争模式：数量、质量还是多样性竞争》，《财贸经济》第 5 期。

［30］毛其淋、许家云，2017，《中间品贸易自由化提高了企业加成率吗？——来自中国的证据》，《经济学（季刊）》第 2 期。

［31］毛日昇、余林徽、武岩，2017，《人民币实际汇率变动对资源配置效率影响的研究》，《世界经济》第 4 期。

［32］聂辉华、贾瑞雪，2011，《中国制造业企业生产率与资源误置》，《世界经济》第 7 期。

［33］彭国华、夏帆，2013，《中国多产品出口企业的二元边际及核心产品研究》，《世界经济》第 2 期。

［34］钱学锋、范冬梅、黄汉民，2016，《进口竞争与中国制造业企业的成本加成》，《世界经济》第 3 期。

［35］钱学锋、王胜、陈勇兵，2013，《中国的多产品出口企业及其产品范围：事实与解释》，《管理世界》第 1 期。

［36］钱学锋、熊平，2010，《中国出口增长的二元边际及其因素决定》，《经济研究》第 1 期。

［37］钱学锋，2008，《企业异质性、贸易成本与中国出口增长的二元边

际》,《管理世界》第 9 期。

［38］盛斌、吕越，2014，《对中国出口二元边际的再测算：基于 2001～2010 年中国微观贸易数据》,《国际贸易问题》第 11 期。

［39］盛丹、刘竹青，2017，《汇率变动，加工贸易与中国企业的成本加成率》,《世界经济》第 1 期。

［40］盛丹、王永进，2012，《中国企业低价出口之谜——基于企业加成率的视角》,《管理世界》第 5 期。

［41］施炳展、邵文波，2014，《中国企业出口产品质量测算及其决定因素——培育出口竞争新优势的微观视角》,《管理世界》第 9 期。

［42］施炳展、王有鑫、李坤望，2013，《中国出口产品品质测度及其决定因素》,《世界经济》第 9 期。

［43］孙辉煌、兰宜生，2008，《贸易开放、不完全竞争与成本加成——基于中国制造业数据的实证分析》,《财经研究》第 8 期。

［44］田巍、余淼杰，2013，《企业出口强度与进口中间品贸易自由化：来自中国企业的实证研究》,《管理世界》第 1 期。

［45］巫强、刘志彪，2009，《中国沿海地区出口奇迹的发生机制分析》,《经济研究》第 6 期。

［46］徐蕾、尹翔硕，2012，《中国制造业企业内外贸市场选择的贸易成本解释》,《南方经济》第 10 期。

［47］许明、邓敏，2016，《产品质量与中国出口企业加成率——来自中国制造业企业的证据》,《国际贸易问题》第 10 期。

［48］杨汝岱，2015，《中国制造业企业全要素生产率研究》,《经济研究》第 2 期。

［49］易靖韬、傅佳莎、蒙双，2017，《多产品出口企业、产品转换与资源配置》,《财贸经济》第 10 期。

［50］易靖韬、蒙双，2017，《多产品出口企业、生产率与产品范围研究》,《管理世界》第 5 期。

［51］易靖韬、蒙双，2018，《贸易自由化、企业异质性与产品范围调整》,

《世界经济》第 11 期。

［52］尹翔硕、俞娟、吴昊，2005，《进口贸易与经济增长——关于中国的实证》，《世界经济文汇》第 Z1 期。

［53］余淼杰、李晋，2015，《进口类型，行业差异化程度与企业生产率提升》，《经济研究》第 8 期。

［54］余淼杰、袁东，2016，《贸易自由化、加工贸易与成本加成——来自中国制造业企业的证据》，《管理世界》第 9 期。

［55］余淼杰、张睿，2017，《人民币升值对出口质量的提升效应：来自中国的微观证据》，《管理世界》第 5 期。

［56］余淼杰、智琨，2016，《进口自由化与企业利润率》，《经济研究》第 8 期。

［57］余淼杰，2011，《加工贸易、企业生产率和关税减免——来自中国产品面的证据》，《经济学（季刊）》第 4 期。

［58］余淼杰，2010，《中国的贸易自由化与制造业企业生产率》，《经济研究》第 12 期。

［59］张杰、李勇、刘志彪，2009，《出口促进中国企业生产率提高吗？——来自中国本土制造业企业的经验证据：1999～2003》，《管理世界》第 12 期。

［60］张杰、郑文平、陈志远、王雨剑，2014，《进口是否引致了出口：中国出口奇迹的微观解读》，《世界经济》第 6 期。

［61］张杰、郑文平、陈志远，2015，《进口与企业生产率——中国的经验证据》，《经济学（季刊）》第 3 期。

［62］张天华、高翔、步晓宁、谢晓闻，2017，《中国交通基础设施建设改善了企业资源配置效率吗？——基于高速公路建设与制造业企业要素投入的分析》，《财经研究》第 8 期。

［63］钟腾龙、祝树金、段凡，2018，《中国出口二元边际的多维测算：2000－2013》，《经济学动态》第 5 期。

［64］祝树金、张鹏辉，2015，《出口企业是否有更高的价格加成：中国制造业的证据》，《世界经济》第 4 期。

［65］ 祝树金、张鹏辉，2013，《中国制造业出口国内技术含量及其影响因素》，《统计研究》第 6 期。

［66］ 祝树金、钟腾龙、李仁宇，2019，《进口竞争、产品差异化与企业产品出口加成率》，《管理世界》第 11 期。

［67］ 祝树金、钟腾龙、李仁宇，2018，《中间品贸易自由化与多产品出口企业的产品加成率》，《中国工业经济》第 1 期。

［68］ Ackerberg D, Benkard C L, Berry S and Pakes A. 2007. "Econometric Tools for Analyzing Market Outcomes". *Handbook of Econometrics* 6: 4171 – 4276.

［69］ Aghion P, Bloom N, Blundell R, et al. 2005. "Competition and Innovation: An Inverted U Relationship". *Quarterly Journal of Economics* 120 （2）: 701 – 728.

［70］ Ahn J, Khandelwal A K, Wei S. 2011. "The Role of Intermediaries in Facilitating Trade". *Journal of International Economics* 84 （1）: 73 – 85.

［71］ Amador J, Opromolla L D. 2013. "Product and Destination Mix in Export Markets". *Review of World Economics* 149 （1）: 23 – 53.

［72］ Amiti M, Freund C. 2010. "The Anatomy of China's Export Growth". in S J Wei （eds）, *China's Growing Role in World Trade*. Chicago: University of Chicago Press.

［73］ Amiti M, Khandelwal A K. 2013. "Import Competition and Quality Upgrading". *The Review of Economics and Statistics* 95 （2）: 476 – 490.

［74］ Amiti M, Konings J. 2007. "Trade Liberalization, Intermediate Inputs, and Productivity: Evidence from Indonesia". *The American Economic Review* 97 （5）: 1611 – 1638.

［75］ Antoniades A. 2015. "Heterogeneous Firms, Quality, and Trade". *Journal of International Economics* 95 （2）: 263 – 273.

［76］ Arkolakis C, Costinot A, Donaldson D, et al. 2018. "The Elusive Pro - Competitive Effects of Trade". *The Review of Economic Studies* 86 （1）:

46 – 80.

［77］ Arkolakis C, Muendler M. 2010. "The Extensive Margin of Exporting Products: A Firm – Level Analysis". National Bureau of Economic Research, No. w16641.

［78］ Atkeson A, Burstein A. 2008. "Pricing – to – Market, Trade Costs, and International Relative Prices". *American Economic Review* 98 （5）: 1998 – 2031.

［79］ Bailey E E, Friedlaender A F. 1982. "Market Structure and Multiproduct Industries". *Journal of Economic Literature* 20 （3）: 1024 – 1048.

［80］ Baily M N, Hulten C and Campbell D. 1992. "The Distribution of Productivity in Manufacturing Plants". *Brookings Papers: Microeconomics* : 187 – 249.

［81］ Baldwin J, Gu W. 2009. "The Impact of Trade on Plant Scale, Production-Run Length and Diversification". in Dunne T, Jensen J B, and Roberts M J （eds）, *Producer Dynamics: New Evidence from Micro Data*. Chicago: University of Chicago Press,

［82］ Baldwin R E, Ottaviano G I P. 2001. "Multiproduct Multinationals and Reciprocal FDI Dumping". *Journal of International Economics* 54 （2）: 429 – 448.

［83］ Bas M, Strauss – kahn V. 2015. "Input – trade Liberalization, Export Prices and Quality Upgrading". *Journal of International Economics* 95 （2）: 250 – 262.

［84］ Behrens K, Kichko S, Ushchev P. 2015. Intersectoral Markup Divergence and Welfare.

［85］ Bellone F, Musso P, Nesta L, et al. 2016. "International Trade and Firm-level Markups when Location and Quality Matter". *Journal of Economic Geography* 16 （1）: 67 – 91.

［86］ Bernard A B, Eaton J, Jensen J B, et al. 2003. "Plants and Productivity in International Trade". *The American Economic Review* 93 （4）: 1268 –

1290.

[87] Bernard A B, Jensen J B and Lawrence R Z. 1995. "Exporters, Jobs, and Wages in US Manufacturing: 1976 – 1987". *Brookings Papers on Economic Activity. Microeconomics*: 67 – 119.

[88] Bernard A B, Jensen J B, Redding S J, et al. 2007. "Firms in International Trade". *Journal of Economic Perspectives* 21 (3): 105 – 130.

[89] Bernard A B, Jensen J B, Redding S J, et al. 2009. "The Margins of US Trade". *The American Economic Review* 99 (2): 487 – 493.

[90] Bernard A B, Redding S J, Schott P K. 2010. "Multiple – Product Firms and Product Switching". *The American Economic Review* 100 (1): 70 – 97.

[91] Bernard A B, Redding S J, Schott P K. 2011. "Multi – Product Firms and Trade Liberalization". *Quarterly Journal of Economics* 126 (3): 1271 – 1318.

[92] Bernard A B, Van Beveren I, Vandenbussche H. 2014. "Multi - Product Exporters and the Margins of Trade". *The Japanese Economic Review* 65 (2): 142 – 157.

[93] Berthou A, Fontagné L. 2013. "How Do Multiproduct Exporters React to A Change in Trade Costs?". *The Scandinavian Journal of Economics* 115 (2): 326 – 353.

[94] Bloom N, Draca M, Van Reenen J. 2016. "Trade Induced Technical Change? The Impact of Chinese Imports on Innovation, IT and Productivity". *The Review of Economic Studies* 83 (1): 87 – 117.

[95] Bonanno G. 1987. "Location Choice, Product Proliferation and Entry Deterrence". *The Review of Economic Studies* 54 (1): 37 – 45.

[96] Brambilla I. 2009. "Multinationals, Technology, and the Introduction of Varieties of Goods". *Journal of International Economics* 79 (1): 89 – 101.

［97］ Brander J A，Eaton J. 1984. "Product Line Rivalry". *The American Economic Review* 74（3）：323 – 334.

［98］ Brander J A，Krugman P. A. 1983. "'Reciprocal Dumping' Model of International Trade". *Journal of International Economics* 15（3 – 4）：313 – 321.

［99］ Brandt L，Van Biesebroeck J，Wang L，et al. 2017. "WTO Accession and Performance of Chinese Manufacturing Firms". *The American Economic Review* 107（9）：2784 – 2820.

［100］ Brandt L，Van Biesebroeck J，Zhang Y. 2012. "Creative Accounting or Creative Destruction? Firm – Level Productivity Growth in Chinese Manufacturing". *Journal of Development Economics* 97（2）：339 – 351.

［101］ Broda C M，Weinstein D E. 2006. "Globalization and the Gains from Variety". *Quarterly Journal of Economics* 121（2）：541 – 585.

［102］ Bustos P. 2011. "Trade Liberalization，Exports，and Technology Upgrading：Evidence on the Impact of MERCOSUR on Argentinian Firms". *The American Economic Review* 101（1）：304 – 340.

［103］ Cai H，Liu Q. 2009. "Competition and Corporate Tax Avoidance：Evidence from Chinese Industrial Firms". *The Economic Journal* 119（537）：764 – 795.

［104］ Caselli M，Chatterjee A，Woodland A. 2017. "Multi – Product Exporters，Variable Markups and Exchange Rate Fluctuations". *Canadian Journal of Economics* 50（4）：1130 – 1160.

［105］ Chatterjee A，Dixcarneiro R，Vichyanond J. 2013. "Multi – Product Firms and Exchange Rate Fluctuations". *American Economic Journal：Economic Policy* 5（2）：77 – 110.

［106］ Chen B，Li Z. 2014. "An Anatomy of Intermediaries in China's Export Market". *China Economic Journal* 7（2）：187 – 213.

［107］ Chen N，Imbs J，Scott A. 2009. "The Dynamics of Trade and

Competition". *Journal of International Economics* 77 (1): 50 – 62.

[108] Chevassus – Lozza E, Gaigné C, and Le Mener L. 2013. "Does Input Trade Liberalization Boost Downstream Firms' Exports? Theory and Firm – Level Evidence". *Journal of International Economics* 90 (2): 391 – 402.

[109] Crozet M D, Head K, Mayer T. 2012. "Quality Sorting and Trade: Firm – Level Evidence for French Wine". *The Review of Economic Studies* 79 (2): 609 – 644.

[110] Dai M, Xu J. 2017. "Firm – Specific Exchange Rate Shocks and Employment Adjustment: Evidence from China". *Journal of International Economics* 108: 54 – 66.

[111] Damijan J P, Konings J, Polanec S. 2014. "Import Churning and Export Performance of Multi - Product Firms". *The World Economy* 37 (11): 1483 – 1506.

[112] De Blas B, Russ K N. 2010. "Teams of Rivals: Endogenous Markups in a Ricardian world". DOI: 10. 2139/ssrn. 1807237.

[113] De Loecker J, Goldberg P K, Khandelwal A K, et al. 2016. "Prices, Markups and Trade Reform". *Econometrica* 84 (2): 445 – 510.

[114] De Loecker J, Warzynski F. 2012. "Markups and Firm – Level Export Status". *The American Economic Review* 102 (6): 2437 – 2471.

[115] De Lucio J, Minguezfuentes R, Minondo A, et al. 2011. "The Extensive and Intensive Margins of Spanish Trade". *International Review of Applied Economics* 25 (5): 615 – 631.

[116] Demidova S. 2017. "Trade Policies, Firm Heterogeneity, and Variable Markups". *Journal of International Economics* 108: 260 – 273.

[117] Dhyne E, Petrin A, Smeets V, et al. 2017. "Multi Product Firms, Import Competition, and the Evolution of Firm – product Technical Efficiencies". National Bureau of Economic Research, No. w23637.

[118] Domowitz I, Hubbard R G, Petersen B C. 1986. "Business Cycles and

the Relationship Between Concentration and Price – Cost Margins". *The RAND Journal of Economics* 17 (1): 1 – 17.

[119] Eaton J, Kortum S, Kramarz F. 2008. "An Anatomy of International Trade: Evidence from French Firms". *Econometrica* 79 (5): 1453 – 1498.

[120] Eaton J, Kortum S. 2002. "Technology, Geography, and Trade". *Econometrica* 70 (5): 1741 – 1779.

[121] Eckel C, Iacovone L, Javorcik B S, et al. 2015. "Multi – Product Firms at Home and Away: Cost – Versus Quality – Based Competence". *Journal of International Economics* 95 (2): 216 – 232.

[122] Eckel C, Neary J P. 2010. "Multi – Product Firms and Flexible Manufacturing in the Global Economy". *The Review of Economic Studies* 77 (1): 188 – 217.

[123] Edmond C, Midrigan V, Xu D Y. 2015. "Competition, Markups, and the Gains from International Trade". *The American Economic Review* 105 (10): 3183 – 3221.

[124] Epifani P, Gancia G. 2011. "Trade, Markup Heterogeneity and Misallocations". *Journal of International Economics* 83 (1): 1 – 13.

[125] Fabling R, Grimes A, Sanderson L. 2012. "Whatever Next? Export Market Choices of New Zealand Firms". *Papers in Regional Science* 91 (1): 137 – 159.

[126] Fan H, Gao X, Li Y A, et al. 2017. "Trade Liberalization and Markups: Micro Evidence from China". *Journal of Comparative Economics* 46 (1): 103 – 130.

[127] Fan H, Li Y A, Yeaple S R. 2018. "On the Relationship Between Quality and Productivity: Evidence from China's Accession to the WTO". *Journal of International Economics* 110: 28 – 49.

[128] Fan H, Li Y A, Yeaple S R. 2015. "Trade Liberalization, Quality, and

Export Prices". *The Review of Economics and Statistics* 97 (5): 1033 – 1051.

[129] Fan H, Luong T A and Lai E L. 2016. "Import Liberalization and Export Product Mix", Institute for Applied Economics and Social Value, Working Paper.

[130] Feenstra R C, Weinstein D E. 2010. "Globalization, Markups, and the US Price Level". Cambridge: NBER Working Paper, No. 15749.

[131] Feenstra R C, Ma H. 2007. "Optimal Choice of Product Scope for Multiproduct Firms Under Monopolistic Competition". *National Bureau of Economic Research*, No. w13703.

[132] Feenstra R C. 2010. "Measuring the Gains from Trade Under Monopolistic Competition". *Canadian Journal of Economics* 43 (1): 1 – 28.

[133] Garcia M A, Voigtlander N. 2017. "Product – Level Efficiency and Core Competence in Multi – Product Plants". UCLA Anderson Center for Global Management, Working Paper.

[134] Goldar B, Aggarwal S C. 2005. "Trade Liberalization and Price – Cost Margin in Indian Industries". *Developing Economies* 43 (3): 346 – 373.

[135] Goldberg P K, Khandelwal A K, Pavcnik N, et al. 2010. "Imported Intermediate Inputs and Domestic Product Growth: Evidence from India". *Quarterly Journal of Economics* 125 (4): 1727 – 1767.

[136] Görg H, Warzynski F. 2003. "Price Cost Margins and Exporting Behavior: Evidence from Firm Level Data". Leverhulme Centre for Research on Globalization and Economic Policy, Working Paper.

[137] GörgH, Warzynski F. 2006. "The Dynamics of Price Cost Margins: Evidence from UK Manufacturing". *Revue De L'ofce* 5: 303 – 318.

[138] Guillou S, Nesta L. 2015. "Markup Heterogeneity, Export Status and the Establishment of the Euro". GREDEG CNRS, University of Nice Sophia Antipolis.

[139] Hall R E, Blanchard O J and Hubbard R G. 1986. "Market Structure and Macroeconomic Fluctuations". *Brookings Papers on Economic Activity* (2): 285 – 338.

[140] Hallak J C, Sivadasan J. 2009. "Firms' Exporting Behavior under Quality Constraints". *National Bureau of Economic Research*, No. 14928.

[141] Halpern L, Koren M, Szeidl A. 2015. "Imported Inputs and Productivity". *The American Economic Review* 105 (12): 3660 – 3703.

[142] Helpman E. 1985. "Multinational Corporations and Trade Structure". *The Review of Economic Studies* 52 (3): 443 – 457.

[143] Helpman E. 2006. "Trade, FDI, and the Organization of Firms". *Journal of Economic Literature* 44 (3): 589 – 630.

[144] Holmes T J, Hsu W T, Lee S. 2014. "Allocative Efficiency, Mark – Ups, And the Welfare Gains from Trade". *Journal of International Economics* 94 (2): 195 – 206.

[145] Hornok C, Murakozy B. 2015. "Markup and Productivity of Exporters and Importers". Institute of Economics, Centre for Economic and Regional Studies, Hungarian Academy of Sciences, Working Paper, No. 1530.

[146] Hottman C J, Redding S J, Weinstein D E. 2016. "Quantifying the Sources of Firm Heterogeneity". *The Quarterly Journal of Economics* 131 (3): 1291 – 1364.

[147] Hsieh C, Klenow P J. 2009. "Misallocation and Manufacturing TFP in China and India". *Quarterly Journal of Economics* 124 (4): 1403 – 1448.

[148] Hsu W, Lu Y, Wu G L. 2020. "Competition, Markups, and Gains from Trade: A Quantitative Analysis of China Between 1995 and 2004". *Journal of International Economics* 122 (1): 1 – 26.

[149] Hu Z, Joel R, Yong T, et al. 2015. "Product Selection and Export

Growth: Evidence from Chinese Exporters". Vanderbilt University, Working Paper.

[150] Iacovone L, Javorcik B S. 2010. "Multi – Product Exporters: Product Churning, Uncertainty and Export Discoveries". *The Economic Journal* 120 (544): 481 – 499.

[151] Johnson J P, Myatt D P. 2003. "Multiproduct Quality Competition: Fighting Brands and Product Line Pruning". *The American Economic Review* 93 (3): 748 – 774.

[152] Kasahara H, Lapham B J. 2013. "Productivity and The Decision to Import and Export: Theory and Evidence". *Journal of International Economics* 89 (2): 297 – 316.

[153] Kasahara H, Rodrigue J. 2008. "Does the Use of Imported Intermediates Increase Productivity? Plant – Level Evidence". *Journal of Development Economics* 87 (1): 106 – 118.

[154] Kee H L, Tang H. 2015. "Domestic Value Added in Exports: Theory and Firm Evidence from China". *The American Economic Review* 106 (6): 1 – 83.

[155] Khandelwal A K, Schott P K, Wei S. 2013. "Trade Liberalization and Embedded Institutional Reform: Evidence from Chinese Exporters". *The American Economic Review* 103 (6): 2169 – 2195.

[156] Kılınç U. 2014. "Productivity, Markups and International Trade: The Case of Small Open Economy". NBER Working Paper, No. 20370.

[157] Klette T, Kortum S. 2004. "Innovating Firms and Aggregate Innovation". *Journal of Political Economy* 112 (5): 986 – 1018.

[158] Konings J, Van Cayseele P, WarzynskiF. 2005. "The Effects of Privatization and Competitive Pressure on Firms' Price – Cost Margins: Micro Evidence from Emerging Economies". *The Review of Economics and Statistics* 87 (1): 124 – 134.

[159] Krugman P. 1979. "Increasing Returns, Monopolistic Competition, and International Trade". *Journal of International Economics* 9 (4): 469 – 479.

[160] Kugler M, Verhoogen E A. 2009. "Plants and Imported Inputs: New Facts and an Interpretation". *The American Economic Review* 99 (2): 501 – 507.

[161] Kugler M, Verhoogen E A. 2012. "Prices, Plant Size, and Product Quality". *The Review of Economic Studies* 79 (1): 307 – 339.

[162] Kurz C J, Senses M Z. 2016. "Importing, Exporting and Firm – Level Employment Volatility". *Journal of International Economics* 98: 160 – 175.

[163] Lerner A P. 1934. "The Concept of Monopoly and the Measurement of Monopoly Power". *The Review of Economic Studies* 1 (3): 157 – 175.

[164] Levinsohn J A, Petrin A. 2003. "Estimating Production Functions Using Inputs to Control for Unobservables". *The Review of Economic Studies* 70 (2): 317 – 341.

[165] Lileeva A, Trefler D. 2010. "Improved Access to Foreign Markets Raises Plant – level Productivity … For Some Plants". *Quarterly Journal of Economics* 125 (3): 1051 – 1099.

[166] Lipsey R G, Lancaster K. 1956. "The General Theory of Second Best". *The Review of Economic Studies* 24 (1): 11 – 32.

[167] Liu H, Xu M, Zhong T. 2019. "Import Competition and Export Markups: Evidence from Chinese Multi – Product Exporters". *Annals of Economics and Finance* 20 (1): 357 – 385.

[168] Lu Y, Yu L. 2015. "Trade Liberalization and Markup Dispersion: Evidence from China's WTO Accession". *American Economic Journal: Applied Economics* 7 (4): 221 – 253.

[169] Luong T A, Chen W C. 2016. "Extensive and Intensive Margins of

Exports and Labor Heterogeneity". *Review of Development Economics* 20 (1): 201 – 213.

[170] Ma Y, Tang H, Zhang Y. 2014. "Factor Intensity, Product Switching, and Productivity: Evidence from Chinese Exporters". *Journal of International Economics* 92 (2): 349 – 362.

[171] Manova K, Yu Z. 2017. "Multi – Product Firms and Product Quality". *Journal of International Economics* 109: 116 – 137.

[172] Manova K, Zhang Z. 2012. "Export Prices Across Firms and Destinations". *Quarterly Journal of Economics* 127 (1): 379 – 436.

[173] Martin J, Mejean I. 2014. "Low – Wage Country Competition and the Quality Content of High – Wage Country Exports". *Journal of International Economics* 93 (1): 140 – 152.

[174] Martín L M, Rodríguez D R. 2010. "Export Activity, Persistence and Mark – ups". *Applied Economics* 42 (4): 475 – 488.

[175] Mayer T, Melitz M J, Ottaviano G I P. 2014. "Market Size, Competition, and the Product Mix of Exporters". *The American Economic Review* 104 (2): 495 – 536.

[176] Mayer T, Ottaviano G I P. 2008. "The Happy Few: The Internationalization of European Firms". *Intereconomics* 43 (3): 135 – 148.

[177] Melitz M J, Ottaviano G I P. 2008. "Market Size, Trade, and Productivity". *The Review of Economic Studies* 75 (1): 295 – 316.

[178] Melitz M J. 2003. "The Impact of Trade on Intra‐Industry Reallocations and Aggregate Industry Productivity". *Econometrica* 71 (6): 1695 – 1725.

[179] Nocke V, Yeaple S R. 2006. "Globalization and Endogenous Firm Scope". *National Bureau of Economic Research*, No. w12322.

[180] Olley G S, Pakes A. 1996. "The Dynamics of Productivity in the

Telecommunications Equipment Industry". *Econometrica* 64 (6): 1263 – 1297.

[181] Ottaviano G I P, Thisse J F. 2011. "Monopolistic Competition, Multiproduct Firms and Product Diversity". *The Manchester School* 79 (5): 938 – 951.

[182] Panzar J C, Willig R D. 1977. "Economies of Scale in Multi – Output Production". *Quarterly Journal of Economics* 91 (3): 481 – 493.

[183] Panzar J C, Willig R D. 1981. "Economies of Scope". *The American Economic Review* 71 (2): 268 – 272.

[184] Peters M. 2013. "Heterogeneous Mark – Ups, Growth and Endogenous Misallocation". LSE Research Online Documents on Economics, Working Paper.

[185] Qiu L D, Yu M. 2014. "Multiproduct Firms, Export Product Scope, and Trade Liberalization: The Role of Managerial Efficiency", HKIMR Working Paper, No. 02, 2014.

[186] Qiu L D, Zhou W. 2013. "Multiproduct Firms and Scope Adjustment in Globalization ". *Journal of International Economics* 91 (1): 142 – 153.

[187] Rauch J E. 1999. "Networks Versus Markets in International Trade". *Journal of International Economics* 48 (1): 7 – 35.

[188] Robinson J. 1934. *The Economics of Imperfect Competition*, Macmillan,

[189] Teshima K. 2008. "Import Competition and Innovation at the Plant Level: Evidence from Mexico", Unpublished paper, Columbia University.

[190] Timoshenko O A. 2015. "Product Switching in A Model of Learning". *Journal of International Economics* 95 (2): 233 – 249.

[191] Topalova P. , Khandelwal A K. 2011. "Trade Liberalization and Firm Productivity: The Case of India". *The Review of Economics and Statistics* 93 (3): 995 – 1009.

[192] Trefler D. 2004. "The Long and Short of The Canada – US Free Trade

Agreement". *American Economic Review* 94 (4): 870 – 895.

[193] Tybout J. 2003. "Plant – and Firm – Level Evidence on 'New' Trade Theories". *Handbook of International Trade* 1 (1): 388 – 415.

[194] Upward R, Wang Z, Zheng J. 2013. "Weighing China's export basket: The domestic content and technology intensity of Chinese exports". *Journal of Comparative Economics* 41 (2): 527 – 543.

[195] Wang P, Xie D. 2018. "Trade, Sectoral Reallocation, and Growth". *Annals of Economics and Finance* 19 (1): 49 – 74.

[196] Wang Y. 2015. "Firms' Export Growth: Product Mix and Destination Portfolio", FREIT Working paper, No. 763.

[197] Yu M. 2015. "Processing Trade, Tariff Reductions and Firm Productivity: Evidence from Chinese Firms". *The Economic Journal* 125 (585): 943 – 988.

[198] Zellner A. 1962. "An Efficient Method of Estimating Seemingly Unrelated Regressions and Tests for Aggregation Bias". *Journal of the American Statistical Association* 57 (298): 348 – 368.

附　录

生产函数中要素产出弹性系数估算过程

这里详细阐述如何使用企业层面的投入产出数据估算要素产出弹性系数。本书使用中国工业企业数据库，其报告了企业层面详细的投入产出数据。其中，企业就业人数作为劳动力投入 l，固定资产净值衡量资本投入 k，中间投入品合计表示原材料投入 m，企业销售收入作为产出变量 q。除劳动力投入外，其他变量均为金额变量，为了获取其数量变量，本书使用 Brandt 等（2012）的行业层面价格指数对各个变量平减。

$$q_{ft} = f(x_{ft}; \beta) + \varphi_{ft} + \varepsilon_{ft} \tag{A1}$$

根据 Levinsohn 和 Petrin（2003），企业原材料需求是资本投入 k、企业生产率 φ_{ft}，以及其他影响原材料需求变量向量 z_{ft} 的函数，函数表达式为：

$$m_{ft} = m_t(k_{ft}, \varphi_{ft}, z_{ft}) \tag{A2}$$

其中，z_{ft} 包括出口虚拟变量 e_{ft}、国民经济 3 位码最终品和中间品关税 τ_{ft}^{output} 和 τ_{ft}^{input}、城市虚拟变量和企业所有制虚拟变量。假设原材料需求是企业生产率 φ_{ft} 的单调函数，本书将其转换为生产率的函数表达式：

$$\varphi_{ft} = h_t(k_{ft}, m_{ft}, z_{ft}) \tag{A3}$$

将（A3）代入（A1），生产函数重新表达为：

$$q_{ft} = \varphi_t(l_{ft}, k_{ft}, m_{ft}, z_{ft}) + \varepsilon_{ft} \tag{A4}$$

为了消除对产出值不可观测的冲击和测量误差，对式（A4）中 $\varphi_t(l_{ft}, k_{ft}, m_{ft}, z_{ft})$ 构建三阶多项式，但是 z_{ft} 中的城市虚拟变量和企业所有制虚拟变量仍然为线性形式，估计得到产出变量的拟合值。

假设企业生产率满足马尔科夫链性质：

$$\varphi_{ft} = g(\varphi_{f,t-1}, \tau_{f,t-1}^{output}, \tau_{f,t-1}^{input}, e_{f,t-1}) + \xi_{ft} \tag{A5}$$

其中，生产率可以表示要素产出弹性系数 β 的函数：

$$\begin{aligned}
\varphi_{ft}(\beta) = \dot{q}_{ft} &- \beta_l l_{ft} - \beta_m m_{ft} - \beta_k k_{ft} - \beta_{ll} l_{ft}^2 - \beta_{mm} m_{ft}^2 - \beta_{kk} k_{ft}^2 \\
&- \beta_{lm} l_{ft} m_{ft} - \beta_{lk} l_{ft} k_{ft} - \beta_{mk} m_{ft} k_{ft} - \beta_{lmk} l_{ft} m_{ft} k_{ft}
\end{aligned} \tag{A6}$$

将（A6）代入（A5），然后采用 Woodridge（2009）的方法估计生产函数，得到要素产出弹性系数的估计值 $\hat{\beta} = (\hat{\beta}_l, \hat{\beta}_m, \hat{\beta}_k, \hat{\beta}_{ll}, \hat{\beta}_{mm}, \hat{\beta}_{kk}, \hat{\beta}_{lm}, \hat{\beta}_{lk}, \hat{\beta}_{mk}, \hat{\beta}_{lmk})$。

后　记

本书的布局与写作起始于 2015 年暑期，时至今日，已历时 5 年有余。笔者虽然在该方向开展了一些研究，并基于此发表了若干论文，得到了国家级课题的资助，但深知现有工作仅是冰山一角，九牛一毛，仍需进一步拓展与完善。我们将研究成果以著作的方式出版，一方面希望得到同行前辈的批评与指正，另一方面希望为对本领域感兴趣的后来者提供引导和参考。

本书的部分章节曾以论文方式发表于《管理世界》、《中国工业经济》、《经济学动态》、*Annals of Economics and Finance* 等国内外期刊，但是我们并非原封不动地将其纳入本书，而是根据书稿的风格和研究的体系在形式和内容上做了必要的修改和完善。我们在书稿内的相关地方均以脚注的方式对此进行了说明，在此也特别感谢以上发表论文的合作者。此外，丹麦奥胡斯大学 Frederic Warzynski 教授为本书中多产品企业生产函数估计、产品层面加成率估算、计量模型构建等提供了重要的帮助和支持，非常感谢！

本书的写作得到了两个国家级课题的资助，分别是研究阐释党的十九大精神国家社会科学基金重大专项课题"促进我国制造业迈向全球价值链中高端研究"（18VSJ055）、国家自然科学基金青年项目"进口竞争、成本加成与贸易利得：基于多产品企业的理论、机制和经验研究"（71903003），本书可以认为是这些课题的阶段性成果，在此表示感谢！

在本书付梓出版之际，特别感谢社会科学文献出版社对本书出版的大力支持，感谢社会科学文献出版社的张超老师的指导和帮助！由于研究水平和时间限制，本书写作难免存在疏漏和不足之处，敬请各位同行批评指正。

钟腾龙　祝树金

2020 年 11 月 18 日

图书在版编目（CIP）数据

贸易自由化、加成率与资源配置：基于多产品企业
的视角/钟腾龙，祝树金著. -- 北京：社会科学文献
出版社，2020.12

ISBN 978 - 7 - 5201 - 7728 - 3

Ⅰ.①贸… Ⅱ.①钟… ②祝… Ⅲ.①进出口贸易 -
企业管理 - 研究 - 中国 Ⅳ.①F752.6

中国版本图书馆 CIP 数据核字（2020）第 255502 号

贸易自由化、加成率与资源配置：基于多产品企业的视角

著 者／钟腾龙 祝树金

出 版 人／王利民
责任编辑／张 超

出 版／社会科学文献出版社·皮书出版分社（010）59367127
　　　　地址：北京市北三环中路甲 29 号院华龙大厦 邮编：100029
　　　　网址：www.ssap.com.cn
发 行／市场营销中心（010）59367081 59367083
印 装／三河市尚艺印装有限公司

规 格／开 本：787mm × 1092mm 1/16
　　　　印 张：19 字 数：290 千字
版 次／2020 年 12 月第 1 版 2020 年 12 月第 1 次印刷
书 号／ISBN 978 - 7 - 5201 - 7728 - 3
定 价／98.00 元